禪商的智慧

胡淦波
编著

中国财富出版社

图书在版编目（CIP）数据

禅商的智慧 / 胡淦波编著. —北京：中国财富出版社，2013. 6
ISBN 978 - 7 - 5047 - 4679 - 5

Ⅰ. ①禅… Ⅱ. ①胡… Ⅲ. ①禅宗—应用—企业管理 Ⅳ. ①F270

中国版本图书馆 CIP 数据核字（2013）第 087243 号

策划编辑	黄　华	责任印制	方朋远
责任编辑	陈　莎	责任校对	饶莉莉

出版发行　中国财富出版社（原中国物资出版社）
社　　址　北京市丰台区南四环西路 188 号 5 区 20 楼　　邮政编码　100070
电　　话　010 - 52227568（发行部）　010 - 52227588 转 307（总编室）
　　　　　010 - 68589540（读者服务部）　010 - 52227588 转 305（质检部）
网　　址　http://www.cfpress.com.cn
经　　销　新华书店
印　　刷　北京东海印刷有限公司
书　　号　ISBN 978 - 7 - 5047 - 4679 - 5/F · 1949

开　本	710mm × 1000mm　1/16	版　次	2013 年 6 月第 1 版
印　张	18	印　次	2013 年 6 月第 1 次印刷
字　数	286 千字	定　价	36.00 元

序

试看未来之环球，必是禅商之世界

他们是富有禅悟、善心、智慧的企业家，他们时常集商人、居士或者禅者的身份于一身，他们在商界是一道美丽的风景，受到人们的赞誉。这些人，被称为“禅商”，也叫“佛商”。

“禅商”是继“儒商”“道商”之后出现的一个新词汇。何谓“禅”？何谓“禅商”？“禅”与“商”之间有何关系？看起来是风马牛不相及的两回事，又怎能结合在一起呢？

“禅”从字面来讲，已经不是汉文“禅”字的本意，因为它是从梵文音译过来，然后又加以简化。在印度，“禅”的生活、“禅”的修习是很普遍的，时至今日风行全球！“禅”的本意是“静虑”或者“思维修”。不管是静虑也好、思维修也好，都是告诉我们要以一种什么样的心态，来认识我们个体生命和整个社会、整个人类群体生命之间的关系，我们个体生命与整个大自然的关系，我们个体生命与天地万物之间的关系。“禅”的意义就在于它提供给我们一个认识问题的方法，一个处理生活中各种矛盾、各种关系的方法。“禅”告诉我们在处理这些关系的时候，保持一种冷静的态度，保持一种超然的态度，保持一种觉悟的态度。所以，“禅”就是一种精神的境界。

关于中国佛教和禅宗的历史，中国佛教协会副会长净慧长老作了圆满的总结：道安、慧能、太虚是中国佛教三个里程碑式的人物。其中，东晋的道安法师是佛教中国化的里程碑；唐代的慧能禅师是佛教大众化的里程碑；近代的太虚法师强调“人间佛教”的理念，是佛教现代化的里程碑。而禅宗的发展可以追溯到释迦牟尼佛在灵山会上拈花一笑的那一刻。没有拈花一笑的那一刻，就没有现在所说的禅宗。在南北朝的时候，达摩祖师从印度来到中国，成为东土禅宗的初祖，传至唐朝六祖惠能禅师，一花开五叶，结果自然成，六祖惠能禅师开创了具有中国特色的佛教，使得佛教大众化、平民化、生活化和丛林化。中国佛教的特质就是“禅”，“禅”的精髓就是般若，是清净无漏的大智慧。“禅”是动态的，是发展的，是开放的。如今，“禅”已不仅仅是指一个宗派，或者是六度中的禅定般若波罗蜜多，它已成为我们人生的一种态度、一种生活的方式、一种生活的境界与艺术、一种文化的智慧。因而，“禅”一旦与商业相结合，则产生了“禅商”。“禅”也就不属于高僧大德的专利了，而是人人可以学习、修炼、追求的精神文明和人生品质。

什么是“禅商”？禅商是了悟禅法、利益众生的智慧之商；是众善奉行、自利利他的慈悲之商；是福慧双修、快乐纯净的幸福之商。禅商，是一种境界和魅力，是通过智慧而使事业、人生、家庭都得以发展提升的途径。禅商是觉悟之商；佛家讲心的力量，所以禅商也是修心之商。禅商有虔诚心，礼敬诸佛；禅商有敬畏心，重视果报；禅商有慈悲心，善待众生；禅商有包容心，宽和待人；禅商有清净心，能坦然面对困难和烦恼；禅商有智慧心，能洞察尘世，高屋建瓴。禅商为社会进步而努力，对社会的和谐乃至文明的进步起到很大的推动作用。

从“经营之神”松下幸之助、“经营之圣”稻盛和夫、苹果创始人乔布斯等商业巨擘身上，从李嘉诚、刘长乐、杨钊等华人企业家身上，我们看到了禅商的智慧、慈悲、平和与博大；从胡小林、陈峰、汪海、曹德旺、易小迪等企业家身上，我们也能看到以中国传统文化在企业管理实践运作中的成功。不难看出，禅商以自己的虔诚信仰、慈悲之心、平和之心、智慧之心，完美诠释了禅商的高尚价值观。

当一个企业家有了禅悟，他看问题的角度就变得与众不同，富有哲学思维，乃至超越。

“人生的幸福与不幸，实际上，就看你道德积累、功德积累得怎样了。这种积累不仅是今生今世的，还有过去若干世的。过去的积累，影响着今世的福报；今世的积累，决定着来世的报应。真正的福报都是这样来的，不是不择手段就可抢夺得到。因此，我们说，道德修养以及德行的积累，才是人生的原始‘资本’的积累。”恩威集团董事长薛永新认为，高尚的品德是人生中最重要的财富。

凤凰卫视董事局主席刘长乐每年都要到五台山礼佛，认为佛是讲弃恶从善的，是讲以和为贵的，是讲温暖人间的，是讲慈悲为怀的。他说：“五台山是包容的，它不只是文殊菩萨的道场，更包纳了藏传佛教、道教和儒教，中国佛教没有排他性，讲的是包容，在当今世界上很值得好好地弘扬。”

曾捐出40亿元的虔诚佛教徒曹德旺，被称为“中国最牛的慈善家”，他对《南方周末》记者说：“我们曹家三代信佛；我从无到有，从贫到富，现在也悟到了，一切都是空的。”一个“空”字，精辟地道出了佛教的财富观。世间一切为我所用，非我所有。

爱因斯坦与波普尔早就宣告，这个世界是个能量的世界：能量是释放了的物质，物质只是等待释放的能量。科学家的使命是解读世界，他们忘了提醒人们，这个能量世界在人类的体现就是人心的向善；他们更无暇深入解释人的心灵对概念和口号有着天然的抵抗力，只对能够刺激他们内心深处的惊喜、善良和美丽的东西敞开大门。内地首善陈光标先生抓住了这个能量世界的命门，每个人内心深处的惊喜、善良和美丽，就是这个世界能量的源泉。陈光标先生有一种大爱，这种大爱和果断行动，让他成为当今世界最耀眼的明星之一。

在双星集团总部院内，有座18米高的弥勒佛，引来不少喝彩，引来不少好奇，也引来不少非议。当然，也让青岛双星集团的老总汪海一不小心成了“国际风云人物”。那年，汪海在新加坡演讲《佛教文化与现代企业管理》，新加坡大多是华商，清楚中国国情，故对汪海的演讲题目好生奇怪：“中国的企业家也讲这个？”结果门票卖到每张488新元。汪海说：“不像弥勒佛这样当不了企业家。因为在创新的时代里，企业家是走在前面的，说三道四的人很多，所以得有个弥勒佛的大肚

（度），容完之后哈哈一笑，还得拿自己当骨干。”

祝福房地产开发有限公司董事长张志勇是一个虔诚的“禅商”，佛法让他获得内心的平静。对比信佛前后的状态，张志勇觉得最大的改变是内心。“以前的我很浮躁，说实话，属于有棱有角的类型，凡事都要争个高下出来。现在，我的想法是我为什么不能为朋友的成功去鼓掌呢?”现在的他，心中没有了恨。“人活在世上，必须得有信仰，并在这个信仰的指导下，去做一些事情。”他说，佛道讲因果报应，善恶都在一念之间。因此，我们用平和、善良的心态去对待身边的人和事，就不会有大的烦恼，也不会有太多敌人，生意也会越做越火的。他还说，人世间的万事万物，都是有因有果的。如果你想要什么样的“果”，就得种什么样的“因”。“佛法不离世间觉，能够在动乱的世间，求得一种平衡的心理状态，那是一种很高的境界。”

“一心到老都学佛是人生境界的追求，这让我总保持宁静的心态。所有的佛学讲究面对问题都要内省，向内找原因，是佛学让我清醒地看到面临的问题和各种矛盾，处理态度反而更积极。”经商多年、参佛多年之后的易小迪感慨道：“所谓命运，就是价值观所在的高度，无论对于个人，还是一个公司。”

为什么现在有众多的商人信佛呢？圆融寺果建师父认为，对于很多商人来说，佛教帮助他们解决了精神归属问题，宗教是一种精神信仰，信仰佛教也为商人提供了一片心灵的净土、一个灵魂的安放点。除此之外，佛教在很多时候给商人们一个支撑点。让他们感觉到有一股无形的东西在支持他，他就有信心走下去、冲过去。而这种无形的东西，不是你，也不是我，而是佛，是佛教给予的。

佛家从来不反对通过正当手段赚取财富，只因为佛学博大精深，圆融无碍，救人出世，离苦得乐，劝人从善，净化心灵。日本“经营之神”松下幸之助曾说过：“这个世界真正能够赚钱和能够成功的人，其福报比努力更为重要。”

“能够不执著就会更加有福报，就能够得到更多，而培植福报又在于心量的宽广和心量的拓展。”六祖寺方丈释大愿法师如是说。

圆融寺果建师父开示说：“佛教帮佛商们解决了财富追求中的困惑，更帮他们解决了财富的再分配问题。财富的追求也好，积累也罢，关键是你拿它干什么？你的目的是什么？用追求来的财富去修路、架桥、赈灾，在财富的再分配过程中，帮助了很多贫困的人；在追求财富的过程中，造福了更多的人，这是正确的。人生命的价值，在于愉悦的心情，而不是富足的享受。帮助他人，回报社会，可以使禅商们得到快乐。从佛教的观点来看，财富属于众生。有智慧的人，会以无执著心、无得失心来处理财富，并有节制地使用自己所用的，帮助那些需要帮助的人。”

禅商是高境界的商人，禅商已得到越来越多人的认可和喜爱，禅商将是21世纪的一种趋势，试看未来之环球，必是禅商之世界！

作　者

2013年元月

目　录

第七章　小康目标落实《弟子规》　林立世界做好中国人

胡小林：中国传统文化带动经济良性发展

第八章　小荷清静不媚不俗　迪汉于秦有因有果

易小迪：一个“佛门弟子”的商业自白

第九章　永续传统感天恩　新创神药重地威

薛永新：悟佛道精髓，创中医未来

第十章　汪归大众善若水　海纳百川无欲刚

汪海：从双星看传统文化在企业中的运用

第十一章　光彩大业传万代　标新立德耀千秋

陈光标：上善若水，慈济天下

第十二章　陈立十条百丈出　峰入云端亦有基

陈峰：精进人生，造福众生

第十三章　孝道缘就和谐　五福祥纳我家

廖莎：“和谐”智慧

第十四章　思及员工铸企业魂　模范东方圆百年梦

何思模：14亿元身家全捐的慈善人生

第十五章　长期熏修重在专　乐醉佛道和为贵

刘长乐：用传统智慧驾驭凤凰卫视

第一章

嘉行勉后生　诚信赢未来

李嘉诚：从金刚经里挖掘财富的亚洲首富

人只要不失去方向，就不会失去自己。我内心已有非常好的保障，若一个人不知足，即使拥有很多财产也不会感到安心。举例来讲，如果看着比尔·盖茨的财富和你自己的距离那么大，那么你永远不会快乐。重要的是内心的安静，表面看来很忙，但内心其实没有波动，因为自知做着什么工作。我知足，但不表示没有上进心。

——长江实业集团总裁　李嘉诚

李嘉诚人生经历

李嘉诚，1928年出生于广东潮州。1940年为躲避日本侵略者的压迫，全家逃难到中国香港。1943年，父亲李云经病逝。1945年8月，日本投降，李嘉诚被调入高升街的一间钟表店当店员。1947年，李嘉诚因不愿长期寄人篱下，便到一家五金厂当推销员。1948年，不到20岁的他便升任塑料花厂的总经理。1950年，创办了自己的塑胶厂，他将它命名为“长江塑胶厂”。1958年，李嘉诚在北角购入一块地皮，正式介入地产市场。1963年，与庄月明结婚。1967年，左派暴动，地价暴跌，李氏以低价购入大批土地储备。1972年，“长江实业”上市，其股票被超额认购65倍。1978年，与国家领导人邓小平会面。1979年，从汇丰集团购入老牌英资商行——“和记黄埔”22.4%的股权。1984年，“长江实业”又购入“香港电灯公司”的控制性股权。1986年，进军加拿大，购入赫斯基石油逾半数权益。

1986年5月1日，李嘉诚母亲逝世。1987年，成功夺得温哥华1986年世界专览会旧址的发展权。1990年1月1日，夫人庄月明女士突发心脏病逝世。1994年，所管理的企业除税后赢利达28亿美元。1995年，长江实业集团三家上市公司的市值总共已超过420亿美元。1999年，长江实业集团除税后赢利达1850亿港元。2000年，长江实业集团总市值约为8120亿港元。2009年，长江实业总市值约为10000亿港元。2010年7月30日，竞购法国电力集团旗下部分英国电网业务。2010年9月6日，中国国家主席胡锦涛在广东深圳会见了李嘉诚。2011年7月，教育部副部长郝平赴汕头大学调研，期间会见了李嘉诚。2011年福布斯富豪榜显示：李嘉诚位于排行榜第十一位。2012年福布斯富豪榜中，李嘉诚排名第九，荣膺亚洲首富。

我是学佛的人

李嘉诚，他总是非常坦然地告诉别人：我是学佛的人。李先生的富豪佛教家庭，在中国港台地区有一定的代表性。他们深信三世因果，深信布施和富贵的内在必然联系，深知慈悲喜舍的精神和举止是佛菩萨的特色。事实也证明，唯有如此，才能得天时、地利、人和；唯有如此，事业才能兴旺，社会才会祥和。请记住李先生的座右铭：“人生在世，能够在自己能力所逮的时候，对社会有所贡献，同时为无助的人寻求及建立较好的生活，我会感到很有意义，并视此为终生不渝的职志。”李嘉诚所关心的，并不是自己能挣多少钱，而是关心他手下的员工每一个家庭能生活得好。

李嘉诚先生在中国香港和内地也广种福田，常常捐助上亿元的巨资，用来造佛像、修寺庙、造桥铺路、兴办教育、支援医疗、赞助科研、弘扬文化、赈济灾民等。号称世界第一的香港大佛，李先生是一大功德主。他的夫人也虔诚信佛，临终遗嘱，后事按佛制办理，李先生及家人一一遵嘱，助其往生。他曾捐资三千多万港币建立“李嘉诚护理安老院”，该院规模宏大，设备齐全，占地约1500平方米，可收容几百名老人在此接受护理和安养。在该院建设过程中，李先生特委派李嘉诚基金会的高级职员、计划经理、办公室经理、高级秘书等专职筹划，使该院在短时间内建成启用，许多老人在此安度晚年。

李嘉诚先生是香港首富、华人首富、亚洲首富，也是全球最有影响力的十大富豪之一。他掌控着香港的经济命脉，经营着世界上最大的港口，垄断着面向中国内地的输电线，享有着来自顶级地产商和零售商的美誉以及拥有着最大的移动手机运营商的头衔……他大概是香港市场诸巨人中少有的出身贫寒者、少有的常青树，在市场和管理的各个领域和各个层面都成功过的佼佼者。

李嘉诚先生少年经历忧患，12岁便辍学到社会谋生，深深体会健康和知识的重要，同时认为对无助的人给予帮助是世上最有意义的事情，教育及医疗两者更是国家富强之本。他也认识到个人力量终究有限，唯有事业成功，才能对社会和国家作更大的贡献。故早年随着事业进展、行有余力的时候，李先生便热心公益，支持内地及香港的教育医疗事业。1980年，他成立李嘉诚基金会，借以对教育、医疗、文化、公益事业作更有系统的资助。历年来，捐款累计逾港币50亿元，其中70%透过李嘉诚基金会统筹资助，其余30%则在李先生推动下由旗下企业集团捐出。2006年，他向世界宣布将捐出自己资产的70%——大约350亿元股权！

我们发现在这个世界，谁布施的越多，谁的财富越广大！谁捐献了自己大部分的财富，便得到了全世界大部分的财富。比尔·盖茨捐献了90%的财富，巴菲特捐献了92%的财富，李嘉诚捐献了70%的财富。这些正说明了布施得财富的真实因果，世界顶级富豪比尔·盖茨、巴菲特、李嘉诚等人的现身说法，难道还不能触动您慈悲的心吗？

建立自我，追求无我

佛家讲无相布施，也就是菩萨的“无我”的境界。《金刚经》上说：“菩萨于法，应无所住，行于布施，所谓不住色布施，不住声香味触法布施。菩萨应如是布施，不住于相。”李嘉诚先生就在追求无我的境界，在做事情的时候，把“自己”放到最低。地产商人冯仑在他的日记中曾写道：

一个月前我去香港，和李嘉诚吃了一次饭，感触非常大。李先生76岁，是华人世界的财富状元，也是大陆商人的偶像。大家可以想象，这样的人会怎么样？一般伟大的人物都会等大家到来坐好，然后才会缓缓过来，讲几句话，如果要吃饭，他一定坐在主桌，有个名签，我们企业界20多人中相对伟大的人会坐在他边上，其余人坐在其他桌，饭还没有吃完，李先生就应该走了。如果他是这样，我们也不会怪他，因为他是伟大的人。

但令我非常感动的是，我们进到电梯口，开电梯门的时候，李先生在

门口等我们，然后给我们发名片，这已经出乎我们意料——因为李先生的身家和地位已经不必用名片了！但是他像做小买卖一样给我们发名片。发名片后我们一个人抽了一个签，这个签就是一个号，就是我们照相站的位置，是随便抽的。我当时想为什么照相还要抽签，后来才知道，这是用心良苦，为了大家都舒服，否则怎么站呢？

抽号照相后又抽个号，说是吃饭的位置，又为大家舒服考虑。最后让李先生说几句，他说也没有什么讲的，主要和大家见面，后来大家鼓掌让他讲，他就说我把生活当中的一些体会与大家分享吧。然后看着几个老外，用英语讲了几句，又用粤语讲了几句，把全场的人都照顾到了。他讲的是“建立自我，追求无我”，就是让自己强大起来要建立自我，追求无我是把自己融入到生活和社会当中，不要给大家压力，让大家感觉不到你的存在，来接纳你、喜欢你、欢迎你。之后我们就吃饭。我抽到的正好是与他隔一个人的位子，我以为可以就近聊天，但吃了一会儿，李先生起来了，说抱歉我要到那个桌子坐一会儿。后来，我发现他们安排李先生在每一个桌子坐15分钟，总共4桌，每桌都只坐15分钟，正好一小时。临走的时候他说一定要与大家握手告别，每个人都要握到，包括边上的服务人员，然后又送大家到电梯口，直到电梯关上才走。这就是他的追求无我，显然，在这个过程中他都做到了。

一个成功的人对生活的态度非常重要。比如，我们在生活中经常看到一些人，做一些事情偶有所得，有点成功，他的自我就会让别人不舒服，他的存在让人感到压力，他的行为让人感到自卑，他的言论让人感到渺小，他的财富让人感到恶心，最后他的自我使别人无处藏身。

李先生不一样，他要追求无我，建立自我的同时又要追求无我的看法。这是一种生活的态度，对人生，对周围世界。李嘉诚讲追求无我，王石取名不取利，柳先生讲拐大弯，所有这些都表达了他们对生活的态度和对外部世界的看法，而这些东西恰恰是他们的成功之道。如果把它归纳起来系统化，最终也是哲学。所以，说到哲学我们可以按照教授讲的那样分得很细，但是对于商人，对于我们普通人，你生活中对世界的每一个看法其实都是有价值的。

如果水满了，你会怎么办

水满了？我们每个人都有这样的经验，就是在把土、沙子或米一类的东西装进容器时，可以高出容器的外沿，凸起小山状的尖顶。用数理的概念，就是可以在十升的容器里，装上十一二升的东西。但是，无论你用什么样的容器装水，都无法让水高出容器的边沿，因为水满则溢。所以孔子赞赏水的智慧说：“盈不求概，似度。”意思是水满则止，并不贪多务得，犹如君子的讲究分寸，处事有度。

《荀子·宥坐》中有这样的记述：

孔子到鲁桓公的庙里参观，看见一只倾斜的器皿，便向守庙的人询问：“这是什么器皿？”守庙的人回答说：“这是君王放在座位右边警戒自己的器皿。”孔子说：“我听说君王座位右边的器皿，空着便会倾斜，倒入一半水便会端正，而灌满了水就会倾覆。”孔子回头对弟子们说：“向里面倒水吧！”弟子们舀水倒入其中。大家看到，水倒入一半，器皿就端正了；灌满了水，器皿就翻倒了；空着的时候，器皿就倾斜了。孔子感叹说：“唉，哪里有满了不翻倒的呢！”

子路问：“有什么保持满的方法吗？”

孔子回答说：“聪明圣知，守之以愚；功被天下，守之以让；勇力抚世，守之以怯；富有四海，守之以谦。此所谓挹而损之之道也。”

孔子的回答是指，聪明和高深的智慧，要用愚钝的方法来保持它；功劳遍及天下，要用谦让来保持它；勇力盖世，要用胆怯来保持它；富足而拥有四海，要用节俭来保持它。这就是抑制并贬损自满的方法呀。

专家解释说，欹器是一种平衡器，古代的君王将之置于座右，以为戒。在其特定的结构设计之下，水多导致重心升高并向一侧偏移，使其处于不稳定状态；当水少的时候，整体重心较低，欹器处于稳定平衡状态（尽管由于设计的原因，此时欹器本身可能是倾斜的）；当水达到一定量的时候，重心升高，欹器接近临界平衡状态，这时的欹器“虽动摇，乃不

覆”；水量进一步增加，欹器处于非稳定平衡状态，于是就“满则覆”了。

欹器

老子也抱有同样的观念，他说：“持而盈之，不如其已……富贵而骄，自遣其咎。功成身退，天之道。”他劝诫大家，做事期求圆满，还不如罢手不做……人到了富贵的程度容易骄傲轻慢，就是自招灾祸了。事业成功后就应该退出历史舞台，这是天定的法则。

古代先贤对这个问题一向有着明确的认识，所以会用不同的语言来说明问题的因果，如“盛极而衰，盈满则亏”“过犹不及”“物壮则老”等。这些至理名言无不向我们传递着这样一个信息——“强大”有时也就意味着已在走向死亡，特别是当自己也认为自己够强大时。

“没有最好，只有更好。”这句很多企业的口头禅，其中的味道反而容易被我们忽略。不自满，不自欺，即使自己做得很“满”，也绝不自以为满。前面我们谈到过万科公司一步一步地前进，多年来，业绩一直持续增长，但公司从来没有骄矜之态。即使几年前，万科成为中国房地产业的老大，万科依然不自以为满。他们总是感到自己做得并不够好，而且不断地给自己确立赶超的目标，如学习索尼的服务，学习新鸿基的物业管理等。近来，他们又找到了连续五十多年保持业绩增长的美国地产公司作为自己的标杆。

最重要的是，心不能满。有人做了个比喻，即使你是最成功的，你也只是98摄氏度、99摄氏度的热水，离沸腾的100摄氏度永远有差距。保持这样的心境至关重要，否则，心满了，就如同水达到了100摄氏度，沸腾之后就成了蒸汽了，亏缺也就随之而来了。毕竟，金无足赤，人无完人。

在一些西方发达国家中，社会基本形成了一种谦和、散淡的整体氛围，使得那些成功者和富翁不愿拿自己的财富炫耀于世，与我国的一些社会现象形成强烈的反差。在那里，无论你是打工族还是老板，是贫民还是富翁，大家都会一视同人，不会因为贫穷而瞧不起你，也不会仅仅因为富有而对你另眼相看。人们最看不起的就是那种炫耀财富的“暴发户”。例如，瑞士银行家巴尔在他出版的自传中，对瑞士富人的心态做了最好的注解：如果他们需要两辆车时，他们会刻意买两辆完全一样的普通车，让人认为自己只拥有一辆车，因为他们不希望邻居认为他们在向别人炫耀财富。他们真正做到了心不满，做到了“富有四海，守之以谦”的超脱境界。

在李嘉诚的经营理念中，有“知止”两个字。他提到经营企业，“知止”两个字最重要。他说他从12岁就开始投身社会，到22岁创业时就已经过了10年非常艰苦的日子，到今天他已工作六十多年了。在香港他看过有些人成功得容易，但是掉下去也非常快，是什么原因呢？他说“知止”是非常重要的。全世界很多企业之所以失败，至少一半都是因为贪婪。满则招损。止而安，因为“企”字的上面是“人”。那么，我们进一步观察，“企”字的下面是个什么字？是“止”，它是企业稳固的基础，与上面的“人”字组合起来，才能构成一个圆满的“企”字。所以，做企业懂得“止”非常重要，尤其是企业做大以后。“企业‘止’为安。懂得了‘止’，也就懂得了中国传统文化的精髓——中庸之道。”

“凯马特”的失败，就是一个不知“止”的典型案例。

美国大型零售企业凯马特曾经声名显赫，对于零售业而言，它就相当于汽车业的福特公司，堪称业界的“教父”级企业。凯马特被视为“折扣

营销模式”的祖师爷，在20世纪七八十年代位居美国零售业榜首，创造了世界最大的连锁超市和世界最大的零售企业，并且是世界上首家使用现代超市收款系统的企业。1981年，凯马特的店铺总数超过了2000家，网点覆盖了美国50个州。

就当时的经济状况而言，凯马特足够大了，水几乎已经满了。但是这时，它的管理层开始失去理智，头脑中完全没有“止”的观念，错误地认为做大就是做强，只有不断地做大才能保持自己独有的强势地位。所以，它从20世纪80年代中期开始，不再致力于维护和发展它的核心竞争力——折扣营销，而是把本应投资于新技术、新设备以及改善后勤物流体系的资金，全部用来收购书店、体育用品店、家庭用品店及办公用品店，试图通过向八个不同领域的扩展使自己更加强大，成为零售领域的“全能冠军”。1984年，它收购了家装连锁店Builder Square。1989年，它收购了PACE会员制仓储超市。1990年，它收购了拥有10家店铺的体育用品连锁超市Sports Authority和办公文仪零售商Office Max。1992年，它又进军欧洲，收购了捷克和斯洛伐克两国的13家店铺以及Borders图书连锁超市企业。1994年，它在墨西哥和新加坡建立合资零售企业。到了1997年，凯马特还倾力推出了所谓“大凯马特”（Big Kmart）店模式，比传统的凯马特店更大、商品更多。

但是，折扣商店和其他商店的顾客群体不同，服务方式也不同，凯马特的竞争优势无法延伸到这些领域。结果，这些耗费大量资金和精力辛辛苦苦收购来的企业，最后都亏损。凯马特不得不忍痛“割肉”，一一悉数卖掉。并且，“大凯马特”店模式也令人大失所望，最终于2001年弃之不用。

在凯马特四处扩张的时候，沃尔玛已经悄悄地后来居上，并取代凯马特成为美国零售业的霸主。从2001年开始，凯马特试图扳回霸主地位，与沃尔玛大打价格战。但这时，凯马特已经雄风不再。一位零售业咨询师这样说：“凯马特和沃尔玛打价格战，就相当于卢森堡和美国开战。”结果，凯马特的赢利大受影响，到期的欠款无法支付，最终只能申请破产保护。

所以，大不能代表强，大也不代表安全。相反，心满了，理性丧失了，大就成了趋弱的先兆，成了危险的预警。当企业膨胀起来之后，管理者的心态就成为企业未来成败的关键因素。

大企业常被形容为恐龙：凶猛、强悍，让人畏惧。但是，大企业也容易像恐龙一样，对外界反应迟钝，行动笨拙不堪。考古学界对恐龙的灭绝有多种解释，其中一种解释是恐龙之所以灭绝，是因为其神经系统相当简单，大脑发出一个行走的指令，这个指令需要两分半钟才能传达到它的足部，而足部的一个感觉反射到大脑，也需要同样的时间。对环境反应迟钝，也是被形容为恐龙的大企业常见的病态。因为不只是机构庞大造成信息传递时间长，最主要的是，大企业有太多成功的经验、固有的偏见以及非理性的浮躁，使得心满了，对外界不断变化的新鲜信息接受起来就比较困难。这样，对环境的判断和趋势的把握就会迟钝和不真实。

韦尔奇曾对“大企业病”有过生动的描述。他说，染上“大企业病”的企业，就像一个穿上了很多层毛衣的人，不但体态臃肿、行为愚钝，而且感受不到市场的温度变化。韦尔奇的比喻十分形象生动。可是，我们经常见到的情况是，即使这样，许多大企业还是试图套上更多层的毛衣，为了使自己显得更大。在局外人看来，这样的行为几乎超出了理性的范围，但企业似乎已经无法自控。为什么？因为企业的决策者不知道“止”，只知道“进”。他们的心满了。

做大，会带来许多难以解决的问题，但只要是问题，就有解决的可能。可是，如果在经营过程中，心做大了、做满了，问题的解决就难上加难。所以，比尔·盖茨说，对于成功的企业和企业家来说，其事业最大的威胁不是来自竞争对手，而是来自于他们自身。

春秋时期，帮助楚庄王建立霸业的楚相孙叔敖的一段经历，对我们很有参照价值。

楚王知道孙叔敖贤德，就任他为相，孙叔叔的亲朋好友以及朝廷的大臣都来向他祝贺。随后，来了一个穿着粗布衣裳的老者，头上戴着白帽子，好像是来吊唁孙叔敖。

孙叔敖见了，赶紧整理衣冠，很恭敬地出来见老者，问：“别人都是来向我祝贺的，只有您是来吊唁我的，有什么说法吗？”老者说：“身份已

经很高贵并且骄矜傲慢的人，百姓一定离他远去；地位很高却乱用权力的人，国君一定厌恶他；俸禄已经很丰厚还不知道满足的人，他就随时处在危险中了。”

孙叔敖再向老者叩拜说：“我一定听从您的教诲，希望您进一步补充。”老者说：“地位越高，对人的态度越要谦和；官做得越大，待人之心越要恭敬；俸禄已经丰厚，就要把持自己不去获取不义之财。坚守这三点，就可以治理楚国了。”

楚国老者告诉我们这样一个保全的途径：位高权重以后，心要收敛、要谦卑。所以，心不能满。

如果水满了，你会怎么办？

奉献的艺术

前面提到，什么是禅商？禅商也是奉献之商，其实人生在世，就是一个舍的过程、奉献的过程，舍要有舍的智慧，奉献也是讲究艺术的。我们在尘世中生活，在生活中提升，在提升中觉悟。禅离不开生活，生活中也无处不存在禅。生活禅，生活禅，就是觉悟人生，奉献人生。如何奉献，李嘉诚先生给我们树立了榜样，建立自我，追求无我，自省自律，公开公平，用心决心，正心诚信，必能实现我们人生最有意义的目标，让世界充满爱！

李嘉诚先生于2004年在汕头大学为长江商学院的学员作过一次演讲，主题就是“奉献的艺术”。演讲中就道出了一个有社会责任感的商人应有的生活准则、行为原则，也是一个禅商、一个觉悟的商人所要到达的一个人生的境界！现把其演讲全文摘录如下，以飨大家！

多谢大家常称赞我是一个成功的企业家，对于这些支持、鼓励，我内心是感激的。很多传媒访问我，都会问及如何可以做一个成功的商人，其实我很害怕被人这样定位。我首先是一个人，再而是一个商人。

每个人一生中都要扮演很多不同的角色；也许，最关键的成功方法就是寻找到导航人生的坐标。没有原则的人，会漂流不定；有正确的坐标，我们做什么角色都可以保持真我，挥洒自如，有不同程度的成就，活得更快乐更精彩。

不知道什么时候开始，“士农工商”社会等级的概念，深深扎根在中国人传统思想内。几千年来，从政治家到学者，在评价“商”的同时，几乎都异口同声带着贬义。他们负面看待商人的经济推动力，在制度上，各种有欠公允的法令，历代层出不穷，把司马迁“货殖列传”所形容的商人“各任其能，竭其力，以得所欲”、资源互通有无、理性客观的风险意识、资本运作技巧、生生不息的创意贡献等正面的评价，曲解为唯利是图的表征，贬为“无商不奸”或是“熙熙攘攘，都是为利而来，为利而往”的唯利主义者。

当然，在商人的行列里，也有满脑袋只知道赚钱、不惜在道德上有所亏欠、干出恶劣行为的人。他们伤害到企业本身及整个行业的形象。也有一些企业钻营于道德标准和法律尺度中的灰色地带。今天商业社会的进步，不仅要靠个人勇气、勤奋和坚持，更重要的是建立社群所需要的诚实、慷慨，从而创造出一个更公平、更公正的社会。

我就很喜欢听故事，从别人的生活得到启发。当然，不单是名人或历史人物，四周的各人、各事，言行举止，都是如此。在商言商，有些时候，更会带来巨利的机会。洛克菲勒（Rockefeller）与擦鞋童的故事，大家都听过：1929 年，华尔街股灾前，一个擦鞋童也想要 Rockefeller 炒卖股票的秘密消息，Rockefeller 听后，马上领悟到股票市场过热，是离场的时候，他立刻将股票兑现，躲过股灾。

范蠡一句“飞鸟尽，良弓藏；狡兔死，走狗烹”，说尽了当时社会制度的缺憾，大家都忘不了他这句话。范蠡是《史记·货殖列传》中所记的第一人，他曾拜计然为师，研习治国方略，博学多才，是春秋时代著名的政治家。

他有谋略，有渊博及系统化的经济思维，他的经济智慧为他赢得巨大的财富。现代经济学很多供求机制的理论，我国历史早有记载。

中华商人圣祖：范蠡（公元前517年—公元前420年）

范蠡的“积著之理”研究商品过多或短缺的情况，说出物价涨跌的道理。怎样抓住时机，货物和现金流的周转，要如同流水那样生生不息。

范蠡的“计然之术”，还试图从物质世界出发，探索经济活动水平起落波动的根据；其“待乏”原则则阐明了如何预计需求变化并作出反应。他主张平价出售粮食，并平抑调整其他物价，使关卡税收和市场供应都不缺乏，才是治国之道。他更提出了国家积极调控经济的方略。“旱时，要备船以待涝；涝时，要备车以待旱。”强调人们不仅要尊重客观规律，而且要运用和把握客观规律，将之应用在变化万千的经济现象之中。

我觉得范蠡一生可算无憾，有闻仲这样知心相重的朋友；有共渡艰难，共度辰光的西施为伴侣，最重要的是，有智慧守候他的终生。我相信他是快乐的，因为他清楚知道在不同时候，自己要担当什么角色，而且都这样出色，这么诚恳有节。勾践败国，范蠡侍于其后，不被夫差力邀招揽所动。

商圣范蠡

范蠡助勾践复国后，又看透时局，离越赴齐，变名更姓为夷子皮。他与儿子们耕作于海边，由于经营有方，没有多久，产业竟然达数十万钱。

齐国的人，见范蠡贤明，欲委以大任。范蠡却相信“久受尊名，终不是什么好事”，他散其家财，分给亲友乡邻，然后怀带少数财物，离开齐国到了陶地，再次变易姓名，自称为陶朱公。

他继续从商，每日买贱卖贵，没过多久，又积聚资财巨万，成了富翁。范蠡老死于陶。一生三次迁徙，皆有英名。书中没有记载范蠡终归是否无憾。我们的中国心有很多包袱，自我概念未能完善发展。范蠡没有日记，没有回忆录，只有他行动的记录，故无法分析他的心态。他历尽艰辛协助勾践复国，又看透勾践不仁不义的性格；他建立制度，却又害怕制度；他雄才伟略，但又厌倦社会的争辩和无理；他成就伟大，却也深刻体会到世间上最强、最有杀伤力的情绪是嫉妒，范蠡为什么会有如此消极的抗拒（不参与本身就是一种抗拒）？

说完我国著名历史人物范蠡，我想谈一谈一个美国的伟人。来自另一个世界的本杰明·富兰克林（Benjamin Franklin），他墓碑上只简单刻上“富兰克林，印刷工人”几字。他是个哲学家、政治家、外交家、作家、科学家、商家、发明家和音乐家，闻名于世，像他这样在各方面都展现卓越才能的人是少见的。

富兰克林，1706 年生于波士顿，家境清贫，没有受过正规教育，他一直努力弥补这一遗憾，完全是靠自学获得了广泛的知识。他 12 岁当印刷学徒，1730 年接办宾州公报，他著作的《可怜李察的日记》一时风行，成为除圣经外最畅销的书，他为政府印刷纸币，实业上获得了很大成功。

本杰明·富兰克林

富兰克林不单有超越年龄的智慧，有健全的思维，更对别人关心，他对公共事业的热心和能力，更赢得了当地居民的信任。富兰克林曾经立下志愿，凡是对公众有益的事情，不管多困难，他都要努力承担。自 1748 年始，他开展了不同的公共项目，包括建立图书馆、学校、医院等。

做好事、做好人是驱动富兰克林终生的核心思想，他极希望自己做的每一件事，均有益于社会，有用于社会，身体力行为后人谋取幸福。

他名成利就后，从未忘记帮助年轻人找到自己增值的方法，在“给一个年轻商人的忠告”的文章内，他的名句“Time is money，credit is money”，将时间和诚信作为钱能生钱可量化的投资；在“财富之路”一文内，富兰克林简单而又清楚地说明，勤奋、小心、俭朴、稳健是致富之核心态度。

勤奋为他带来财富，俭朴让他保存产业。富兰克林十三个人生信条他都写得简明扼要：“节制、缄默、秩序、决心、节俭、勤勉、真诚、正义、中庸、清洁、平静、贞节、谦逊”。

他更是一位杰出的政治家，在美国独立战争期间，他曾出使法国，赢得法国对美国的同情与支持。独立后，制宪会议一开始，富兰克林更表现出一个政治家的博大胸怀。虽然他是众望所归，但却提名华盛顿将军当总统。富兰克林的坚持留给制宪会议的绝非是名誉高位，而是胸襟、智慧和爱国精神。1790 年，这位为教育、科学和公务献出了自己一生的人，平静地与世长辞。他获得了很高的荣誉，美国人民称他为“伟大的公民”，历代世人都给予他很高的评价。人类的史碑上永远会铭刻富兰克林的名字。

范蠡和富兰克林，两个不同的人，不同时代，不同文化背景，放在一起说好像互不相干，然而，他们的故事是值得大家深思的。

范蠡改变自己迁就社会，而富兰克林推动社会的变迁。

他们在人生某个阶段都扮演过相同的角色，但他们设定人生的坐标完全不同，范蠡只想过他自己的日子，富兰克林利用他的智慧、能力和奉献精神建立未来的社会。就如他们从商所得，虽然一样毫不吝啬馈赠别人，但方法、成果有天渊之别。范蠡赠给邻居，富兰克林用于建造社会能力（Capacity buiding），推动人们更有远见、能力、动力和冲劲。有能力的人可以为社会服务，有奉献心的人才可以带动社会进步。

今天的中国人是幸运的，我们经历中国历史前所未有的制度工程，努力建设持续开放及法治的社会，拥抱经济动力和健康自我概念的发展，尽管未尽完善，亦不必像范蠡一样受制于当时社会价值观，只能以“无我”

为外衣，追求“自我”；今日我们可以像富兰克林一样建立自我，追求无我。

在今天，停滞的思维模式已变得不合时宜，这不是弃旧立新，采取二元对立、非黑即白的思维，而是要鼓励传统的更生力，使中国文化更适用于层次多元的世界。

在全球化的今天，我们要懂得比较历史、观察现在和梦想未来。

从商的人，应更积极、更努力、更自律，建立公平公正、有道德感、自重和守法精神的社会，才可以为稳定、自由的原则赋予真正的意义。

虽然没有人要求我们，我们自己要愿意发挥我们的智慧和勇气，为自己、企业和社会创造财富和机会，大家可以各适其所。

最近我看到一段故事《三等车票》：在印度，一位善心的富孀，临终遗愿要将她的金钱留给同村的贫困小孩分批搭乘三等火车，让他们有机会见识自己的国家、增长知识之余，更可体会世界的转变和希望。

“栽种思想，成就行为；栽种行为，成就习惯；栽种习惯，成就性格；栽种性格，成就命运。”这不知道是谁说的话，但我觉得适用于个人和国家。

我最近常对人说，我有了第三个儿子，朋友们听说后都一脸不好意思地恭喜我。我是很高兴，我不仅爱他，我的儿子也将爱他，我的孙儿也将爱他。我的基金会就是我的第三个儿子。

过去六十多年的工作，沧海桑田，但我始终坚持最重要的核心价值：公平、正直、真诚、同情心，凭仗努力和蒙上天的眷顾，循正途争取到一定的成就。我相信，我已创立的一定能继续发扬；我希望，财富的能力可以系统地发挥。我们要同心协力，积极、真心、决心，在这个世上散播最好的种子，并肩建立一个较平等及富有同情心的社会，亦为经济、教育及医疗作出贡献；希望大家抱慷慨宽容的胸怀，打造奉献的文化，实现我们人生最有意义的目标，为我们心爱的民族和人类创造繁荣和幸福。

第二章

德能载福行天下　旺气盛耀万佛塔

曹德旺：持戒行商，我佛慈悲

六度第一条是布施。谦虚诚实，与人方便，这些都是布施的方法。第二条是持戒。尊重天下所有法律法规民风民情。何为戒？正人先正己。第三条是忍辱。忍辱就是你要有胸怀。信佛要去理解，而不去跪拜。

财富好像流水，留是留不住的，不必留给子女太多钱，应该留给他们智慧和修养。你有能力就会有钱，没有能力，给你钱也会花光。

我修庙盖寺是为了弘法，我认为中国人需要一个宗教和灵魂。人一定要有信仰，信什么都可以，就怕什么都不信。

——福耀集团董事长　曹德旺

曹德旺人生经历

曹德旺，1946 年出生于福建福清，9 岁上学，14 岁就被迫辍学。1976 年，曹德旺开始在福清市高山镇异形玻璃厂当采购员。1983 年，曹德旺承包了这家年年亏损的乡镇小厂，将主业迅速转向汽车玻璃，彻底改变了中国汽车玻璃市场 100% 依赖进口的历史。1985 年，曹德旺转战汽车维修玻璃。1987 年，曹德旺联合集资 627 万元，成立了福耀玻璃有限公司。

1991 年，福耀玻璃有限公司获准公开发行股票，成为国内首家上市民营企业，也是第一家同行业上市公司。1993 年，福耀玻璃登陆国内 A 股，是中国第一家引入独立董事的公司。1996 年，由国际汽车玻璃龙头企业法国圣戈班投资 1530 万美元、福耀投资 1470 万美元，双方合资成立万达汽车玻璃有限公司。1999 年，因双方经营原则不同，曹德旺用 4000 万美元买断圣戈班在福耀的所有股份，以此为条件与圣戈班约法三章，圣戈班在 2004 年 7 月 1 日前不得再进入中国市场，为福耀在 5 年内排除一个强大的竞争对手赢得发展的时机。2001—2005 年，曹德旺带领福耀团队艰苦奋战，历时数年，花费一亿多元，相继打赢了加拿大、美国两个反倾销案，震惊世界，福耀玻璃也成为中国第一家状告美国商务部并赢得胜利的中国企业。2006 年美国商务部部长来中国时，点名约见曹德旺。2009 年 5 月 30 日，曹德旺获得安永全球企业家大奖。2009 年，捐赠公益共计 2900 万元；2010 年至 2011 年 4 月捐款 12 亿元。2011 年胡润中国慈善榜发布：曹德旺捐款 45.8 亿元成为中国首善。

把日子过好一点没有罪

曹德旺9岁才开始走进学堂念书，念到14岁，因为家境所迫，生活的艰难，使他不得不辍学回家放牛。但是当时，他一有空就爱捡起哥哥的旧课本，边放牛边津津有味地读上几页。

在他的记忆中，有很长一段时间，家里一天只能吃两餐，两餐里也只是些汤汤水水，难以顶饥耐寒。那时他们就常常觉得饿，做母亲的变不出吃的，但却总是柔声鼓励着孩子们："要抬起头来微笑，不要说肚子饿，要有骨气、有志气！"

"饭可少吃，衣可简穿，书还是要读。"受过教育的父母想尽办法要让他们读点书。到了16岁的时候，年少的他开始冒着被扣上"投机倒把"帽子的危险帮着父亲倒卖烟丝。1966年左右，烟丝生意难以为继，于是改做水果生意。每天凌晨3点多就出发，从高山公社骑自行车赶到福清县城时天刚放亮，等果农来了就开始与他们讨价还价，谈定价格装好水果后差不多已到中午，就地自己煮饭，吃完后是中午十一二点，一般温度是40摄氏度，驮上300斤水果，那时候感觉就像是在火里穿行，回到高山大约是下午4点到4点半，等把一车的水果全都批发给商贩后一般要到下午6点。如此一个回合下来能从中赚取的差价约为两元钱。这是一家人赖以生存的两元钱。之后他就匆匆赶回家，到家吃完饭差不多就到了晚上八九点，这时候就要赶紧去睡觉，否则第二天就起不来了。看着营养不良的孩子长期透支体力，母亲经常偷偷流泪。

就这样，他每天残酷地挑战体能极限。

母亲心疼孩子，却又无力疼惜，每天早上叫他起床时她都心疼得直掉泪，以至于每天都要坐在他的床边先哭上一阵子才能狠狠心叫醒他。

母亲的泪水，人生的艰难，让那时的曹德旺早早就尝识了人世间的冷暖炎凉。他能感受到那些背着书包的同龄人不屑的眼神，他在意，但他并不自卑，他深信自己的肩膀有着他们难以企及的坚强；昼夜的奔忙，巨大的付出与微薄的回报，他无奈，但他并不屈服，他坚信勤劳的双手有改变命运的力量。

为了谋生，他种过白木耳，当过水库工地炊事员、修理员、知青连农技员，还倒过果树苗。1975 年，他已为自己积累了 5 万余元的“巨资”，那时感觉在经济上解放了自己。

他所想的只是一个再朴素不过的道理，那就是把日子过好一点没有罪。“我所有的动力都来源于‘过好日子’的美好愿望。”

早年的这些苦难，让曹德旺过早地体会到了人世间的冷暖，也磨砺了他坚韧的性格。他坚信，靠勤劳的双手能改变命运，他要让全家人“把日子过得好一点”。

中国人应该有一块儿自己的汽车玻璃

福耀玻璃的前身是创办于 1976 年的福建福清市高山镇的一家乡镇企业——高山异形玻璃厂。1983 年 4 月，曹德旺承包了这家年年亏损的小厂，当年就赚了 20 多万元。刚开始，玻璃厂专门生产水表玻璃。很快，曹德旺发现，随着改革开放的深入，进口汽车大量涌入中国，而国内众多低等级公路让汽车玻璃的损坏率居高不下。20 世纪 80 年代初期，在国内的汽车维修市场，汽车玻璃基本依赖进口，从日本进口的汽车玻璃一块就高达一两千元。这种现象深深刺痛了曹德旺的民族自尊心。“中国人应该有一块儿自己的汽车玻璃。”曹德旺暗想。

1985 年，曹德旺转战汽车维修玻璃市场。此后不久，在汽车维修市场上，曹德旺用自己生产出来的汽车玻璃代替了日本的进口汽车玻璃，赚到人生第一桶金 70 万元。“当时是通过购买上海耀华玻璃厂的旧设备图纸，完成设备安装和投产的。”

1987 年，曹德旺联合 11 个股东集资 627 万元，成立了福耀玻璃有限公司。尔后，福耀玻璃不断引进新技术、新设备，从只能生产十多种规格产品的小厂，发展到能生产一万多种规格产品的大公司，结束了中国汽车

玻璃依赖进口的历史。

1991年，福耀玻璃获准公开发行股票，成为国内首家上市民营企业，也是第一家同行业上市公司。

1996年，由国际汽车玻璃龙头企业法国圣戈班投资1530万美元、福耀公司投资1470万美元，双方合资成立万达汽车玻璃有限公司。

3年的合作，让曹德旺受益匪浅，福耀的员工直接到法国圣戈班的生产一线接受再培训，在生产流程、设计思路、工艺路线上让福耀的员工见识了先进的蓝本并得到实践，还领略了圣戈班具有国际水准的管理模式和一些可取的理财理念，学会了怎样做一个典范的汽车玻璃供应商。

1999年，因双方经营原则不同，曹德旺用4000万美元买断圣戈班在福耀的所有股份，以此为条件与圣戈班约法三章，圣戈班在2004年7月1日前不得再进入中国市场，为福耀在5年内排除一个强大的竞争对手赢得发展的时机。曹德旺的果敢和对福耀事业的忠诚也赢得了国际同行的尊敬，重新由曹德旺掌控的福耀保持了和国际同行在技术和信息方面畅通的交流。多年来，始终如一地坚持每年派人员赴国外培训学习，福耀的事业又一次跃上了一个新的巅峰。

高品质的产品、领先的研发中心、完善的产品线加上巨大产能，决定了福耀产品强劲的市场开拓力。

如今，福耀公司生产的汽车玻璃占中国汽车玻璃70%的市场份额的同时，还成功挺进国际汽车玻璃配套市场，在竞争激烈的国际市场占据了一席之地，成为宾利、奔驰、宝马、路虎、奥迪等豪华品牌重要的全球配套供应商，是世界第二大汽车玻璃厂商。

一个虔诚的佛教徒

曹家四代信佛，曹德旺是虔诚的佛教徒。他仅为修复家乡的寺庙便前后投入了2000万元。但他很少烧香许愿。“有的大老板花几万元钱买第一炷香烧，其实这个是很土的。你为什么去祈福烧香？因为你嫌自己不够富。你为什么嫌自己不够富？因为你有贪念。烧香烧不出佛理，烧不出平常心。”“有时候我进寺院，出于对佛祖的敬重，也会烧香。但是我从来不求什么，我知道求也白求，根本不灵，一切都在你自己心中。”

“今天的社会文明，有很多是古代遗留下来的。我们这一代受惠于这个国家，也应该为下一代人留下一点东西。”所以，曹德旺对慈善事业的动力，与他的信仰有关，也与他的出身有关。“我穷过，后来发达了……你不要有点钱就自以为了不起，你有钱帮助人家，做一点功德而已。这也是维护国家和社会的平衡发展。”

言及贫富差距，他经常跟子女、员工讲，不要歧视乞丐。佛提倡施舍众人，但施有三施，财施、法施、无畏施。“财施就是有钱的人去施舍别人，这没什么不对。你如果能把你所学让更多人富起来，这种法施比财施意义更大。无畏施是他一无所有，但是看见人家掉到水里，他想都不想就跳下去，为了别人，他宁可牺牲自己，这种比前面的都伟大。”

“三教就像土壤一样，它是我们力量的源泉，是我们的精神食粮。佛说，以法为师，以戒为师，以四念处安住……经首安立如是我闻，使人起信。”“不要争，只要你做得好，人家就信了，做不好人家当然不信。”

“我的信仰就是做一个对社会有用的人，我没什么本事，不能够成为国家栋梁，但是我坚决不做社会的蛀虫，我尽我所能，能够为社会的繁荣和进步做一些事情。”曹德旺认为慈善是财富第三次分配、是调节两极分化关键的工具，“我希望带个头，引起企业家重视慈善事业，因为中国的事情应该由自己人来完成。”

言及名利声誉，他有自己的态度，淡然释怀，“我没有奢望这些东西。他们怎么评判，由他们去，我一点都不在乎。说我好，说我坏，我都欢迎。我还要感谢他们，起码在茶余饭后，他们心中还记起曹德旺这个人，我就感到满足了。”

小时候用砖头盖塔

曹德旺的生意头脑几乎无处不在。本来浙江普陀山打算先募集资金修

建佛塔，然后再继续募集资金修建讲经院。曹德旺出了个主意，自己捐赠修建的万佛宝塔一共 13 层，塔内供奉 10 种造型庄严的化身观音宝像 10000 尊，其中第九层为银质观音像，主像为金质观音像，其他各层为铜质贴金观音像，每个小观音像 20 厘米 ×30 厘米见方，让其他信众出钱供奉这些观音。5 万元、10 万元集来的钱则可用来修建讲经院。讲经院花费数亿元，大部分是供奉观音化到的钱。万佛铜塔造价七千多万元。“这两个项目是一体的，所以要一起开光。”

2007 年曹德旺到安徽蚌埠办事，办完后到九华山玩，有个老和尚在街上化缘，想要修建一座佛塔，才只化到了两三万元。曹德旺说：“我帮你盖吧？”那个塔花了 2000 万元。

“我还是小孩子的时候，经常去捡瓦片砖头来盖塔，可以盖到两米那么高，里面是空的，有很多洞，可以烧火。我到九华山去，看到和尚那么大年纪还在那里募集资金盖塔，唤起了我童年的记忆。”

普陀山万佛塔

第一戒贪

民营企业最头疼的问题是处理政商关系。改革开放的 30 多年，是中国几千年“官本位”历史上，第一次将权力部分让渡给商业的历史。曹德旺虽然秉此“希特勒”作风，但他乃雄浑之人，多种复杂对立气质并存于一身。

县里和第一任董事长闹翻后，让曹德旺担任董事长兼总经理，负全责。“你聪明，我比你更聪明，当了一个礼拜董事长后我召开会议，说引进资本也要引进人心，宣布改选董事长。”

曹德旺将股东之一的福建省外贸中心处长王宝光推上了董事长位置。“王宝光是福州地面上几个说话算数的人之一，他是处长，福清县也是处级，加上宝光是福州市的官员，无形中还高半头，让他去处理各种关系”。曹德旺自己当总经理，“坚决执行董事会决议”。

“那时候我股份少，不能当董事长，后来我屁股上的肉厚了，当当董事长没问题。”

现在曹晖接班，曹德旺将他置于自己的羽翼之下，本人当起了公关大使的角色，他的经验、地位、个人形象都已达到一定高度，处理各种关系“比宝光当年还好”。

仅仅有圆滑机智显然是不够的。曹德旺说：“处理政商关系，不能随大流，要给那些官员树立原则。”他的无上秘籍是“不贪”，“佛家持戒，第一就是要戒贪”。

曹德旺认为，行贿的动机就是有贪欲，“我跟你谈不拢，我可以不做，我不做行不行?”

“不行贿”的原则一来出于本性，更是亲眼见到行贿者人头落地的悲惨下场，令曹德旺触目惊心：行贿换来的不是安全，而是更大的风险。

“行贿的下场我担待不了，担待不了的事情我不做，我奉行健康第一，自由第一；反之得罪了他我大不了不做了，回家去种地，我种地也种得很好的。”

“我扮演一种角色，与政府保持高度一致，同时我也不贪你的便宜。我到湖北去投资，湖北人说，土地不要钱要送给我，我笑，吃完饭我跟他讲，中国的土地不是你的，我不为难你，土地还是算钱，但是其他几件事情要做好。”

“无欲则刚，我的秘诀就是不贪，只要做到不贪，什么都容易，心里会达到很静的境界，还可以笑笑他们，你们也太过分了吧。”

1987—1993 年的这 6 年曹德旺做得很辛苦，后来福建没有人敢跟他干仗。

“每次反腐，都是先反企业家。”但从另外一方面来说，曹德旺认为，“其实很多官员也是商人，企业家有求于他才做出很多违法的事的。”

曹德旺也没有得到一些可以得到的好处，多年以来福耀玻璃缴税超过 50 亿元。“我甘愿啊，很开心啊，一点儿也不觉得委屈，因为我赚到完整的人格。”2011 年福清市财政收入 40 亿 ~50 亿元，其中 4. 5 个亿来自曹德旺交的。

曹德旺的持戒还体现在公司业务范围上，他克制住了自己，抵制了多种诱惑，福耀最终没有和房地产、矿山、互联网、二级市场、PE 等沾边，今天的福耀终于成就大业。

福耀玻璃 1991 年发行股票，1993 年在上交所挂牌。当初福耀也有房地产、汽车玻璃、国际贸易、装修等多个领域的业务，上市后曹德旺将报表拿去给香港的一位业内人士看，“他看了之后说这是垃圾公司，公司才这一点点大，有这么多不同业务，这是什么？有人喜欢投资房地产，有人喜欢投资装修，他最不容易看到这后面的风险，你什么都做，什么都做不好。你的战略定位是什么，你的价值观在哪里？”

“我做一切事情都是从佛教的道理来分析的，包括我不去炒股票、不去买矿山，钱来得快去得也快。”

烧香是礼佛，祈求的是平常心

1986 年，最终曹德旺虽然赢了，但却深深体会到，赢中有输，“因为跟这些人结怨，不是简单的事情，一帮人虎视眈眈地看着我，还会整我。”

由于特定的历史背景，曹德旺给自己立下规矩，将自己置于各种监督之下，尊重各种法律法规以及风俗习惯。

“我如果犯规，会死得很惨，所以我看见谁都怕，做事很谨慎。”“我把自己置于全社会监督之下，因此我就不会犯规。我没留下什么把柄，所以别人也没什么好捡的。”

1986 年，曹德旺获胜的最重要的原因在于，用基建公司发票冲抵报销的请客吃喝发票本来可以拿回去烧掉，但他“非常聪明”地保存了下来，从此曹德旺越发“做每件事情都有单据”。

“你想做，我就帮你做；你不想做，都在这里，你看怎么处理。”

福耀玻璃是中国最早引入独立董事的上市公司，也是福建省最早成立工会的私营企业之一。

“对于在企业成立工会大家都在担心。我在 1988 年就成立了工会。我认为工会是工人之家，我的努力能否成功，主要靠员工，成立工会给员工一个讲道理的舞台。不管谁，必须讲道理。我把劳动合同拿到劳动局和县工会市工会去备案去审，问他们，我这样跟工人签协议行不行？他们说，行。我的管理规定出台，有职工手册，违反职工手册的处理规定也拿到工会去审，这样行不行？行。那好。我这里规定，被认定是偷盗的，5 元钱以上无条件开除，行不行？他说可以。在福耀我们的管理是公开、公正、公平的，从头到尾落实‘持戒’的概念来做。”

我不死谁死

“玻璃大王”曹德旺要把自己及其家族名下 60% 的股份捐赠给基金会，此事在社会上引起了强烈反响。而真正让曹德旺决定捐股份成立河仁基金会的有两件事情。

“一早走出家门，就与秋风撞了个满怀。”在 2007 年第 11 期的内刊《福耀人》上，曹德旺写了一篇《一叶知秋》。开头写到，他通过国家减少出口退税、人民币升值等信息判断，中国将迎来一轮经济的冬天，这背后的原因就是国家“贫富两极分化太厉害”。“所以我认为作为企业家应该带个头，就是把钱换出来，送给没有钱的人。弱势群体能够有收入的话，就提高了购买力，小企业就有活干了。小企业有活干的话，大企业，做电的、做材料的也就给我们提供材料，他们就有活干了，就带动起来了。”

另一件事情则是曹德旺2008年年底受邀去丰田访问，他得知丰田家族如今仅仅持有丰田百分之零点零几的股份。但是，日本人还是把丰田的第四代孙推上社长的位子。“日本人还是信仰丰田，丰田的企业管理做得很好，对社会作的贡献很大，虽然现在他不控股，比他股份大的股东多得多，但是人家不承认你是什么股东不股东，不是承认你钱的问题，而是承认你先祖一贯的作风。他的孙子管理能力很强，但是也不一定就是几十万人当中的第一。这是一种崇拜，丰田家族在全世界人的心目中都是非常伟大的。”

这位经营了20多年福耀集团的创始人，更多是从“情理”上考虑问题，“福耀每年税收几个亿，又是中国汽车工业的骨干，你换管理人的时候有没有考虑这个企业垮台怎么办？一部分人认为曹家应该全部离开，曹家一离开你就倒。我们曹家其实也不想做，赚了钱拿去捐给你，我做这个干吗？这是我在尽一个中国人的义务，一种责任。”曹德旺说，河仁基金会的收益来源于股票的年底分红收入和在一定比例内通过高抛低吸运作投资股票。蒙牛的老牛基金会，收益主要来自牛根生股票51%的收益，牛根生去世后股票才完全属基金会所有，而曹德旺直接把自己60%的股份捐给了基金会。

曹德旺早年去过敦煌，看过莫高窟，也了解到那几千个窟都是丝绸之路的商人挖的。“我悟透了一个道理，一代的宗教寺庙也都是企业家和商人干的。农民没有钱，除了皇家拨一点钱之外，其余都是这些人干的。那我这一代的企业家，应该给历史上留一点古迹文明。这也是我们企业家应该做的事情。”

从莫高窟回来，曹德旺就捐钱建了两个塔，九华山的万佛塔和普陀山的万佛塔，两座塔花了7000万元。他还在福清修了一座寺庙，也花了2000多万元。

“佛家讲，布施有三种，一种是财施，像我这样的捐款，只是有钱人做该做的事情，功德最小。”曹德旺说，佛家提倡不带相布施，即匿名布施，自己也违背了。“我现在接受宣传，是为了动员那些有钱的人。有人认为我带相布施很不好，那我就带相布施吧，我不死谁死？”

“国外有一篇小说，讲一个修女，六十多岁了，每天早上爬到山上去祈祷，她无儿无女，无牵无挂，为什么那么开心呢？她说她非常感谢上帝赋予了她阳光、鲜花、海滩、绿草，所以她感觉非常幸福。这你也有吧？你如果说我还需要美女、金钱，你会太奢侈一点了。”曹德旺说。

“《金刚经》的主题思想就是，一切有为法，如梦幻泡影，如雾亦如电，应作如是观。我今天非常富有，你今天非常落魄，那个美女很漂亮，这些都没有用，一切都是假的，随着时间流逝，一切都过去了。”

第三章

万法随心所造　禅心转化世界

乔布斯：禅意化的传奇人生

活着就是为了改变世界，你的时间有限，所以不要为别人而活，不要被教条所限，不要活在别人的观念里，不要让别人的意见左右自己内心的声音。最重要的是，勇敢地去追随自己的心灵和直觉。

——苹果公司前CEO　乔布斯

乔布斯人生经历

史蒂夫·保罗·乔布斯，1955 年 2 月 24 日出生在美国旧金山，出生一周后被亲生父母遗弃。17 岁高中毕业，19 岁迷上佛学，21 岁在自家车库里成立苹果电脑公司，30 岁离开苹果公司，42 岁重返苹果并任 CEO。48 岁查出患胰腺癌，进行了长达 8 年的抗癌斗争：

2003 年 10 月：查出患胰腺癌；

2004 年 7 月：接受肿瘤切除手术；

2005 年 6 月：亮相斯坦福大学；

2006 年 8 月起：形象日渐瘦削；

2008 年 6 月：演示 iPhone 越发憔悴；

2008 年：乔布斯“被”去世；

2009 年：病休接受肝脏移植手术；

2011 年 1 月：乔布斯再度病休；

2011 年 1 月 17 日：乔布斯宣布再次请假以“专注于个人健康问题”。52 岁时，苹果推出 iPhone，55 岁时，推出 iPad；

2011 年 10 月 6 日，史蒂夫·乔布斯辞世，终年 56 岁。

曾一度想出家为僧

乔布斯1955年2月24日出生于美国旧金山，出生不到一周时，父母就将他交给加利福尼亚州的一对夫妇收养。被父母遗弃的乔布斯，从小就很自卑，他逃过学，甚至吸毒，由此，他开始追问人生的价值与意义：我是谁？我来到这个世界上是为了什么？直到乔布斯在里德大学读书时，他喜爱上了东方神秘主义哲学，并醉心于禅学的研究与体修，接触佛学后，才让他找到了人生的新方向。

日本禅师铃木俊隆用英文写的《禅者的初心》是乔布斯的入门书籍，对他影响颇深。铃木俊隆是中国禅宗五家之一的曹洞宗在日本的传人。《禅者的初心》是铃木俊隆为那些不了解佛学的美国人写的英文入门读物。

教美国人学禅并不是件容易的事。铃木俊隆禅师自有一套通俗易懂的教学法。有一次，一个美国学生问铃木俊隆禅师，为什么日本人的茶杯做得这么纤细精致，很容易被大咧咧的美国人不小心打碎。铃木俊隆禅师回答说："不是它们做得太纤细，而是你不知道如何去掌握它。你必须应情境来调整自己，而不是要环境来配合你。"

因为文化不同，很少有美国人能真正理解禅的奥妙。但毫无疑问，乔布斯属于极少数的例外。禅宗不看重经文，不讲究繁文缛节，不提倡烦琐思辨，"一切唯心，万法唯识"，讲究发自内心的顿悟。这种思维方式正合乔布斯的心性。从《禅者的初心》里，乔布斯读到了一个清净、澄澈、可以任由思维自由行走的理想世界。

因为有追求，乔布斯在里德大学期间，总是根据兴趣到教室旁听对自己有用的课程，例如英文书法课。他后来说："如果我在大学里没有旁听过英文书法课，Macintosh电脑就不会有那么多漂亮的、比例匀称的字体。"不得不说，乔布斯后来在苹果公司体现出的各种天才，包括独具慧眼的战略思考、艺术唯美的产品设计，多少都有一些他此前参禅悟道的影子。正如《禅者的初心》所说："做任何事，其实都是在展示我们内心的天性。

这是我们存在的唯一目的。”也许，乔布斯终其一生，都是在实践铃木俊隆禅师的这句话。

乔布斯认为如果一定需要上大学，他愿意去上一家禅学院。他认为对于禅学的研习和思考，是他最大的成功“智慧”。乔布斯进入大学仅一个学期就辍学了。离开校园之后的他为了追求人生的答案，1974 年 8 月，在南亚次大陆最炎热的时节，他光着脚、穿着破烂衣服，来到了万里之外的印度朝圣，并向当地人讨教有关佛教的文化知识。在返回美国后，他已成为一名虔诚的佛教徒，剃光了自己的头发，并曾一度打算出家为僧。

“禅学重视经验，不重视智慧。我看过很多人都在沉思冥想，但似乎没什么功效。所以，我对那些能够超越有形物质或者形而上的学说极感兴趣，也开始注意到比知觉及意识更高的层次——直觉和顿悟，这与禅的基本理念极为相近。”这是乔布斯 1973 年在里德学院修炼禅学时的讲话，可见，他对禅已有较深的体悟。在这里，让我们先来了解一下什么是“禅”？若不了解禅，我们就根本无法认识乔布斯。

禅宗是佛教八大宗派之一，禅是生活、是艺术、是开智慧除烦恼的有效方法。目前禅在世界各地都很流行，因为它能解决 21 世纪人们遇到的一切困惑，特别是在家庭和睦、社会和谐、修身养性、消除浮躁、减轻压力、开拓心量、助人为乐、慈悲包容、生活充实、开显智慧以及树立正确的人生观和宇宙观等方面都有突出的益处。从实用的角度来说，一个人懂“禅”，智商和情商都能得到提高。学艺术的人懂禅，艺术的境界就会超越；管理者懂“禅”，就能提升决策的准确度；学生懂“禅”，就能达到举一反三、闻一知十的学习效果。

“禅”发源于东方，盛行于东方。但是现在，禅学不再只是东方的专利品，它在西方已引起普遍的重视。例如美国很多大学里也设有禅堂，禅堂已不再为寺院所特有；甚至连航天员要登陆月球时，也要用禅的精神来训练。可见“禅”在现代世界里，占有相当的分量。现在的社会到处烦乱，物质生活奢侈浮华；但是，有不少人却感到生活空虚，精神焦虑，苦痛倍增。所以，这个能解决生命问题、提高生命境界的禅学，在世界各地引起知识分子和社会人士的重视。“禅”可以开拓我们的心灵，启发我们的智慧，引导我们进入更超脱的自由世界。“禅”合乎真善美的条件，不过，禅不好讲、不能谈，也不易懂。禅是言语道断、不立文字的；是心行处灭，与思维言说的层次不同的。但是，“妙高顶上，不可言传；第二峰头，略容话会”，为了介绍禅的境界，虽然不容易谈，仍然要借言语来说明。

人生事业起步于禅修

乔布斯之所以被人们称为“神一般的传奇”，除了他推出改变世界的唯美产品外，也离不开他的个性所带来的神秘光环。据2011年8月的《北京晨报》报道说，勇敢的乔布斯起步于禅修。在乔布斯的人生经历中有这么一段，当他从里德大学辍学返回硅谷后，经常到日本禅师乙川弘文主持的禅宗中心修习。在创办苹果公司之前，乔布斯一度不知道该如何决断自己的未来，他很想去日本继续修习，但是又无法放弃创业的理想，于是向禅师求教。而禅师则对他讲出了那则著名的禅宗故事——风吹幡动。“千百年前，有僧人说：‘是风动。’又有僧人说：‘是幡动。’六祖慧能说：‘不是风动，也不是幡动，而是心动。’”

不知道禅宗的修习对乔布斯的个性有着怎样的影响，但在他接下来的人生历程中，不管是制定公司产品策略，还是直面人事斗争，甚至面对生死挑战，乔布斯一直都在追随他的心。

活着就是为了改变世界

乔布斯的办公室，有两百多平方米，里面几乎什么摆设都没有，除了房间中间的一个坐垫，那是用来打坐的。乔布斯有每天禅修习惯已经多年，在决策前，叫下属将相关产品设计一并放到垫子的周围，先闭目静坐，然后来决定选择哪个放弃哪个。坐禅让人躲开了尘世喧嚣、避开了众多表面的事务，回归到问题本质，因此乔布斯具有很高的智慧。乔布斯每天坐禅结束时，都会问对着镜子问：“如果今天是我的最后日子，原计划今天的事我还愿意做吗?”其实人皆佛，只是私心杂念遮住了佛光，乔布斯能扫除心灵尘埃，因此就能把握到无上智慧。禅定是乔布斯的本质所在，他摘掉了私欲的眼镜，因此洞悉了商业本质，取得了巨大的成就。“靠用户调查来设计产品太难。很多时候，要等到你把产品摆在面前，用户才知道想要什么。”他说道。

美国总统奥巴马盛赞乔布斯：“他改变了我们看世界的方式。”乔布斯一生参与设计了103项苹果专利产品，包括iPod的用户界面及苹果专卖店里炫目的玻璃台阶的支架。如今，苹果拥有1080亿美元的市场价值，远远超过默克、麦当劳和高盛。从Mac电脑到iPod、iPhone手机，乔布斯凭个人才能，将苹果缔造为创新、艺术与时尚的象征。在行业平均利润率不过3%～4%、被投资者形容为“大粪与泥潭”的消费电子领域，苹果维持了20%～30%的高利润率，这些全赖乔布斯非凡的直觉和创意，而直觉可以通过禅修来培养。针能穿透东西，是因为把所有的力量都集中到针尖上，太阳能能聚集能量烧开水。任何能量，只要能聚集，就能产生巨大的力量，脑能量也如此。禅定让人专注，聚集脑的能量，从而更能看清问题的实质。

乔布斯曾经自己解释道，“不立文字，直指人心”是他独特的技术和设计思路。“按钮”是电子设备“天然标志”，但用户要的不是按钮，而是“直指人心”的功能、效用和体验。所以，iPod的外形设计极其简单，使用者只看到一个屏幕和一个“唱片”，其实是一个隐形化的按钮加触摸操作盘。iPhone把NoButton技术和设计理念贯彻到极致：一部只有屏幕没有按钮的手机。正如乔布斯自己曾说：“你的时间有限，所以不要为别人而活，不要被教条所限，不要活在别人的观念里，不要让别人的意见左右自己内心的声音。最重要的是，勇敢地去追随自己的心灵和直觉。”他坚持一种特立独行的思维方式。

《伽摩罗经》有这样一个故事：释迦牟尼佛到了一个村庄，村民就告诉他自己很苦恼。释迦牟尼佛问，为什么苦恼呢？村民说，村子里来过很多导师，每个人都教导我们，但是他们讲的不一致，甚至互相矛盾，我们糊涂了，不知道哪个对哪个错。佛陀给村民们的教诲，在宗教史上也是独一无二的：不要被流言、传说及耳食之言所左右，也不可单依据宗教典籍的权威，不可单靠论理或推测，不要迷信于书本、权威，甚至自己的老师。听到任何话，你们要用自己的思维去思考，对你有益的就吸收，跟你不相干的就放掉，做回你自己。

乔布斯做到了，就如他所说的："活着就是为了改变世界！"一般的人都是心随境转，被他人左右，被世界改变；有修为的人境随心转，改变世界。乔布斯就是一个很有修为的，一个改变世界的人。

富足中的简单生活

2011 年 7 月 11 日，美国科技博客评选出过去 20 年间美国最成功的公司 CEO，乔布斯超过比尔·盖茨，排名榜首。曾经有研究过比尔·盖茨和乔布斯的学者说：盖茨让外人"心生敬畏"，而乔布斯却让外人"心向往之"。

乔布斯说，"我们的目标从来就不是打败竞争对手或者挣钱，我们的目标是做尽可能不平凡的事情或者更伟大的事情"。这个并不想打败对手的人却打败了所有对手，不想赚钱的人却赚了最多的钱。人生的旅程如同一场比赛，有人一生事事与他人计较，如同打羽毛球，想方设法胜过对手。高明的人生，犹如打高尔夫球，自己跟自己的比赛。真正的对手是自己；真正意义上的输赢是自己能否超越自己。乔布斯经商之道在于战胜自我。

你知道乔布斯设计的"苹果"上为什么有一个缺口吗？是出于感恩的心，为了纪念咬了一口苹果被毒死的计算机之父图灵。一般的英文单词，第一个字母都是大写的，iPhone 和 iPad 中的"i"为什么是小写的呢？小我，不自大。你说，这样的心态怎么能不赚钱呢？佛家讲"四大皆空"，空的不是"财富"本身，而是人们对财富执著的心态。佛教并不主张"穷光荣"，恰恰相反，正如孔子、孟子倡导的那样：人民必须富庶，社会才会更和谐稳定。佛教也鼓励人们富有，敦煌的壁画中，西方极乐世界被描绘成是黄金铺地的富有国土。修行有功德，财富就是福报的象征啊！佛教的思想让乔布斯成为了一个虔诚的佛教徒，也让他成为了这个世界上最富有的人之一。

乔布斯经济富足，但他的生活却很简朴，为人也很低调。黑上衣、蓝牛仔裤、灰色运动鞋，是乔布斯的标准行头。这套穿着加起来还不到200美元。

乔布斯与夫人同为素食者，1991年他们结婚时举行了传统的佛教婚礼。婚礼由佛教禅宗僧侣乙川弘文主持。作家威廉·西蒙在一部传记中这样描述道："仪式简单到甚至有些苦行的味道……宾客和新娘走入时，熏香正在燃烧。没有婚礼的钟声，而是吟诵佛经的旋律。"

乔布斯在生活中，坚持早睡习惯，他经常挂在嘴边的一句话，"佛教徒没有夜生活"。他与夫人婚后育有三个孩子。在他患癌住院期间，他的夫人一直陪伴在他身边。

乔布斯从1976年创立苹果公司开始，除去中间不在职的十年，执掌苹果仍然长达25年之久，却每年领着1美元的年薪。在NeXT公司被收购时，他将所获的价值150万美元股票以最低价出售，只留下象征性的1股。与乔布斯相比，很多的富人们要奢侈得多。实际上，对物质享受的过分追求是身心无法安顿的困惑。人生的财富分三个层面：物质、情感和精神，物质只是人生财富中的一部分；情感则能帮助人们处理压力、焦虑等消极情绪，使人们有一个好的心情；而精神财富则教会人们超越问题本身，追求卓越，赋予生命真正的价值和意义。现在的社会，一些发达及发展中的国家与地区的人们，如美国、日本、法国、德国、中国等，看上去进入了"不差钱"的时代，但无论是有钱的，还是没有钱的，都受各种烦恼的困扰，原因是相同的，他们的注意力都放在了物质上。

死亡可能是人类最好的一项发明

"生死流转，循环不已，是为轮回，人在轮回之中，纵不堕入恶趣，

生老病死四苦煎熬亦无乐趣可言。所以，信佛的人要了生死，超出轮回，证无生法忍。出家不过是一个手段，习静也不过是一个手段。”这段话是梁实秋先生对佛教生死观的一个总结。在佛教诸宗派中，禅宗更加强调生死如一的超脱境界。

2009年1月5日，乔布斯终于公开了自己的部分病情——肝脏移植。天哪，公众这才恍然大悟，乔布斯的病情远不是可治愈的胰腺癌或激素失衡那么简单！生亦何欢，死亦何苦。当乔布斯用改变世界的勇气和万法无滞的洒脱与死神周旋，当乔布斯一次次在收到死亡通牒后，又重新走上苹果产品发布会的讲台，毫无疑问，他正在开创科技史上绝无仅有的生命传奇。17岁那年，乔布斯记住了这样一句话：“如果你把每一天都当作生命的最后一天过，总有一天你的假设会成为现实。”所以，在他还是少年时，他就一直告诫自己：生命是短暂的，不久以后我们都将走到尽头。

2004年，乔布斯被确诊患上胰腺癌，医生宣布他只有3～6个月的生命，可他半年后却奇迹般生还，他把这次“与死神擦肩而过”视为信奉佛教的结果。确实如此，他参禅打坐，修身养性，对身体是有好处的。坐禅的功效与好处是从身心的反应而被发现，根据日本京都大学心理学教授佐藤幸治所著“禅”的报告中说，坐禅有10种心理方面的效果，即：

- 忍耐心的增强；
- 治疗各种过敏性疾患；
- 意志力的坚固；
- 思考力的增进；
- 形成更圆满的人格；
- 迅速的使头脑冷静；
- 情绪的安定；
- 提高行动的兴趣和效率；
- 使肉体上的种种疾病消失；
- 达到开悟的境界。

所以，事业要成功，好的身体是保证。有的成功人士身体本来就很好，他也常参禅打坐，使得身体更加强健，神采奕奕，永无病痛；有的人身体不好时，他坐禅也能治疗疾病，强健体魄，能使大病化小，小病化了。总之，凡坐禅者，以上10个功效皆可随缘获得。松下幸之助、稻盛和夫、乔布斯他们都有着相同的身心经历，并且都获得了坐禅的益处，超越了病魔的缠绕。

乔布斯打幼时起就在禅宗明心见性的教诲中品悟着生与死的佛法妙义。由于他对生死有着深刻的认识，所以在接到死亡通牒后就能看破放下，淡然面对，心无挂碍，妙悟禅机，笑对生死。这是超越病魔的最好心态。佛教说："万法由心生，万法由心灭。"常人若没这个人生现实的生死感悟，当听到医生说发现个什么癌症，当下就吓得承受不了而一命呜呼了，这不是病死的，而是被吓死的。所以，人生不可能一帆风顺，无论是遇到生死、事业、爱情、竞争等烦心事，是否有禅定功夫就显得很重要。

2005年，乔布斯应邀在斯坦福大学演讲，他这样回忆自己过去的生活："我总是把一切弄得一团糟，甚至想过逃离硅谷。但是，渐渐地，我开始有了一个想法，我仍然热爱我过去做的一切，于是，我决定从头开始。"病痛是一种磨难，病痛也令乔布斯更加洞明世事，超然物外。他还回忆道，"大约一年前，我被确诊患有胰腺癌，医生告诉我自己将最多活六个月，但后来确定这是可以通过手术治疗的一种肿瘤。疾病像一种人生责难，不由得人不思考。"乔布斯动容地说道，"记住自己随时都会死掉，是防止你陷入畏首畏尾陷阱的最好方法……你已经一无所有了，没有理由不去追随你的心。"从内心上已死过一回的乔布斯，向世人散发出浴火重生后更为卓著的个人魅力。

达观者有超越常人的生死观，不介意被拿来调侃，乔布斯在中国被尊称为"乔不死"。跟死神擦肩而过之后，对于死亡，乔布斯显然看得很开，他曾这样说："现在我可以更加实在地和你们谈论死亡，而不是纯粹纸上谈兵……死亡是我们共同的归宿，没人能摆脱。我们注定会死——死亡很可能是人类最好的一项发明，它推进生命的变迁，旧的不去，新的不来。"

第四章

敬天爱人善不朽　利及思人心性高

稻盛和夫：一个企业经营禅师的修炼历程

人类是“存在”的“万物之灵”，因此人类可以为世界、为人类本身作出贡献。

既然人类的存在是有价值的，那么人来到这个世界上，就是来修行的。

——日航公司总裁　稻盛和夫

稻盛和夫人生经历

稻盛和夫，1932 年出生于鹿儿岛。

1959 年，创立京都陶瓷株式会社（即现在京瓷株式会社），以独自开发的精密陶瓷技术为基础，发展成为电子元件、信息通信设备系统、光学仪器等综合性的大型高新技术企业。

1966 年，任总经理。1984 年，设立财团法人稻盛财团，并创设了京都奖。此外，也创立了以培养年轻一代经营人士为宗旨的“盛和塾”。1997 年退休后，稻盛和夫在京都某寺院出家修行。

1985 年，任董事长。1994 年，创立 DDI 袖珍电话株式会社，1995 年，创立京瓷多媒体公司，分别就任这些公司的董事长。

2005 年，担任立命馆小学儿童顾问委员。其妻朝子夫人，是被称为“韩国农业之父”的禹长春的四女。

2007 年，在日本 SUNMARK 出版社主办的庆祝稻盛和夫的《活法》在日本销售突破 50 万册的时候，小泽一郎专程出席。2008 年 9 月 21 日小泽一郎再度当选民主党代表时，稻盛和夫作为嘉宾参加了有关仪式。2009 年中国举行国庆 60 周年阅兵庆典时，稻盛和夫受邀在观礼台就座。

2010 年，日本航空向东京地方法院申请破产保护，在民主党鸠山政府的三顾茅庐下，稻盛和夫以 78 岁的高龄出任日航的 CEO，重整问题重重的日航。

从 2010 年至 2011 年 3 月底共 424 天，稻盛和夫一年创造了日航历史上空前的 1884 亿日元的利润，是“全日空”利润的三倍。2012 年，日航公司在全世界航空公司中利润第一。

早期的坎坷生活

世界上的企业家多得数不清，相信佛教的企业家也不少，然而功成名就后出家变为佛教居士者屈指可数。人们不仅由此联想到民国初年著名学者李叔同，他以名扬海内的文化学者身份和令人赞叹不已的艺术造诣，转身成为佛教界的弘一大师。斯人已去，唯有“长亭外，古道边”的《送别》一曲，留下了袅袅余音。而稻盛和夫，他至今仍在热心传道，以直白浅显的《活法》，对人们诉说人生的真谛和企业的追求。仅从企业家到佛教徒的这一变化，就值得学界追踪他的心路历程。

1932 年 1 月 21 日，稻盛和夫出生于日本鹿儿岛市的药师町（现城西町）。这里紧靠城山，对鹿儿岛人来说，城山是一个令人伤心的地方。明治维新时期，鹿儿岛隶属于萨摩藩，是倒幕运动的发起地之一。在这一历史大变局中，西乡隆盛、木户校允和大久保利通发挥了中流砥柱作用，被后人称为“明治三杰”。西乡隆盛后来参与西南战役，1877 年 9 月 24 日，在城山兵败身亡，人称“最后的武士”。在明治时期的诸位英杰中，西乡隆盛最具传奇色彩并且格外受人们敬重，他的故事在一代代鹿儿岛人中口耳相传，成为稻盛和夫最尊敬的历史人物。稻盛和夫一家都是老实巴交的普通人，父亲为人谨小慎微，从不借债，母亲性格开朗，容易感情用事。在家中，稻盛和夫排行老二，上面有一个哥哥，下面有两个弟弟三个妹妹。1938 年，稻盛和夫进入当地的西田小学学习，由于淘气，学习成绩并不好，但他却颇有领导天赋，成为孩子王，时常将孩子们分成两拨，模拟打仗游戏。在游戏的过程中，他逐渐意识到，“不能光靠蛮力，气势、魄力也很重要”。

年龄虽小，但是稻盛和夫却具备了朦胧的正义感。他不仅照顾羸弱的伙伴，而且不畏权威，敢于顶撞偏心眼儿的老师，虽然曾为此吃过几记老拳，但依然坚持己见，绝不改口。稻盛和夫的行为得到了父亲的默许，但老师却更加不喜欢他，时常对他说：“像你这样的，肯定考不上一中（鹿儿岛市第一中学）。不论是考试成绩还是内部评定，都不可能合格。”1944年，稻盛和夫从西田小学毕业，不幸的是，老师的话果然应验了。

祸不单行，在战时的艰难岁月里，稻盛和夫的叔叔和婶婶染上了肺结核。这种病在当时是不治之症，是生是死就看各人的运气了。叔叔、婶婶的患病，给稻盛和夫造成了巨大的精神压力。尽管他非常小心，尽量避免接触病人，却未能逃脱被感染的命运。两位叔父、一位婶母的死亡，外人关于稻盛家是“结核病窝”的称谓，都给这位少年带来了巨大的精神压力。可以想象到，稻盛和夫开始咳血时，他内心蒙受着巨大的阴影。让稻盛和夫不解的是，不顾个人安危照料病人的父亲和哥哥，整天同病人接触却没有患病。邻居借给病中的稻盛和夫一本书，即谷口雅春的《生命的实相》。虽然似懂非懂，但其中的一句话却给他留下了深刻印象：“我们内心有个吸引灾难的磁石。生病是因为有一颗吸引疾病的羸弱的心。”病中的阅读，印象格外深刻。直到晚年，稻盛和夫还用这句话来解释“相由心生”，认为自己是大病初愈后悟到了人生真谛。然而，当时13岁的稻盛和夫，却不明白这么深奥的道理，顶多可以说由此启发他打开了思考的阀门。

1944年，战争中的日本败相已露，美国空军已能够直接轰炸日本本土。战争的最大受害者是老百姓，在“空中堡垒”B－29的轰炸下，东京、名古屋等大城市首当其冲，偏远的鹿儿岛也未能幸免。1945年8月13日，稻盛和夫家的房子因轰炸而尽毁。“塞翁失马，焉知非福”在躲避轰炸、四处逃命的过程中，稻盛的肺结核居然奇迹般痊愈了。病愈后，稻盛再次报考一中，然而再次落榜。在小学班主任土井老师的帮助下，最终他考入了私立鹿儿岛中学就读。

在鹿儿岛中学，稻盛和夫的“孩子王”作风依旧，学习成绩马马虎虎，打架的事情却频频发生，为此，他没少挨老师的批评。稻盛的中学时代，正值日本战败，国内一片混乱之际，人们居无定所，生计艰难。在这种情况下，1948年稻盛和夫中学毕业，父亲要求他停止学习，工作赚钱以补贴家用。然而，他却坚持要读完高中再工作。此时，稻盛和夫已经逐渐明白事理，在高中学习之余，他力所能及地帮助父母干活，推销盛放糕点

的纸袋。升入高中三年级之后，面对课业负担加重和升学的压力，他才将纸袋生意交由哥哥管理。

刚升入高中时，稻盛和夫的成绩只能算中等，随着年龄的增长，他越来越努力，慢慢上升到年级前十名，到毕业的时候已经是年级前三四名了。由于患过肺结核，所以他希望到大学学习医药知识，但他的父亲不同意他继续读书。1951 年，在辛岛政雄老师的说服下，他的父亲终于同意稻盛和夫报考大阪大学医学系。然而，他又落榜了。出于无奈，他只得再报考县立鹿儿岛大学。经历了一番周折后，稻盛考入鹿儿岛大学工学系应用化学专业，学习与药物有关的有机化学。

进入大学之后，稻盛和夫在学习之余不忘锻炼身体，由于“空手道非常适合于贫穷学生，只要备一件空手道服就行了，而且这是一种徒手竞技，不需要任何器械”。于是，稻盛和夫加入学校的空手道俱乐部，练出了一副好身手。另外，为了减轻家庭负担，他还打工养活自己。在为百货商店打工做巡夜警卫时，他萌发了朦胧的爱情，恋上了一位女营业员。然而，当稻盛和夫向对方表白之后，得到的答复却是“我马上要嫁到东京去了”。在恋爱上，稻盛和夫也是从挫折开始的。

到了大学四年级，稻盛和夫面临着巨大的就业压力。朝鲜战争爆发后，由于美国从日本大量订货，带动了日本经济复苏。然而，此时是 1954 年，朝鲜已经停战，美国在日本的订货急剧减少，日本经济形势日益艰难，而 1955—1957 年的“神武景气”尚未出现，所以，1954 年是日本战后经济的低谷。稻盛和夫四处找工作，却一无所获。当时日本的就业市场，走后门拉关系的风气非常严重，公司招工不看能力而看关系，推崇名牌大学而排斥地方新办学校。稻盛和夫的运气也确实太差，买彩票，前后的号码都中奖，就是他买的中不了。对此，年轻气盛的稻盛和夫曾经异常愤慨，他对自己的空手道功夫颇为自信，走投无路之下，他想去当帮派打手。“这个社会怎么如此不公平。反正找不到一个正经的工作，索性就去当一个文化流氓。重仁义的黑社会要比这种不公平的社会好上百倍。”于是，他鬼使神差般走到了位于闹市区的帮派事务所门前。然而，考虑到自己的家境以及五个弟妹，他在帮派事务所门口徘徊许久，终于没有跨出这一步。

皇天不负有心人，在大学的竹下老师推荐下，稻盛和夫最终被京都的松风工业公司内定录用。松风公司生产绝缘子等陶瓷制品，属于无机化学领域，同稻盛和夫学的有机化学不是一回事。为了弥补知识上的欠缺，他师从岛田欣二教授，利用剩下的半年时间潜心钻研陶瓷知识，并撰写了与陶瓷有关的专门研究黏土的毕业论文。在毕业论文答辩会上，稻盛和夫的论文得到内野正夫教授的赞赏。后来，稻盛和夫在自传中写道："因为这样一种缘分，在我创办公司之后，还经常去向他讨教，他也成为我终生的恩师。"

在稻盛和夫求职时，只要能找到接收企业就谢天谢地，他根本不可能计较公司好坏。等到进入松风公司之后才发现，这家公司管理混乱，矛盾众多，内讧不断，设备破旧不堪，常常发不出工资。脏乱的宿舍，令年轻的稻盛和夫目瞪口呆。"这是一间又旧又破的房子，里面全是稻草屑，连榻榻米都没有，不得已赶忙去买来席子，用钉子钉在地板上。"当地人开玩笑说，在这家公司谋生是讨不上老婆的。松风公司的破败状态，令稻盛和夫在内的五名大学生心灰意冷，很快就有三名大学生另谋他就，稻盛和夫同另外一名刚来的大学生也有意辞职，他们两人向日本自卫队的干部预备学校递交了报名表，并顺利通过了入学考试。然而，稻盛和夫写信向家人索取自卫队入学所需的户籍副本却迟迟得不到回音，因此，他最终没能跳槽。最后，只有稻盛和会一个人留在了松风工业。

世道艰难，家境贫寒，幼年得病，考试落榜，恋爱遭拒，工作难觅，跳槽不成，稻盛和夫的早年可谓坎坷多难。然而，坎坷的经历磨炼了他，他不甘心，要去追寻自己的未来和梦想。虽然这时候的稻盛和夫并不知道自己的未来在哪里，自己的梦想是什么，但是，多次失败使他的意志更加坚强，既然没有了退路，那么就尽力干好现在的工作。从此，稻盛的人生掀开了新的一页。

从企业家到佛教徒

稻盛和夫认为，“经营首先是由人来经营的，因此经营者的人性、人格至关重要。经营者必须要有高尚品德，如果没有高尚品德，他就不可能展开很好的经营。经营者要有高尚的品德，就要提高自己的心性；提高心性，他的经营才能有所拓展……经营的秘诀就是提高心性，这是非常重要的。”阳光卫视主持人杨澜曾对他进行过采访，在他们的对话中，稻盛和夫就很自然地道出了他这方面的思想。

杨澜：1997 年的时候您剃度出家，这个让很多人都不太理解。因为作为一个企业家来说，他是在俗世当中追求利润、追求成功的，而佛家的理念却是放弃这一切的功名利禄，专心向佛。当时怎么会有要出家的愿望？

稻盛和夫：我剃度出家，皈依佛门。正如您所说，日本国内外都有很多人说佛教和企业经营赢利是不是有矛盾呢。其实这是一个很大的误解。佛教中有这样一句话“自利利他”，佛教认为要想自己获利必须造福他人，教导人们不要只考虑自己的利益，也要让他人得益。我在企业经营当中也经常要求员工帮助他人。日本有句话叫作“人情并不是为别人”，意思是说善待别人就肯定有回报。中国也有类似的话“积善之家有余庆”，意思是做善事的人家子子孙孙都会得到幸福。就这点来说，我认为说佛教不适应资本主义、不适应企业经营赢利的说法是错误的，以佛教思想为基础从事企业经营远远比一般的企业经营高尚得多。

杨澜：您做了许多慈善事业，也经常帮助别人。当您自己穿着草鞋、拿着钵出去化缘，接受别人施舍的时候，心态上有一个怎样变化？

稻盛和夫：那天是初次去化缘，脚露出草鞋，走着走着磕到小石子，脚趾前面都渗出了血，就在这样一种情况下挨家挨户地化缘，化些大米杂物。傍晚我拖着疲惫的步伐回寺院的途中，正好有个大婶在公园旁边做清扫工作，她看上去比较贫穷。她走近并一语不发地给了我 100 日元的硬币。我有些搞不清状况，但猜想这 100 日元大概是给我的，就道了一声谢。她说："师傅您一定很累了吧，回去的路上买个面包吃吧。"禅宗的寺院吃得很简单，一般是早中晚各一碗粥，菜只不过是两三根腌菜，那位大婶肯定知道这个情况才给我100日元的硬币。当时我拿着这枚硬币全身像被电击了一样感到无上的幸福，眼泪难以自禁，全身被幸福的感觉包围着，公园的所有景物也好像变得光辉起来。我觉得没有比这更幸福的事了。我深深地体会到，原来这就是那种被幸福包围的感觉。这位大婶给我的100日元所蕴涵的伟大的爱把我整个包围住，把我带到幸福的顶峰。

稻盛和夫："我认为，人们的思维方式大致可以分为两种判断标准。一个是按照'得''失'来进行判断，另一个是按照'善''恶'来进行判断。我的判断标准，不是按照得失，而是按照善恶。我认为这是一个正确的判断标准，我是基于这个标准来开展我的工作的。"——"善恶"，这是多么"小儿科"以至于会引很多人发笑的标准啊！但是，我们确实又在自以为深刻与成熟的"得失"考量中迷失、焦虑，甚至沉沦。这时候，"大道至简"就显得格外掷地有声。

从"佛道"到"人道"再到"商道"，稻盛和夫把一个企业家的人格修炼放到了最高的位置。这源于他的宇宙观：宇宙中无论体积多么小的东西，全是构成宇宙不可或缺的元素。因此，这世界上没有一样东西是多余的。如果有，宇宙的平衡就会遭到破坏。显然，宇宙间的万物也是在相互联系中建立、"存在"的。而人类是"存在"的"万物之灵"，因此人类可以为世界、为人类本身作出贡献。既然人类的存在是有价值的，那么人来到这个世界上，就是来修行的。

阿米巴经营哲学

20世纪六七十年代，日本经济正值高速发展时期，电子行业发展迅速，这为向电子行业提供零部件的京瓷公司的发展提供了土壤。京瓷能在创业第一年结算出黑字，全靠松下电子公司U形绝缘体的大量订单，但与松下电子做生意也绝非易事。日本关西地区流行一句名言："松下电子会

把你尾巴上的毛拔光”，松下电子对京瓷也不例外。

松下电子每年都对京瓷提出降价要求，甚至要求京瓷把年度结算的资料拿给他们过目，滴水不漏地审查、追究。“一般的管理费用不了这么多，价格在这儿还可以降3%”。京瓷担心这样再继续下去会无利可图，于是拿掺了水分的结算书去恳求：“我们已经是赤字了，请务必多多包涵！实在不能再降价，还望能把价格往上提一提。”松下电子采购部门的人员马上回答说：“这样的话，你们就不用交货了。”京瓷向松下电子提出京瓷只拿5%的适度利润，却再次遭到拒绝。稻盛和夫深切地体会到成本的重要性。

1963年，成立5年的京瓷已初具规模，经营业绩迅速提高。此时任公司专务（副总经理）的稻盛和夫更为不安。后来他回忆说：“最初的28名员工，在不到5年的时间里就超过了100名，然后就是200名、300名地增长。当时的我，从产品开发到生产、营业几乎是阵阵不落。这样下去，我的身体吃不消不说，这种大锅饭式的会计核算方式，公司迟早要倒闭。”正是这样日夜不绝的忧患意识，促使稻盛和夫深入思考优化的会计核算制度。为此，京瓷公司发展出一套被称为“阿米巴经营”的管理体系。

“阿米巴”（Amoeba）又称变形虫，在拉丁语中是单个原生体的意思，属原生动物变形虫科，虫体赤裸而柔软，其身体可以向各个方向伸出伪足，使形体变化不定，故而得名“变形虫”。阿米巴最大的特性是能够随外界环境的变化而变化，不断地进行自我调整来适应所面临的生存环境。

京瓷公司就是由一个个被称为“阿米巴小组”的单位构成。与一般的日本公司一样，京瓷也有事业本部、事业部等部、课、系、班的阶层制。但与其他公司不同的是，稻盛和夫还组织了一套以“阿米巴小组”为单位的独立核算体制。阿米巴指的是工厂、车间中形成的最小基层组织，也就是最小的工作单位，一个部门、一条生产线、一个班组甚至到每个员工。每人都从属于自己的阿米巴小组，每个阿米巴小组平均由十二三人组成，根据工作内容分配的不同，有的小组有50人左右，而有的只有两三个人。每个阿米巴都是一个独立的利润中心，就像一个中小企业那样活动，虽然需要经过上司的同意，但是经营计划、实绩管理、劳务管理等所有经营上的事情都由他们自行运作。每个阿米巴都集生产、会计、经营于一体，再加上各个阿米巴小组之间能够随意分拆与组合，这样就能让公司对市场的变化作出迅捷反应。

1963 年，稻盛和夫和青山正道（当时京瓷本部工厂以及滋贺工厂的厂长）联合推出了“单位时间核算制度”方案。1965 年，京瓷公司在正式导入“阿米巴经营”时，“单位时间核算制度”作为衡量经营状况的重要指标被纳入了阿米巴经营体系。所谓单位时间核算制度是指能体现单位时间里所产出的附加价值的会计体系（需要解释的是，此处的附加值并非我们通常意义上的同样的价格提供更多的服务，而是特指稻盛和夫说的“以更少的资源做出市场上价值更高的东西”）。计算公式为：单位时间附加价值 = 销售额 - 费用（劳务费以外的原材料费等）/总劳动时间（正常工作时间 + 加班时间）（以生产部门为例）。由此可见，在阿米巴经营中，阿米巴设定的目标不是成本而是生产量和附加值。阿米巴不仅进行成本管理，还要想方设法把实际成本做到比标准成本更低，以最少费用实现订单、以最少的费用创造最大的价值，从而实现附加值的最大化。通过这个过程，阿米巴成为一个不断挑战的创造性团队。换句话说，在传统的成本管理体系中，其主角是产品、是物，焦点在于一个产品每道工序的成本；而在阿米巴经营中，主角是以最少费用换取最大销售额的绞尽脑汁的“人”组成的团队，焦点在于阿米巴团队创造的附加值。

通过单位时间核算制度公式，使各个部门、各小组，甚至某个人的经营业绩变得清晰透明。一般来说，大公司的员工很难对自己工作的具体成果有实在的感觉，他们常常只是公司庞大系统中的一个小小的齿轮，很难感知到自己对公司到底有何贡献。从这点上看，单位时间的附加价值激励着员工。因此，阿米巴经营是一种全员参与型的经营体系，每位员工都要充分掌握自己所属的阿米巴组织目标，在各自岗位上为达到目标而不懈努力，实现自我。公司会按月公布各小组每单位时间内的附加价值、各个小组当月的经营状况、每个组员及小组所创造的利润及其占公司总利润的百分比等。

每个小组的成绩当然有高下之分，但公司并不因此在工资、奖金上有差别待遇。对成绩好的小组只是作些表扬，颁赠纪念品，京瓷始终坚持只

给予他们“对公司有贡献”的荣誉。对经营业绩不佳的阿米巴，公司会严格追究责任，但所谓“经营业绩不佳”并非单看附加值，也会从附加值出发来考察经营内容。有时，单位时间附加价值较高的阿米巴干部反倒得到低评价，因为他可能为了自身利益，而不顾其他阿米巴如何，从而被认定为“经营业绩”不佳。这样做是为了避免各个阿米巴之间恶性竞争局面的出现，稻盛和夫在提高公司员工素质方面用力颇多。

1968年，体现稻盛和夫“敬天爱人”“以心经营”思想的“员工手册”问世。1994年，《京瓷哲学手册》成为员工人手一本的语录。正是由于稻盛和夫塑造的上述的公司文化，京瓷流传这样的话就不会让人感到奇怪：“遵守交货日期是销售人员的责任，接受订单是生产部门的职责。”

因此，阿米巴经营既提高了员工的成本意识和经营头脑，又提高了员工的职业伦理和个人素质，这两方面相辅相成促成了“阿米巴经营”这种管理方式在京瓷的成功。京瓷成功地把“阿米巴”架构上的、以联结决算为基础的纵向管理网和间接部门间的横向管理网结合起来，从而得以从两方面对经营业绩进行全局把握。所以，“阿米巴经营”被誉为京瓷经营成功的两大支柱之一。

在日本乃至整个东方世界，稻盛和夫“敬天爱人”和“利他”的经营哲学都被奉为圭臬。他的“自利利他”和“追求人生的善与不朽”的商业精神和经营哲学深深根植于佛教的道德准则。京瓷的座右铭——“敬天爱人”则来源于19世纪日本明治维新的领袖人物西乡隆盛。西乡隆盛对中国王阳明的学说有相当高的造诣，他曾说过：“如果是位于人上施政的话，必须是那些不谈钱财、不求回报甚至能够舍却生命、忘却自我的人。”

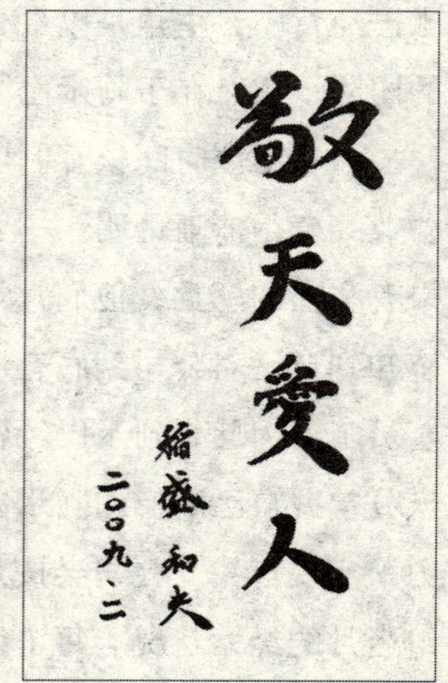

座右铭：敬天爱人

稻盛和夫认为，人只有具备利他之心，才能真正幸福，但也不能否定利己之心。京都元福寺老禅师的教导使稻盛和夫更加充分地认识到了利他之心的重要性。

老禅师曾经讲过一个故事。故事内容是分别在地狱和天堂放一口大锅，里面煮着美味的面条，围坐在锅边的人身边都有一个碗，但每个人只能手拿1米长的筷子的一端来吃面条。地狱中的人纷纷费尽心机把面条夹到自己碗里，但由于筷子太长，无法吃进嘴里。对面的人觉得对方抢了面条，于是又用筷子去夹对方碗里的面条。在你争我夺中，谁也没吃成，最终都走上了饿鬼之途。而天堂中的人则相互谦让，用筷子把锅里的面条夹到对方碗里，并伸长筷子喂给对方吃。在你谦我让中，每个人都吃上了美味的面条。“天堂和地狱表面上看没有什么区别，但天堂中的人都怀有利他之心。”老禅师说。

在“自利利他”的佛教商业道德影响下，稻盛和夫的京瓷自创业至今，在日本的企业里算是利润率相当高的公司。稻盛和夫一再强调，利润是要追求的，但作为赢利的手段，必须是正当的、合法的，这就叫作“盈利有道”。

在稻盛和夫看来，佛教讲的“自利利他”，就是要人在自己获利的同时也要造福他人。就像日本人讲“人情并不是为别人”，即善待别人就肯定有回报；中国人讲“积善之家必有余庆”，即行善之人的后代都会得到福报。因此，以佛教思想为基础从事企业经营要比一般的企业经营高尚很多。

1983年，应日本中小企业家的请求，稻盛和夫创办“盛和塾”，义务向企业经营者传授自己的经营哲学和管理手法。至今，“盛和塾”已持续26年，企业家塾生已达5500人之多。2008年7月，稻盛和夫在第16届“盛和塾”全国大会上发表讲话，向他的商界门徒们传授“六项精进”的训诫：付出不亚于任何人的努力；要谦虚，不要骄傲；要每天反省；活着，就要感谢；积善行、思利他；不要有感性的烦恼。自利利他，佛教的道德准则在稻盛和夫的发扬下，成为商界学习的赢利之道，利益众生。

“敬天爱人”，“天”是那么浩瀚，那么不可思议，“敬天”或者说“敬奉天理”不是很抽象么？但稻盛和夫却用“作为人，何谓正确”这一句话具体表述了这个似乎不可捉摸的“天理”。正如稻盛和夫所说“作为

人，何谓正确”是自己从小就懂的道理，是人的良知，为每个人内心所共有。只要对照这句话，用这种良知去判断和应对一切就够了，这就是天理。换句话说，天理就在人的心中，天理即良知。顺应天理，替天行道，得道多助，当然无往而不胜。虽然道路总是曲折的，但前途一定是光明的。

稻盛和夫说：“拿什么作判断或决断的基准呢？苦恼之余，来了灵感，我想到了原理原则。这里所谓原理原则，就是‘作为人，何谓正确’这么一句话。从小父母、老师教导过的，小时候他们表扬我、责备我，根据什么呢？不外乎‘是非对错、好坏善恶’这类最朴实的道理。如果这可作为判断基准的话，那不困难，我能够掌握。”把“作为人，何谓正确”作为判断和行动的基准，把作为人应该做的正确的事情用正确的方法贯彻到底。27岁的稻盛从经营企业的烦恼中获得的这一灵感，犹如醍醐灌顶。这是发生在稻盛和夫身上的、体现人类最高智慧的“开悟”。这同王阳明500年前的龙场大悟、同2500年前释迦牟尼在菩提树下瞬间的参悟完全是一回事，这三人可谓不谋而合，殊途同归。

第五章

杨氏善举心相续　钊勉青年肯承担

杨钊：佛心至善

我从1981年开始接触佛学文化，近30年来，我一直坚持素食，不沾烟酒，每天都要抽出一两个小时打坐，以净化心灵，并逐步在佛学中找到了生命的归宿。从佛学中汲取精华，完全可以运用于生活、工作以及企业管理中。

何为佛商？佛是创造精神财富的，可解决身体健康、家庭幸福、心灵快乐、生死等问题……商是创造物质财富文明的，可解决温饱、小康、富裕等问题……“穷则独善其身，达则兼济天下”，这便是儒家思想的又一境界，也是佛学文化中对人生在世的一种追求。

继续赚取更多的财富或许对自己并不需要，但还有许多人有需要，我可以更好地利用金钱去帮助有需要的人。

——香港旭日集团总裁　杨钊

杨钊人生经历

杨钊，1947年2月出生于广东惠州，1967年到中国香港创业，从日薪6元的工人做起。1978年，到顺德兴办中国第一家“三来一补”企业——大进制衣厂。1985年，先后捐资3000多万元兴办“学用结合，学工一体”的“西北纺织工学院惠州分院”，1991年，荣获“香港青年工业家奖”，1993年，中国纺织大学授予名誉博士学位，1994年，下属的惠州大进制衣厂荣获ISO 9002认证书，成为中国乃至东南亚制衣业首家获此殊荣的企业，1996年，旗下的成衣制造、贸易、零售业务于香港上市。

2002年，获香港工业专业评审局颁授“荣誉院士”；2002年，捐资“健康快车”300万港元为偏远贫困山区白内障患者提供免费手术治疗；捐资700万港元给成都爱道堂；捐资2600万港元给河北柏林禅寺建佛殿及教学楼；捐资数百万元经费给“南京大学旭日佛学研究中心”；为华东水灾捐款300万港元；华南水灾捐款300万港元；广东阳山县大良乡扶贫捐款200万港元。2003年，捐资300万港元解决东北三省失业人员问题；捐资广东惠州教育基金300万港元。抗非典期间，捐资2000万港元给卫生部及佛教界，为广东省十项民心工程捐献300万港元……2004年，获香港特区政府颁授“银紫荆星章”。2005年，被中国企业创新人物表彰大会组委会授予“第四届中国企业创新十大杰出人物”荣誉称号。2006年，被世界杰出华商协会授予“2006全球华商百业领军人物”荣誉称号，获中国国情研究会授予“2006中华十大财智人物”荣誉称号。2008年，在胡润服装富豪榜上，杨钊家族排名第19名。2010年，捐资2.65亿元的司空山二祖道场重建工程正式动工。

一切从平和出发

因为年轻时的勤奋努力与经营牛仔裤生意有道，杨钊早在20世纪70年代已赢得“裤王”美誉。那时他才二十多岁，事业有成，正是“春风得意马蹄轻”，然而，对人生旅途的迷惘感即随之而来。杨钊坦言，若以金钱衡量物质生活，那时所拥有的财富够一家人受用一世。

“但是，人来到世上是否只为有三餐一宿的温饱生活？若是继续赚更多的财富、求取更大的名和利，真正能用到自己的身上的又有多少？辛苦工作，劳心劳力又劳神的目的是什么？”在他事业开始有成就的时候，他就不断地在思考这些问题，并且试图从身边的亲友中寻求答案，有人建议他尝试从宗教信仰中去追寻答案。

“我用了数年时间去了解各主要宗教的教义精神”，虽未详言了解的过程，杨钊认真的神情令记者感受他寻求生命意义的真诚。经过相当长时间，有一次，虔诚佛教徒的叔父给了他两本阐论佛教教义的专著——由一位广州佛教居士冯达庵著作的《佛教真面目》及《佛教要论》，在用心阅读后，他从中领悟到佛家度一切众生、帮助众生去除烦恼的慈悲心。随着对佛家思想、佛教精神的认识及体会日深，杨钊将度人向善、助人即助己的理论付诸实践。这也成为他的人生信仰，亦成为他丰足的精神财富。他在1981年正式皈依我佛，并大力支持香港佛教界的许多慈善活动。

佛指舍利莅港，佛教界尊之为殊胜因缘的盛会。他说，借此亲仰佛祖真身灵骨的机缘，信众更能感受二千多年前佛陀已提出了可贵的众生平等的观念：“人与人要和平相处，人与动物也要和平相处，人和自然界的相处也是平等和谐的。”“众生平等，就不应该有斗争，佛教最重因果，不断争斗之下，只会应了中国先贤总结出的言简意赅的那句老话‘冤冤相报何时了’。”他从自己的体会出发指出，首先不要自己同自己斗争，然后才能达致内心平和，不会时时对周遭环境不满意；一切从平和出发，自然能创造出和平的生活环境。

为人群　为众生　为社会

“佛是创造精神财富，解决身体健康、家庭幸福、心灵快乐、生死等问题……”“商是创造物质财富（文明），解决温饱、小康、富裕等问题……”杨钊居士常如是说。他巧妙地将东方智慧和现代经营理念结合起来，并始终恪守并实践着“取于社会，用于社会”的信念，追寻着古往今来有识之士“穷则独善其身，达则兼济天下”的梦想。

旭日集团能够迅速发展并取得骄人成就，与杨钊居士推行的一整套经营管理思想和模式有着密切联系。深深领悟到中华文化之精髓的杨钊居士在总结自己管理方面经验时认为，这是中国优秀传统文化与西方现代工业文明有机结合的必然结果。

杨钊居士生活淡泊，鄙夷奢侈，不尚虚名，读书占据他生活中许多时间，尤其喜爱读哲学和佛学方面的书。杨钊居士外表俊朗，谈吐不俗，气质儒雅，一双岭南人特有的眼睛散发着思想的光辉，给人一种是企业家又为学者的印象，曾有人这样描述：“杨先生的笑，很平静、透彻，看不到一丝的风霜或骄灼或任何的故作姿态。”

杨钊居士对命运的看法尤具思辨性和现实性，他强调人的主观努力对于事物发展的影响和作用。他常常引用古代哲人所言“今天之运气，是昨天的努力，今天之努力，又是明天的运气。”

从多年商场经历中，杨钊居士概括出完整的富有特色的“旭日企业文化”，如发展战略为“人无我有、人有我优、人优我转”；工作策略为“分轻重、随机应变、事缓则圆”；员工守则为“学习工作、学习生活”“不断学习、不断改善”等。

从 1985 年 3 月起，杨钊居士创办了公司内部刊物《旭日之声》，他每期必在篇首著文，以自己在学习、工作、生活和参与社会事务中积累的人生经验，向员工传授、解惑。

杨钊居士把支撑旭日成功的力量称作“旭日精神”，他说这是一种不屈不挠的精神，依靠集体的力量去处理前进中的问题，他称赞旭日创业者们大都具备勤奋、肯吃亏、乐于助人、有责任心的精神。他在企业内部的报刊《旭日精神之三》一文中说：“这种人生的取向（为人群、为众生、为社会），最终会把自己融入社会、融入大自然，自己是社会的一分子、是宇宙的一部分，为人群服务中几乎可以达至‘忘我境界’，中间亦有‘我’亦有‘私’，但很快就被‘大我’和‘大公’所融化，这样，再次服务于社会、服务于人群、服务于大自然，由近至远，由亲至疏。”

在杨钊居士富有特色的管理下，旭日集团于1999年被美国财经杂志《福布斯》评选为全球300家优质中小型企业之一，并于同年获得中国香港管理专业协会颁发的“1999年优质管理大奖”。

“继续赚取更多的财富或许对自己并不需要，但还有许多人有需要，我可以更好地利用金钱去帮助有需要的人。”“经济条件好了，这时候就要兼济天下，这也是一种安身立命之道。”在事业取得骄人成就的同时，年轻的杨钊居士从佛家教义中悟出助人为善，感受到佛陀发愿普度众生的慈悲心。

1993年，他捐资1000万港元给惠州大学建教学楼；同年还捐资1000万港元给上海纺织大学建实验大楼；2002年6月14日，旭日集团为素有“光明使者”之称的健康快车捐资300万港元，为祖国偏远贫困地区的白内障患者提供免费手术治疗，期望他们尽早复明；多年来，旭日捐资的中、小学有10多所；2002年，捐资700万元给四川成都建成爱道堂；2002年，捐资2600万元给河北柏林禅寺建佛殿及教学楼；2002年，内地第一家佛学研究中心在具有深厚人文研究传统的南京大学成立。“南京大学旭日佛学研究中心”主要致力于佛学人才的培养和重大佛学专题的研究，以推动中华传统文化和传统道德，中心数百万元的经费都由旭日集团提供。2004年，他又欣然接受净慧法师的聘书，担当起玉泉寺中兴功德主的重任。

同时，杨钊居士还在不停地为祖国默默奉献着：为内地华东水灾捐款300万港元，为华南水灾捐款300万港元，为广东阳山县大良乡扶贫捐款200万港元，2003年捐资300万港元给中国职工发展基金会协助解决东北三省失业人员问题；向广东惠州市教育基金捐款300万港元；抗非典期间，他捐资2000万港元给卫生部及佛教界协助应付非典等。

实实在在的善举，实实在在的爱心，多年来，杨钊居士已捐献2亿多港元建学校、助残疾、扶贫困、救灾民，支持祖国的科学文化及相关事业。他提出的“将西方科技和东方智慧结合起来解决人类物质和精神两大问题”的哲理命题已产生广泛影响，尤其将东方智慧引入企业文化中更是一种创造。杨钊居士带领着旭日集团，事业蒸蒸日上，取得了很好的经济效益和社会效益，赢得了财富与道德的统一，用他自己的话讲，“不只获得了物质财富，还赢得了精神财富”。

我找到了继续赚钱的理由

笔者发现，佛教的信徒中老人家较多，其次是妇女和小孩多，曾有人也向我提起这个问题。我说可能是他们对病苦体会得深一点，于是寻求解脱的欲望强一些的缘故吧。事实上也是这样，更重要的是，我们不能光从表面现象去看，于是乎，现在很多人总以为学佛的都是老先生老太太的事情，佛教与我们的生活无关、与财富无关、与企业无关……其实，佛法在世间，不离世间觉。我们生活中的一切都离不开佛法，生活中的一切去到最高境界就是禅。杨钊先生的成功，就来自于他运用佛法的智慧经营人生，他的真实表达，他的真心付出，业已证明佛法在一个成功企业的生命实践。在过度追逐财富名利而缺失精神家园的今天，下面摘录的这篇《行愿》杂志记者赵倩女士对杨钊先生的访谈能定够给大家带来真实的帮助！

28岁我可以退休，我不知道继续赚钱为了什么

赵倩：杨先生这些年获得了很多荣誉，但在这些荣誉和头衔中，很多人最熟悉的还是你的“牛仔裤王”的称誉，从在制衣厂打工到自己办厂再到成为“裤王”，这段往事也一定是您人生中最深刻难忘的记忆，能说说当年的情况吗？

杨钊：我是广东惠州人，1967年来到中国香港，在乡亲的介绍下进了一间制衣厂打工，从日薪六元的杂工做起。因为生活的压力，所以必须要努力工作，挣钱养活自己，我一直坚信"只要勤力，不会吃亏"。由于好学勤奋，老板比较赏识我，很快便让我当了领班，升了工资，不久又把我升为经理、厂长，为了留住我还分了部分股权给我……我很感激我的老板和那段打工经历，让我学到了很多东西，但我很想能自己创业。1974年，我用自己做工积攒的钱在朋友的帮助下收购了一家小制衣厂，取名"旭日"，寓"旭日东升，只升不落"之意。不久，一位美国服装商来香港，寻找厂家加工美洲较为流行的方格牛仔裤，因为这种裤料加工困难，大部分厂家不愿意承接。我当时想，这既是挑战又是难得的机遇，如果不难，怎么能赚大钱，怎么会轮到自己这样一个小厂？我与员工凭借多年积累的丰富知识和经验，经过努力研究发明了一种专门制作牛仔裤方格的小型工具，大大提高了生产效率，这个订单也让旭日和我赚到了人生足足的第一桶金。随着牛仔裤的风行，业界给了我这个"香港裤王"的称誉。

赵倩：不到30岁一下子突然拥有了这么多财富，你当时什么感觉？

杨钊：当时确实有过一阵子创业成功，获得巨大财富带给我的悦喜。我是穷过的人，一下子有了这么多钱，我成了暴发户。这么多钱我不知怎么用，完全打乱了生活规矩，开始产生不平衡。我也曾跟着别人去享受有钱人的夜夜笙歌，但我发现自己并不快乐，对身体也是一种糟蹋，于是我很快就退了回来。当时有人建议才28岁的我退休，去享受人生。我想自己这么年轻就退休，退了做什么？不退休，继续赚钱又干什么？古人说"无为在歧路"，有了钱我突然不知道自己该怎么走？我不断地问自己：人活着为什么？人生意义是什么？一切运气来源是什么？有了名利干什么？继续赚钱为了什么？因此我很苦恼。

贫穷、困苦和责任让我学会思考，我今天好运，明天是否还会走运

赵倩：我知道的很多人都会在穷困、疾病、不得志时对生活、生命产生诸

多疑问，进而寻求精神皈依。而很多有了钱的人想的都是买房买车、享受生活，继续赚钱发展、追求名利。杨先生您是青年得志、名成利就，可以说前途一片辉煌，那么年轻的您怎么会对生命产生如此多的疑问呢？

杨钊：这与我的出生有很大关系吧，也可以说是我的宿世因缘吧。我出生的年代广东可不像现在这么富庶，我家里也比较贫穷。人家说：穷人的孩子早当家！困苦的环境激发了我的求生欲望，生活的压力造就了我的危机意识，苦难和责任让我学会思考。很多人为了生活都很辛苦和努力，但却很少有人像我这么幸运。所以暴发以后我就想："我为什么这么幸运？我今天好运，明天是否还会走运？"

我在佛法的智慧中找到了继续赚钱的理由

赵倩：赚钱的意义，活着的意义，为什么天上掉下的馅饼砸到的是我而不是别人？带着这么多问题，你是怎么做的？结果找到答案了吗？

杨钊：为了寻找答案我曾进入天主教堂一年，也开始研究儒家、道教等，但依然难解心结。后来我是逢人就问这些问题，遇到有学问的人就去请教，大家都觉得我无病呻吟，甚至神经兮兮的。直到有一天，我去探访生病的父亲，遇到一位多年修行的堂叔，他不经意谈起了佛教，我就把心中的问题全抛了出来，想听听他怎么说。堂叔听了以后，当即送了我三本书，叫我回去先好好看一下。我回去后一看，咦，困惑了我这么久的答案居然在《佛法要论》和《佛教真面目》这两本书中找到了。我当时异常兴奋，如获至宝，因为困扰我这么久的思想问题解决了，我知道自己该怎么做了。我找到了继续工作的真正意义、目标和价值。堂叔给我的这两本书也因此引导我走进了佛门。

赵倩：困惑迷茫，终于在佛教的智慧里看到了"柳暗花明"，接下来您在学佛和事业中如何选择的呢？学佛以后的您又是怎样看待您的事业呢？

杨钊：堂叔给我的两本书让我走进佛门，接下来我开始接触佛教并皈依于圆行法师门下，在恩师的指导下开始学习佛教知识。恩师对我的教导良多，并喜邀我结伴云游参学。所以我从过去只知道工作到一边学习一边工作。通过学习进一步指导自己的工作，确立自己工作的定位和原则。例如，学佛以后我就确定了做生意的三大条件：第一，损人不利己的事不做，因为佛教让我知道世事有因果循环。第二，损人利己的生意，即使合法我也尽量不做，因我知道虽然我会得到物质财富，却会失去无形的精神财富。第三，无论待人接物或做生意，我坚持只做利人利己的双赢事情。“因果”令我看问题，不看片面而看全面；令我做事，不单看现在还看将来。

深信因果，享受因果，佛教的因果观，是我事业上的药方，我要把因果告诉别人，信与不信是他的事。

赵倩：因果论作为佛教的基本理论之一，杨先生在许多时候都强调它的作用，甚至说因果原则是您生活和事业的药方，能具体谈谈您个人对因果原则的理解吗？

杨钊：佛经上说：“若问前生事，今生受者是，若问来生事，今生做者是。”佛教的因果论让我清清楚楚看到，人的命运前途，其实是掌握在自己手中的。佛教的因果观，是我事业上的药方，可以说我是深信因果，享受因果！今天大家所看到的旭日和我，都是实践这一理论的结果。其实我们的身边已有无数这样活生生的例子，只是不学佛的人没有清楚认识它。把握因果两原则，深信因果真实不虚，对我们的人生和事业都将有很大帮助。第一，世上没有不劳而获的事情，一分耕耘，一分收获，相信因果，对自己拥有多少就有了正常的心态，减少许多不正确的欲求与烦恼；对自身也就有了正确定位，对人生际遇也会抱着随缘的看法，安心做好本分，不以物喜，不以己悲，面对人生各种境遇，泰然自若。第二，明白因果真实不虚，生命不会错位；把握因果，便不会做无益的事，如放纵的享乐、损人利己的业行、不计后果的追逐等，把握一个中道而积极的人生。第三，主宰自己的命运。俗语说得好：“种瓜得瓜，种豆得豆。”也是这个道理，命运由业力所感，种下什么样的因，终会招致什么果。业因成果，这个因，其实当下就可把握。现在一切行为动机，与一个人未来的生活事业有着很大的关系。

总之，菩萨重因，众生重果。菩萨恐遭恶果，因此断恶因、修善因，由是罪障消除，功德日增；凡夫无知，常造恶因，欲免恶果，如当日避影，徒劳奔驰也。我们把因果告诉别人，信与不信是他的事，最重要是我们自己要信。

佛教教我如实观察现实状况，让我作出准确而有效率的决策方案，钱财买不到快乐，但我可以通过钱来帮助别人解决问题、得到快乐。

赵倩：我们的先贤常说要“学以致用”，杨先生是成功后学佛、学佛后更成功的人，是大家的关注焦点和榜样，您能具体谈谈把佛法、把因果运用在生意上的成功例子吗？这对大家一定很有帮助。

杨钊：我也认为个人要把学到的知识用于实践，才是真的学会。另一本影响我行事的佛教经典是慧能大师的《六祖坛经》。此书生活化了佛法，非常具启发性。它反映出佛教的启发式教育，如盲人解布袋，自开自解。这种训练使我在面对一些完全没有相关经验的问题时，能突破重围，故此对我的帮助很大，令我能在瞬息万变的商业战场上，把握时机作出明智的决定。

如在1998年的世界物价通缩下，备受牵连的中国内地市场亦相应进行减价战，很多同行都非常焦虑和彷徨。旭日集团当时在大陆的投资不少，学了一段日子佛学的我，当时已开始运用佛法思维考虑问题，所以当我面对问题时，第一步骤是看见因果。我不认为有夕阳行业，只有夕阳的管理。所以，我进一步想如何面对，才能更好更快地解决问题。当时很多行家用向外求的方法，扩充多个品牌。但我们实行向内求的方法，固本培元，把竞争力较弱的部分删去，资源集中在单一品牌上，提供最佳产品来解决问题。这道理犹如应付考试，以同样的时间精力，考一科还是考二十科的成绩会较好？结果逢凶化吉，胜了一场漂亮大仗。每件事都视乎当时的因缘条件配合才能成就结果。佛教教我如实观察现实状况，并帮我建立立体思维，也能引领我回到问题的根本，使我做出准确而有效率的决策方案。

赵倩：除了对事，在对人、对待自己的员工方面，您又是如何运用佛法的智慧呢？

杨钊：大乘菩萨的精神就是“自利利他，自度度人”。在企业管理上，我学习菩萨包容大度慈悲的精神，对待员工尽量为他们考虑。曾经有一个团队，令公司亏损过千万元，我也没有撤去他们。因为我认为撤去一批员工，如切去手足，雇主与雇员双方都要受损。所以我宁愿给他们机会让他们自己去面对危机，只有在适当时候，提醒他们要有着“只要白天赶路，不要黑夜行军”的谨慎，以免他们陷入黑坑，不能自拔。

在公司发展方面，大多数的人都是以经济利益为原则来衡量一件事情的存在价值。有一段时间，身边的同事不支持把工业发展继续下去，我其实也曾想过放弃，但每想到只要多支持一日，公司里的三万员工便多开一日工，而每个员工背后的家庭便多开一天饭，便毅然地坚持下来。我做生意的出发点不单纯为赚钱，而是将心比心，想起以前我的父母也曾像现在的员工一样，一旦失业，整个家庭便没饭吃，辛劳一生也只为养儿育女。我不断转脑筋，寻找新方法，结果成功从工业转营贸易，再转为零售。虽然这个过程非常艰苦，但是旭日集团现于内地有1400多间零售店，三万多员工得以继续就业，他们的家庭得以温饱，我们的心血总算没有白费。这给了我精神上的快乐，虽然钱财买不到快乐，但我们可以通过钱来帮助别人，令自己得到快乐。

对我而言，精神财富的投资更重要。今天的运气，是昨天的努力；今天的努力，是明天的运气。

赵倩：作为一个虔诚的佛教徒，您认为这些年学佛对您而言最大的收获是什么？

杨钊：学佛最大的收获是让我找到了人生的道路，找到了自己生活的目标，而且在这条路上还没有掉队。人活着，必须要找到自己的路；人生，必须要有自己的目标。一般人整天追逐的都是名利和地位。活得很痛苦很累却不知道问题出在哪里。他们有的是没有去找，有的是找了没找到。所以，佛文化也可以说是提供一个平台，提醒他们去找，并协助他们去找。如果能帮助他们找到问题的答案，解除困惑和痛苦，那就是功德无量啊。

赵倩：佛法的智慧和慈悲不但使您赚到很多的钱，也使你成为一个精神富足的人。杨先生有这样理想的事业和人生实在是大家的榜样。那么在学佛、慈善和事业发展之间您将如何分配您的时间？对于您来说，现在谁更重要？

杨钊：年轻时，我把100%的时间投入在我的事业发展上；现在，我把70%的时间花在事业上，30%花在学习和社会公益里；不久的将来，我会只把30%的精力和时间放在个人事业上，70%时间用来学习和服务大众，回馈社会。对我而言，精神财富的投资更重要。

赵倩：很多人想知道您平常是怎么生活的？怎么修行的？主要都看些什么书？

杨钊：我对生活要求不高，对身边的奢侈浪费我会刻意制止。读书占了生活中的空闲时间，我也在学习和实践中找到了生命的归宿。平常我是很踊跃参加一些社会公众活动。我将自己的人生价值取向定位于“为众生、为人群、为社会”，且一经定位便身体力行，坚定不移，一步一个脚印地踏踏实实走下去。我知道，“今天的运气，是昨天的努力；今天的努力，是明天的运气”。

我一般学修的是“以禅为体，以密为用，以净土为皈依”。我觉得这样很受用。看的书有《六祖坛经》《金刚经》《地藏经》《维摩经》《法华经》净土五经一论等。

人无我有，人有我优，人优我转

赵倩：杨先生倡导将“西方科技和东方智慧结合起来解决人类物质和精神两大问题”。旭日集团作为一个声名远播的跨国集团，能谈谈你们的企业文化吗？

杨钊：一个没有文化内涵的企业是没有生命力的。旭日集团作为一个总资产超过百亿港元，融零售、贸易、工业、地产、金融为一体的跨国集团，必须有一套完整的、富有特色的“旭日企业文化”。旭日精神是不屈不挠！旭日的发展战略是“人无我有，人有我优，人优我转”，即别人没有的东西，我具备；市场有的产品，我的质量要比别人好；当别人产品质量都好起来的时候，我就要转变，要生产一些新产品或开辟新市场、新行业。杨钊在多年商场经历中总结出来的关于分析和处理问题的方法称为“旭日三招”，即分轻重；随机应变；事缓则圆。工作原则为“实事求是、客观地分析问题，客观地处理问题”。在企业中，提倡管理人要有事业心、决心、恒心。事业心即立志，不立志，万事难成；决心即破釜沉舟，不能退缩；恒心就是要坚持到底。年轻人最容易犯的毛病就是沉不住气，熬不得苦，往往功亏一篑。人生追求不应有终点，要不断地创新，不断进取。旭日集团的创业者大都具备勤奋、肯吃亏、乐于助人、有责任心的精神。

我的大愿是利益众生、救助众生、教导众生，成就众生。我的座右铭：只问耕耘，不问收获，尽力而为，问心无愧。

赵倩：杨先生一再强调“行愿”精神。对您而言，人生的每一次突破都是先发一个愿，然后去行动、去实践，进而实现目标。您在人生的每一个阶段都有什么愿？现在的大愿是什么？

杨钊：我少年时候的愿望就是要挑起家庭的重担，让家里人解决温饱问题，然后过上小康和富裕的生活，我实现了。接下来的愿是要挑起企业的责任，为企业的成功而努力，我也做到了。之后是作为佛家弟子对佛教的责任和作为一个企业家对社会的责任。为家庭、为企业、为佛教、为社会这四个大愿，让我不断克服自己的缺点，保持自己的优点，不断地实践和行动。

赵倩：听说您在旭日集团还专门设立了一个佛教事业部？

杨钊：是的。身为佛家弟子，我专门在旭日集团设立了一个专门做佛教事业和慈善事业的部门，支持协助佛教事业的发展，这也是旭日集团工作的一部分。此部门于1981年成立，总捐资超过五亿港元，用在宗教团体和社会公益事业。

赵倩：在我看来，杨先生的人生可算是真实而圆满，集物质财富和精神财富于一身。每个人对于生命总会有些遗憾，您有吗？

杨钊：我真觉得自己没有什么遗憾！我的人生信奉16个字：只问耕耘，不问收获，尽力而为，问心无愧。这也是我的座右铭。

我为何要冠名清华真维斯楼

清华大学真维斯楼

2011 年 5 月 23 日，清华大学第四教学楼被命名为“真维斯楼”，此事成为公众关注的焦点，甚至有网民直指此举为“卖身”和“大学精神的堕落”。在学子和网民不息的抗议声中，“企业冠名是否伤害了大学精神”成为了不得不摆上桌面的问题。我们说看问题要看本质不要光看现象，佛家也讲，做一件事时主要是看他的发心是否正，只要心念是正的，其所言所行是经得起考验的。一个人拥有财富，自己享乐，他不算是富有的，一个人把钱财存在银行里边不用出去，那个钱也不是他的，只有用出去的钱才是自己的，而用钱需要智慧的，杨钊先生就深谙此道。正如他对青年人所说的一样，不用过多看外面，外面令你失望；不要过多跟别人比较，比较令你伤心，还是要埋头做好自己的事情。由此，很多的流言不攻自破。下面让我们来看一看中国青年报记者对杨钊先生的专访，就能让我们了解事情的真相。《金刚经》云“凡所有相，皆是虚妄。”我们用不着去执著它，“真维斯楼”也只是给它安立一个“名”而已，让我们也从《金刚经》里汲取放下的工夫、觉悟的智慧吧，所谓真维斯楼，即非真维斯楼，是名真维斯楼。

一、我想反问青年人一个问题

中国青年报：很多人最想知道的一个问题是，您的公司为什么要选择把清华的第四教学楼赞助成“真维斯楼”？

杨钊：我们也没想到会出现这么大的争议。很多学生不理解我们，认为我们是为自己做广告，为了商业利益，“你这老板就是要用金钱收买最高学府”。而我想说，不要只想到自己的心态，应该学会换位思考。我想反问青年人一个问题：如果换做是你，如果当你拥有1亿元、10个亿甚至100个亿的资产，你会怎么用？如果你想用钱环游世界，那么环游完以后怎么办呢？如果你想要买车买房，当车房都有了以后还做什么呢？难道最后就是包几个二奶？其实，只有利人利己，才是回报社会，才最有可持续性。我知道很多学生甚至我们的朋友、顾客都不理解，但如果你是个大企业家，不走社会慈善这条路，又能走什么路？如果有的人还不相信我，那也没关系，请你保留你的想法，而我保留我的。

中国青年报：其实给大学捐款的现象非常普遍，但是很多人反感的是“真维斯楼”商业气息太重。为什么一定要冠名呢？

杨钊：关于为什么要冠名，我用孔子的一个故事来解释。现在的大学生应该也都听说过，孔子的弟子子贡出国游历，见到一个鲁国籍的奴隶，便自己出钱将他赎了回来，却不愿接受政府的奖赏。另一个弟子子路救起一名落水者，那人感谢地送给子路一头牛，子路收下了。照常理来讲，我们都会表扬子贡，但是孔子却批评子贡、表扬了子路。原因是孔子认为，世界上不是人人都像子贡这样高尚，如果做好事能得到看得见的奖赏褒扬，就会鼓励更多的人做好事，鲁国人从此将喜欢救人于危难之中。“子路受人以劝德，子贡谦让而止善。”现在这个社会还是很需要鼓励慈善、捐助的，所以我现在觉得，如果我们只做好事，而不让人知道，就成了被孔子批评的子贡。这样，社会、慈善事业的进步就会慢了。

我们很早就有援助贫困大学生等公益活动，已经不冠名地捐了10多个亿，又有多少人知道？企业捐的钱不是我一个人赚回来的，如果命名为个人，那就只有我一个人快乐。既然财富是员工赚的，还是希望由大家来分享这个冠名。

二、年轻人要有“肯挑担子的心”

中国青年报：您的企业为何要从事公益事业？是否也如同有人质疑的，考虑到企业的形象宣传呢？

杨钊：人需要有两种财富。一种是物质财富，比如名利、社会地位。另一种就是精神财富，这不光是打拼来的，我觉得是4个“心”：爱心、同情心、布施心、随喜心。“随喜心”就是人家做好事，很多人会嫉妒、批评，但我们应该从好的方面去考虑，去鼓励。只要有物质、精神财富，你的人生就很开心了，这就是人生的意义、价值。我们资助24所大学的贫困学生，从2005年开始到现在总数有8000人，我们有什么利益？一年给出那么多钱，我心不心疼？一个成功的企业家就是要学会由“私”的心态变成“公”的心态，由心疼变成不心疼，再从不心疼到主动、乐意、身体力行地去做这种事业。

中国青年报：会不会有人认为您是有钱人，“站着说话不腰疼”？

杨钊：我也是从一个普通人努力打拼起来才这样说的，并不是什么“富二代”“官二代”。我20岁从内地去中国香港的时候，我只读到了高中二年级，一无知识，二无家庭背景，没有念过大学，更别谈名牌大学的光辉。我拥有的只有力气，所以我只有特别肯干、特别卖力，才从工人到领班，又从领班到厂长……1974年，我想办工厂，要10万元做本钱，我只敢和朋友说借两万元，而那位朋友还主动问我：“够不够？”当我开口说需要5万元，朋友毫不犹豫地借给了我。到现在，我还欠他这个情。还有我的父亲。我现在有一定的成功都是他们的功劳，但他们不要我报答。因此，我把这个情回报给社会，尤其回报给需要帮助的年轻人。

中国青年报：您觉得您的经历有什么能和现在要走上社会的年轻人分享的？

杨钊：我想，走上社会的年轻人，最重要的是要有“承担心”，就是要有肯挑担子的心。要勇敢把家庭责任挑起来，至少要解决自己和家庭的温饱，然后的目标是小康。如果这想法都没有，就是没出息。我想对年轻人说，如果每件事都这样做，三年如一日，你就能凝聚一批共同打拼的人；五年如一日，就能有一批顾客；十年如一日，你就能有事业。你这样要是三五年没有小成，可以放心打电话来真维斯公司投诉我。

三、不用过多看外面，不要过多跟别人比较

中国青年报：那么经历这一次“真维斯楼”风波，您认为有值得反思之处吗？

杨钊：我觉得这次是了解学生、社会的意见不够，没事先多和广大学子沟通交流，才会产生抵触的意见。下次如果我们和其他名校有捐助合作，我们会考虑先上网咨询征求同学们的意见，也尊重同学们的声音，我们真的会这样做。同时，我也有一个疑问，旭日集团捐助并冠名华东、贵州多所大学的教学楼都没有引发质疑，为什么进清华大学就有问题呢？是不是对真维斯有歧视呢？如果是这样，那我认为也不大公平吧。

我想，人必须要有报恩心。比如我父母年纪大了，得不到我多少好处，为何那么苦心培养我？清华的老师为何认真敬业教导同学？他们也不是因为怕失去工作。年轻人要学习这样的人，世界上就是有这样的人。用好的心态看社会，自己和社会就都会多一些善良和美丽。现在的大学生都是饱读诗书的，包括清华学子，但是环境比较单纯，有时候一看外面这么肮脏，被打击得饭也不吃了，事也不做了，这不行。所以，我作为长辈，想送给年轻人一句话：不用过多看外面，外面令你失望；不要过多跟别人比较，比较令你伤心，还是要埋头做好自己的事情。

第六章

纯正之心管企业　拜佛之心带员工

松下幸之助：日本经营之神的经营哲学

一个企业家要善于用古圣先贤的智慧教育员工。像我这样才能的人在这个世界上比比皆是，我之所以能成功，其中关键一点就是对禅的领悟。

——松下电器　松下幸之助

松下幸之助人生经历

松下幸之助，1894 年出生于日本和歌山县。

1918 年，创建松下公司。

1922 年，诞生生产与员工教育并进的构想。

1925 年，首次成为日本最高收入者。

1935 年，将公司改组为股份有限制。

1957 年，开始在全日本设立销售店。

1961 年，辞去董事长职位，就任会长。

1989 年，以松下公司顾问身份去世。

松下幸之助是日本“经营之神”，东方企业界的骄子。他领导松下公司从一家小作坊发展到著名跨国企业，首创“事业部”“终身雇用制”等日本企业管理制度，“自来水哲学”“玻璃式经营”“水坝式经营”等企业经营哲学。这是一位将企业当作宗教事业来经营的企业家，一位将贡献社会、国家作为经营第一理想的实业家，这不只是一位经营者，还是一位最尊重商业精神的社会精神领袖。

水的启示

一次，松下幸之助在家中庭院散步，走到水塘旁时，看到水塘中假山上的水从高处急速冲流而下，并且流到水塘中的每一个角落，他突然之间悟到一个很重要的道理，亦是在他过去的经营过程当中非常有名的水的哲学。水有什么哲学？他说："水蕴涵着清浊并吞、随方亦圆、上波下静、变化无穷、渗透扩散、流动不腐、急流澄清、生存至宝等生命及经营管理的道理。"

流水一

在创业过程中，对于各种挑战、环境、机会等，要能不分好坏地勇于面对与学习；处顺逆境时，亦如水的精神，不自我设限、定型，不管在任何情形下都能适应、调适与克服；对于自己所设定的目标和精神，要不断渗透、扩散到每个人心里；而成长需给自己压力，如同急流而下的高速水流产生强大力量，唯有自我要求，方能产生力量、信心与决心。

一、清浊并吞

水在流动时不管清水、浊水皆能加以并合，由此松下幸之助领悟出个人或企业在成长、学习的过程中应去面对各种可能的挑战，而非去等待好的时机。所以“清浊并吞”即是告诉我们在任何环境下，皆需让自己有勇气、下决心开始去学习，开始去做，就如同经济有景气、不景气，人生亦本就有起有伏，重要的是当下的即知即行，而非等待和观望。

二、随方亦圆

水在任何容器中皆可依容器之形状而呈现出不同形状的风貌，不管我们如何摆弄它，它永远能展现出其最好的一面。人在学习、成长的环境中亦同，处逆境时应下更大的决心，处顺境时应更谦虚地学习，就像水的这种精神。

在不同的环境中要能去适应环境、调适自己，去学习不同的东西和感受，给自己的人生定下一个目标。然后去完成它，不能自我设限、自我定型，而是不管在什么情形下皆能去适应它、去面对它，克服这些环境，那终将有一番不同的成就。

三、上波下静

水在表面上虽是波浪起伏，但在水面下却是平静无波的。松下幸之助由此领悟出，事业就是要做扎实的工作，根扎得稳，事业才会稳固，事业若建构于沙滩之上，则波浪一来必毁于瞬间。

因此，人应学习水的这种精神，努力地去做扎根的工作，怀着单一的思想，专注、持续地去学习、去做，一定会有所体会和成就。否则，随波逐流，没有定位，在三心二意与三分钟热度的情况下，终将一事无成。

四、变化无穷

水存在着各种不同的形态，例如，以水、水蒸气、雨水、冰块等不同的方式存在着，它在不同情况下会有不同的转化。松下幸之助由此又领悟

出，做事业亦同，市场上的变化无穷尽，遇到的人亦是形形色色的。但我们想想，为什么有些人事业做得那么成功，有些人却不成功？成功的抉择到底何在呢？关键在于自己。

因为，市场和人生乃是变化无穷的，需要有弹性地去适应，就如同人在雨天时就应撑伞，企业在低潮、不景气时，就应调整策略，而非一成不变，僵化无以应变。事实上，人总是喜欢趋吉避凶，但奇怪的是却又喜欢听消极的事。因此，人的思想、企业文化乃是在面对变化无穷的环境时，挑战一定是有的，困难也一定是有的，但是成功的定律却是不变的，如何识人，如何保持弹性便是在面对各种状况时所应具备的。

五、渗透扩散

水具有渗透、扩散的能力，这是许多东西所无法办到的能力。人生的成长、学习过程也应像水一样，目标要不断地提升和提高，才能让自己有更多的收获；就如同水一样，泼到地上便马上让干的地面逐渐地变成湿的地面，不断地渗透、扩散。而设定目标的方式是目标须较自己的能力高一些，方能不断自我挑战和成长。因此，如果你有登峰攀顶的能力，为何要把目光停留在半山腰呢？

六、流动不腐

水静置放着，一段时日后自然会发臭。松下幸之助体会到他经营这么大的事业，如果没有让自己再去学习、成长，那么一定会落伍，所以须学习水一样不断地流动，而非静止不动。故学习是无止境的，唯有不断地去学习、去努力，才有未来可言；对任何一个想要成功的人或企业皆是如此，如果连松下幸之助这样的经营神都有这样的体会，那我们更应该努力地去学习。毕竟，人生或事业乃是不进则退的，因此，必须让自己像水一样，不断流动才会有能量，才不致“久储必臭”。

七、急流澄清

水流很快的地方，水一定特别干净；就如同瀑布之头，因水流湍急，所以水一定是澄清的。松下幸之助亦因此体会到人生的成长不能像小的水流一样慢慢地流，他说慢慢地流虽不致发臭，但却不会澄澈，须像急流一样，水的力量大，才会清澈。因此在生活、事业的成长过程中要给自己压力，就如同急流而下的高速水流产生强大的力量一般，唯有透过自我要求，方能产生完成目标的力量。

八、生存至宝

人若缺水则必无法生存，所以水是生存至宝。同样地，我们在自己的人生中，亦是扮演着很重要的角色；我们每一个人都是造物主最大的奇迹，因为在世界上，我们每一个人都是独一无二的，是没有任何人可以取代的。因此，我们自己须下最大的决心，对于自己的人生和目标进行有计划性的努力，这样必会完成自己的人生目标，成就一生的事业。

经由以上对“水的哲学”的阐述和说明，我们不难发现，只要在生活中多用心，生活周遭随时可见、随手可得的平凡事物，亦充满着生机和启示。

流水二

自来水哲学

从一个仅有 100 日元启动资金、三个员工的生产灯泡插座起家的小企业，到逐渐晋身大企业之列，在经济衰退期、战争之后仍然屹立不倒……松下幸之助凭借卓越的经营和领导能力，最终创造出了一个世界级的大型电器制造企业。

事业部制、终生雇用制及年功序列制等都是为人所熟知的松下幸之助首创的管理模式。他少年时家境贫寒，没念过多少书，但通过几十年的经营实践，积累了丰富的经验和智慧，晚年著述甚多。在其众多散发着智慧光芒的理念中，最为突出也是贯穿其经营始终的一个核心思想就是“自来水哲学”。

松下幸之助明确提出“自来水”的概念是在昭和七年（1932 年）。从 1918 年开始创业，到 1931 年年底，松下电器已经不再是小作坊，它能够制造四大类两百多种不同的产品：电源固定装置、收音机、电灯、干电池、电热装置（如电熨斗）等，这样的成绩在日本经济大萧条时期尤为突出。到了 1932 年的时候，松下电器所遇到的问题是，从小型企业过渡到中型企业，组织开始失去方向感。

松下幸之助那时已经对经营有了一些思考，而他希望的是，能够从更为本质的角度去理解和解释经营的目的与企业的价值。在松下电器不断发展的时代，他时常问自己：“一直以来，我们遵循社会共同理念做生意，也还算顺利，然而我越来越觉得这是不够的。企业的使命究竟是什么？一连几天我思考这个问题直至深夜，终于有了答案。”

简单来说，松下幸之助认为企业的使命就是消除世界贫困。比方说，水管里面的水固然有其价值，然而喝路边的自来水不用付费也不会受到责备，这是因为水资源相对丰富。企业的社会责任也同理，正是让世界物资丰富以消除一切不方便。“企业经营的最终目的不是利益，而只是将寄托在我们肩上的大众的希望通过数字表现出来，完成我们对社会的义务。企业的责任是把大众需要的东西，变得像自来水一样便宜。”

实际上，松下幸之助之所以在企业建立十几年后才发现了这一“真谛”，主要是受到了宗教事业及其价值的启发。1932年，松下幸之助在一个信仰佛教的经销商朋友的劝说下，参观了天理教总部，并深深地被佛教寺院众生热火朝天、不计名利、忘我工作的场景所震撼。他意识到，如果企业经营也能像宗教事业一样，通过信仰和超越物质利益追求之上的价值观凝聚人，也一样可以具备强大的生产力。

同时，他进一步认识到，企业存在与宗教传播具有相同的神圣价值。宗教可以为人们带来精神安慰，而企业则可以为世界创造物质财富，二者都是神圣的事业。作为松下电器来说，其经营的最高使命也应该具有普世关怀，于是他想到了“自来水”这一看似异常普通却价值非凡的产品，认为企业经营就应该生产像自来水这样，一是为人们广泛需要，二是十分便宜以至于人人都能享用的产品。也只有基于这一价值观开展经营活动，才有可能具有最强大的动力，获得巨大的市场份额，并赢得消费者的尊重。

认识到这一点后，松下幸之助十分兴奋，认为是找到了“命知”，并将昭和七年（1932年）的5月5日定为公司的创业纪念日。为了达成这一使命，松下幸之助还定下了250年的目标，以25年为一个阶段，用十个阶段来完成目标。而那时，松下幸之助认为，公司还只是处于打基础的第一阶段。

“自来水哲学”的提出并非无源之水，它与早年松下电器的经营思路其实是一脉相承的。早期，松下电器更注重市场为导向和实用主义的策略。尤其是，不投入过多资源进行技术创新，而是适时介入大众需求强烈的市场。通过短、平、快的开发模式，大量生产低成本、高品质、较低价格的产品，由此赢得巨大的市场份额；同时，进一步降低成本、降低价格，继而逐渐达到提供的产品像自来水一样便宜的境界。

松下电器创业初期研发炮弹型自行车灯并采用激进的销售策略制胜的案例就是一个体现。松下公司最初看到了当时市场对自行车灯的需求相当大，而且在不断增长，但现有产品种类都有各种各样的严重瑕疵，因此决定自主研发制造出一款大幅改良的电池车灯，不仅构造简单，而且经济耐

用。但没想到，性能卓越且价钱便宜的新产品在最开始并没有得到顾客的认可。于是，松下采取大胆的营销策略，让零售商在产品卖出去而商店也相信顾客满意时再付费，没想到这一营销策略获得了销售的巨大成功。

这一款“炮弹自行车灯”的成功，靠的并不仅仅是激进的销售策略本身。更核心的是，这种策略背后的推动力，是松下电器始终秉持着对客户需求的高度敏感以及研发新科技来满足顾客需求，而焦点是针对可以被大量制造与销售的产品。

随后，松下电器屡次使用这一策略，不断扩充产品线，扩大自身的经营范围。其中，决定大量生产电熨斗这一产品，也从一个侧面证明了这一策略的有效性，更重要的是，验证出“自来水哲学”的价值。

当公司决定大量生产质优价廉的电熨斗时，松下电器碰到的问题是，月生产 1 万个是否能卖出去？彷徨之中，松下幸之助想到，还是应该回到松下电器为什么要生产电熨斗这个最原始的出发点来考虑问题。企业之所以担心电熨斗不能卖出去，关键还是价钱贵。“这么方便的东西，但因为价钱贵，很多想用的人都买不起。因此，只要降低价钱，就会有许多人去买。如果很多人要买，乍看起来月产万个似乎多，但实际上是能够卖出去的：先决条件是降低价格，使大家都能买得起。”

松下幸之助作出生产 1 万个电熨斗的决策，实际上是与当时多数企业的做法背道而驰的。当时，一般来说，只要现有市场不够大，企业绝不会着手大量生产，即使手上握有卓越的产品也是如此，因为人们一般认为这样的风险太大。因此，松下电器这一大胆决策与产品的销售成功，不仅是松下幸之助“自来水哲学”的经营智慧的成功，更重要的是，其决策的出发点是看到了更多普通老百姓希望购买到更为先进电器产品的需求。

玻璃式经营哲学

“玻璃式经营”，顾名思义，就是企业经营要做到像玻璃一样透明、清晰，让每个员工都清楚地了解公司的现状及未来发展方向。它被视为松下电器公司的三大主要经营法则之一（其余两个是水坝式经营法则和适应性经营法则）。这种经营法则现在已上升到“经营哲学”的高度，而它却起源于松下的创业之初。

松下“玻璃式”经营法的目的何在？他说：“为了使员工能抱着开朗的心情和喜悦的工作态度，我认为采取开放式的经营确实比较理想。开放的内容不只是财务，甚至技术、管理、经营方针和经营实况都尽量让公司内的员工了解。开放式经营法的另一重要作用，是唤起和加强员工的责任感，消除他们的依赖心。松下说：“企业的经营者应该采取民主作风，不可以让部下存有依赖上司的心理而盲目服从。每个人都应以自主的精神，在负责的前提下独立工作。所以，企业家更有义务让公司职员了解经营上的所有实况。总之，我相信一个现代的经营者必须做到‘宁可让每个人都知道，不可让任何人心存依赖’的认识，才能在同事之间激起一股蓬勃的朝气，推动整个业务的发展。”

1920 年的装电话事情，就是一例。在当今社会，安装电话根本不算是什么了不起的事情，电话的普及率已相当高。然而，当年松下公司装电话，则是列入企业发展规划的重要内容，是相当了不起的事情。

据有关资料显示，在明治、大正年间，日本的电话普及率是 5% ~ 6%，许多企业还没有这种现代化的通信工具。因此，有一部电话，能增加企业的信用，受到人们的重视，更不用说消息灵通、联络方便所带来的直接经营效益了。可是，虽然都知道电话的优势和用处，却因主观、客观条件的限制，使许多人对电话不敢问津。当时一部电话需要 1000 多日元的初装费，价钱非常之高，实在是一种极端的奢侈品。当时凭松下电器制作所的规模、实力，与安装电话还有些不相称。

但是松下的见识和胆略超出常人，他在企业资金并不丰厚的情况下，毅然作出了装电话的决定。电话装好以后的松下立即用明信片把此消息告诉各地的经销商，而且字里行间流露出无限喜悦的情绪与心态。

回想起第一次通过电话接到订货的事情，松下很是感慨。他曾写道：“在那个时代装电话，初次听到电话铃声，的确能够激发起兴奋的心情。当时所得到的快慰，比起工商业普遍发达的今天来，更为深刻和持久。”

装电话一事本不值一提，但是，在那个时代，松下对装电话的重视，体现了他的长远战略眼光。

在现代社会，能够做到员工与企业相互信任的企业可以说是凤毛麟角。处于创业阶段的小企业或许还能够做到将企业经营状况完全公开透明，但对大中型企业来说就已经很难了，甚至有些企业老板自身都不清楚公司的具体经营状况，而松下公司却能一直将这种经营理念保持下来不能不说是一个奇迹。经营实况公开的要点，则是“报喜也报忧”，绝不把经营实况掩盖起来。好的时候，把喜讯带给员工，请大家分享成功的欢乐；坏的时候，把问题摆在桌面，依靠大家的力量共渡难关。

玻璃式经营需视企业实际情况来定，玻璃式经营建立在完善的数据统计基础之上，在我们国家现在还有部分企业都没做到数据化管理，还处在凭经验、凭感觉做事的粗放型阶段；还有些企业担心把经营数据公布出去会泄露公司机密，给公司带来麻烦等。但我们可以变通去灵活运用，实行玻璃式经营的有效方法就是办好企业宣传栏、宣传杂志期刊等，比如可以将企业未来五年的战略规划对全员进行公布，宣扬公司的经营理念、经营宗旨、经营目标，每月定期通报企业运作概况、公司动态、公司年度规划等，明确企业的发展目标及方向，这样员工就会少一些猜疑和不安，少一些抵触和报怨；理解和体谅到公司的难处。当然经营理念、经营宗旨的制订还需符合全体员工的利益，松下说过：“以人性为出发点，因此而建立的经营理念及管理方法，必然正确且强而有力。”企业全员有了统一的奋斗目标，再加以正确的引导，就能心往一处想，劲往一处使，人心所向，战无不胜！玻璃式经营的本质就是经营人心，松下的许多经营理念都是建立在他对人性、人生观、价值观的基础之上。松下掌握了经营的根本，也成就了他的传奇人生！

尽人事而听天命

古语“尽人事而听天命”，真是一句至理名言。这句话包括两个方面的意思，一是要尽人事，所谓尽人事就是要尽自己最大的努力去专心工作，付出自己最大的心血；二是要听天命，所谓听天命是指自然界万事万物的客观规律，有时候即使努力了但违背了自然法则，或是时机未到，也会失败。所以，两者要结合起来。松下幸之助十分推崇这句话，可以说这句话是他做人做事的座右铭。

松下常说："到了今天，我有时也会把这句话（即尽人事而听天命）念给自己听。我现在也常会碰到一些很麻烦的问题，有时难免会感到迷惑、悲观，也会产生'人世实在没有什么意思'的感觉。只要是人都会有这种感觉。这么一来就没有办法专心工作，对自己当然就非常不利。于是，我想到了'尽人事而听天命'这句话。这是自己认为正确之后才去做的事，以后的成果请他人代为判断。到了今天，我还是有这种想法。"

松下的话确实引人深思，不管对个人或公司，这种情形都是相同的。如果没有这种思想，自然会有所迷惑。用松下的话说，是"有很多问题，非人类小小的智慧所能想得透的，多想也无益"。

当然，"尽人事而听天命"最重要的还是要尽人事，尽人事就是要做一个勤奋的商人、勤奋的企业家。在日本，常有人比较东京和大阪，并问松下在大阪做生意的方法如何？松下虽是大阪的生意人之一，却不太清楚他们所说"大阪生意的方法"。可是，经他们这么一问，似乎又有所发现。在东京人的心目中，大阪人比较实在，也较有做生意的胆量。做生意当然有胆量，不过，大阪商人却似乎把一切都托付在生意上，把全部的生命都贯注在生意上，这样才会产生做生意的胆量。自古以来，大阪船场的商人不论卖东西或买东西，胆量都相当大。松下认为这是一种认真投入于做生意的精神使然，因而在心里决定要像大阪商人那样努力全身心地去工作，从这个角度来看，大阪商人的精神竟无意中促成了一位世界著名商人的诞生。

松下的"尽人事而听天命"的座右铭，应该引起我们企业家、公司和正在奋斗之人的深思。一个人要成就大事，与自然法则、机会、个人天赋、环境等都是密切相关的。违背自然法则，不行；没有机会，不行；有胆量没有天赋，不行；环境不好，也不行。企业家要想把企业做大、做

强，前提条件是尽人事而听天命。

松下幸之助经典语录

1. 我们把一流的人才留下来经商，让二流人才到政界去发展。

2. 智慧、时间、诚意都是企业的另一种投资。不懂这个道理的人，就不是真正的公司从业员。

3. 如果你坚持要上二楼，就会想到搬扶梯；你只想试一试，那就什么都想不到。

4. 生产大众化的产品时，不但要推出更优良的品质，售价也要便宜至少三成以上。

5. 永不绝望的诚恳和毅力，会改变既定的事实，化解人的坚定意志。

6. 不管别人的嘲弄，只要默默地坚持到底，换来的就是别人的羡慕。

7. 非常时期就必须有非常的想法和行动，不要受外界价值观干扰。

8. 顺应社会的潮流和事物的关系，才是企业得以发展的方式。

9. 有正确的经营理念，始能活用人才、技术、资金、销售等各方面的制度。

10. 以人性为出发点，因此而建立的经营理念及管理方法，必然正确且强而有力。

11. 经营者除了具备学识、品德，还要全心投入，随时反省，才能领悟经营要诀，结出美好的果实。

12. 合理利润的获得，不仅是商人经营的目的，也是社会繁荣的基石。

13. 不应该借巧妙的讨价还价赚钱，必须一开始就制订合理的价格。即使对方要求减价也不同意，而是相反地去说服顾客接受这个价格。依我的看法，采取这种方法最成功。

14. 人们对于进退事情，往往不容易看得开，但有时为情况需要，却不得不有所决定。或者即使并无情势逼迫，也必须决定自己的进退事宜。

15. 与和自己有往来的公司共存共荣，是企业维持长久发展的唯一道路。不论处在任何状况，都要有发现光明之路的能力，有视祸为福的坚毅决心。

16. 任何东西本身皆具有说服力，要善用物品的说服力，但不可用来贿赂。

17. 充分了解人情的微妙而善加利用，即使是“坏消息”，也可使人觉得合情合理。

18. 以经济合理的标准，美化产品造型，才能达到促销的目的，并形成一种美的文化。

19. 说服的方式因时因地有所不同，预先察知什么情况适合哪一种说服方式，才是最重要的。掌握对方的性格、情绪，不存说服之心地去说服，才有成功的可能。

20. 脑筋转个不停，不但使计划更周详，别人也会受感染而全力配合。

21. 把握任何时刻与机会，以谦虚有礼的态度，服务顾客。一开始就坚持名副其实的信用，等于是给自己储备了庞大的资金。

22. 做生意，要有洞察先机、先发制人的能力，因为这是真刀真枪的决斗，只许赢，不许输。

23. 为了不让外资人侵，即使是一团泥块，也要将它从水中挽救起来，更何况是被土覆住的金块。

24. 虽然起步迟，只要不畏挫折，坚持到底，照样能超越他人。

25. 不论是多么贤明的人，毕竟只是一个人的智慧；不论是多么热心的人，也仅能奉献一个人的力量。

26. 经营者必须对任何事的成败负责。所以，他既要充分授权，又要随时听到报告，给予适当指导。

27. 敢于要求部下，才是负责任的经营者，也才能突破经营瓶颈。

28. 主管要在工作上，不断地提出他的想法和要求。

29. 辛劳被肯定后，所流露的感激，是无与伦比的喜悦。

30. 朝会、唱社歌、朗诵七大精神，是松下电器的传统，必须遵照执行，贯彻到底。事情一旦决定之后，必须坚持到底，不得自己迷失方向，或被他人言行迷惑，否则不会成功。做生意也是一样，必须贯彻志向。

31. 不论经营理念或使命感多么高明，在物质方面若无法满足人的需求，那么即使再强调使命感，也没有人会听得进去。

32. 唯有懂得欣赏别人长处，才能领导更多的人。

33. 一个领导者应该承认，个人的能力是极为有限的，一个人若做能力以上或以下的工作，都容易遭到失败。为了避免能力发挥上的缺点，更应该分层负责，这才是提高工作效率最科学的方法。

34. 吸引人才的手段，不是高薪，而是企业所树立的经营形象。要求职者有诚心，肯苦干，不一定非用有经验的人。公司应招募适用的人才，程度过高，不见得就合用。

35. 名刀是由名匠不断锻炼而成的，同样的，人才的培养，也要经过千锤百炼。注重新进人员的训练和指导，因为他们的成长会带动公司的进步。训练人才应以人性为管教的模式，并确立赏罚分明的制度。

36. 没有研究心的人不会进步。所以，中央研究的成立，就是要以电器的研究，来促进人类繁荣与同业的发展，就如同开发新药一样，不断研究新电器供应世人。

37. 人才是企业成败的关键，唯有顺其自然，不凭自己的好恶用人，容忍与自己个性不合的人，并尽量发挥其优点，才能造就人才。提拔年轻人时，不可只提升他的职位，还应该给予支持，帮他建立威信。

38. 经营者要善用人才，并创造一个让员工能发挥所长的环境。学历就好比商品上的标签，论才用人要看品质，不要只注重标签价码。

第七章

小康目标落实《弟子规》
林立世界做好中国人

胡小林：中国传统文化带动经济良性发展

智慧是要做判断。智慧的功能是告诉你什么是对，什么是错，什么是邪，什么是正，什么是是，什么是非，什么是善，什么是恶。

《弟子规》说“凡取与，贵分晓”，这六个字你做到了，你企业内部的管理一定是健康的，因为你心知肚明。

——北京汇通公司　胡小林

胡小林人生经历

胡小林，1955 年出生，1977 年国家恢复高考后第一批大学生，研究生学历，后放弃优厚的国家单位，移民加拿大，经商从事房地产，成立北京汇通汇利壁挂炉公司。从接触传统文化开始学习《弟子规》，并在企业中落实推广《弟子规》，按照《弟子规》来管理经营企业，短短两年时间，不但他自己本人洗心易行，完全变了一个样，而且带动公司所有员工落实《弟子规》，帮助无数个员工家庭的重新找回和谐与幸福。

2007 年，胡小林开始在公司中推广《弟子规》，本不图什么回报，没想回报却殊胜无比。公司落实《弟子规》后，就同比增加利润 600 万元，用他的话说，这一年当中，印制经书法宝光盘，布施了 380 万元，还欠阿弥陀佛 220 万元没有花掉。2008 年是学习落实《弟子规》的第二年，北京奥运期间，许多工程停工，年底加上金融危机，房地产价格下跌，可是汇通汇利公司业绩还是与 2007 年持平，没有下滑。2008 年 7 月 18 日应净空老法师的安排，于中国香港佛陀教育基金会华严讲堂演讲。2008 年 9 月 1 日再度随净空老法师、钟茂森博士，于中国香港理工大学大型会场演讲经验分享。2008 年 11 月还是随同净空老法师、蔡礼旭出访到马来西亚吉隆坡万宜国民大学礼堂作专题演讲。

《弟子规》是我们的生活方式

昨天晚上，几个企业家朋友在一起谈了谈学习《弟子规》的一些想法和措施。我个人认为，文化也好、传统也好，它是一种生活方式，在生活之外没有文化、在文化之外没有生活，所以学《弟子规》我自己的体会是一定要跟自己的生活结合。

《弟子规》实际上是我们的一种生活态度，是我们生活的目的，是我们生活的内容，是我们生活的方式。现在大家一碰到《弟子规》、传统文化，觉得好像真是个好东西，想做点什么，这使我想起“文化大革命”当中的群众运动，轰轰烈烈、大张旗鼓，想在一夜之间学习《弟子规》就能在全国铺开，全国山河一片红，这就错了。

大家认为什么是文化？我自己不是学文化的，我对文化不了解，我觉得之所以人类需要文化，是因为人类要使用这种文化保障我们生活幸福，让我们得到真实的利益，否则这种文化没有什么用处。我们现在的文化跟中国传统文化有什么区别？换句话说，现在的文化为什么给我们带来不了利益？所以大家才来看看中国传统文化、中华文化、祖先的文化到底跟我们今天的文化有什么区别。

今天的文化，从1900年以前到现在，将近120年，是自私自利的文化，是以我为中心的文化，是竞争的文化，是只顾自己不想别人的文化，这种文化带给我们的是病态的生活，不健康的生活。我们要改变这种文化，我们希望有另外一种文化，这种文化能够给我们带来幸福和健康。这种文化我们发现在中国传统文化当中能找到，能找到这种滋养，能找到这种素材，能找到这种方式，能找到这种方法。中华文化归根结底，较之于我们今天所使用的文化、我们日常所生活的文化、我们须臾不能离开的今天的文化，它有什么区别？西方的价值观是自私自利，只有自己不想别人，而中华文化中加进了一个“他”，就是我们老祖宗说的这个“仁”字，左边一个单立人，右边两横，有自己也有别人，想自己也要想别人，顾自己也要顾别人。就这样一个转变，我们生活状态就变成健康的，变成幸福的。

《弟子规》上有一句话："将加人，先问己，己不欲，即速已。"这就是推己及人，你的心量就大了，你不仅光想自己你还想别人，就这一点转变我觉得就是中国儒学、中华文化的精髓。胡雪岩的书大家可能都看过，做生意的，"上半夜想自己，下半夜想别人""花花轿儿人抬人"，这说起来都像小说上的语言，实际上揭示了一个道理，人要想幸福，人要想健康，不能光想自己。那想什么？我不想自己我图什么，是不是？我来到这个世界上我不想自己，我为了别人？人不为己，天诛地灭。问题是你只为自己，只想自己，你真能达到自己的目的吗？如果能达到，姑且罢了，那你就为自己考虑，不想别人，你就自私自利吧。但是，今天的社会现实告诉我们，每个家庭的状况告诉我们，现在青少年的思想水平状况告诉我们，各个企业内部所存在的问题以及现今社会、世界所存在的状况显示，那是不行的。我们大家来到这里学习中国传统文化，我想宗旨不是为了学习而学习，不是在我们生活之外找另外一种娱乐方式。现在是，改革开放刚开始的时候唱卡拉OK，后来打网球，现在又兴高尔夫、出国及国学热。这些东西是一种消遣，是一种娱乐方式的选择，我闲着也是闲着，我学点国学；我闲着也是闲着，我打打高尔夫。对于文化我们没法选择，因为它是保障我们幸福的一个根本。你胡小林在这说这个话，你自己有体会吗？我真的有体会。我今天来到这儿，大的道理我也不懂，文化我也没有，我就说说我学了《弟子规》以后身上发生的变化。

不健康的生活方式使我患了焦虑症

我是1974年插队，1976年从农村出来，恢复高考之后我就考上大学，到了安徽省合肥工业大学上大学，完了以后我被分配到五机部，考上了研究生，然后就出国；最后回到了研究所。我这一生走下来，跟在座诸位说，其实从大家的眼光来看我，应该是很成功、很幸福的。有事业、有家庭、研究生毕业，家里又有高官的背景，生意也做得不错，也有钱。我幸福吗？我不幸福。我没有上大学之前，我考虑的是只要上大学我就幸福了；上完大学以后，我想分配回北京，我当时想着，我只要分配到了北京我就幸福了；我出国以后，看见国外的花花世界，那么好的生活方式，我又改变了我的目标，我觉得人生最幸福的就是到美国去。他们那个地方的高速公路，那个地方的电视，那个地方的别墅，他们的那种自由、平等、轻松，所以我幸福的目标又改成出国。出了国以后，发现没有钱，真穷，觉得有什么也不能有病，没什么也不能没钱，人生的目标又发生变化，我觉得无论如何要赚钱。那时候提倡“下海”，我在兵器部计算机研究所工作，然后搞“三产”，就开始开公司，挣钱；最后也挣着钱了，觉得也挺空虚，真的没觉得幸福。那时候北京还有外汇券，洗衣机、电冰箱都有了，自己不觉得幸福，很空虚。原来想到餐厅吃饭花不起钱，现在餐厅也可以自由地出出入入；原来坐飞机也不敢坐头等舱，现在能坐头等舱了；到酒店也可以住豪华套间、五星级酒店，所有的物质我都满足了。到了1989年，就身患癌症，当时我才三十五岁，孩子五岁。当时，幸福的目标、幸福的目的又发生变化，我觉得一个人最幸福的就是健康，跟健康相比，什么金钱、地位、权力全都是次要的。然后大难不死，我又活过来了，活过来以后又觉得健康并不是很重要。

1993年之后，北京开始搞房地产，我又跟几个香港的朋友合伙投资房地产，北京的丰田广场就是我盖的，在外交部的东边。那时候开发房地产最舒服，你想盖一个楼坐那儿当地主，不用做买卖跑三跑四。楼盖好了，钱也分到了，几个亿的身家。从1997年以后，我精神上就出现了问题，生活不能自理，用现在的话讲叫“重度焦虑症”。这种焦虑症给我带来的痛苦非常大，甚至想自杀。在座的诸位肯定不理解，你丰田广场盖完了，钱也分到了，为什么要自杀？我觉得生活特别得没意思，没有内容、没有目标，讨厌生意、讨厌客户、讨厌应酬、讨厌办公室，看见员工我就烦，打骂司机，训斥秘书，重则摔手机，轻则就骂人。每天晚上应酬，跟客人一块吃饭，客人没醉我先醉，上来我就不管三七二十一，半斤酒下去，把自己先给灌晕了，我就生活在自己的酒世界里头。大声说话，讲黄色笑话，稍有不是就骂服务员，当着客人的面掀桌子，这些事我都干过。你说这是病态吗？其实是一种发泄，是一种病态。我当时心理极度不平衡，觉得每天当着领导的面、当着客户的面谄媚、卑颜屈膝、说瞎话、顺情说好话、拍马屁、溜须，为了点钱丧失人格、丧失原则。这边要同意改革，我就说邓小平好；那边要反对改革，我就说毛主席老人家值得怀念。做人做得特别委屈，觉得扭曲得不得了，图什么？不就图钱！所以在我的眼睛里，这些客户、领导都是人民币，长得都一样。抱着这种心态，你跟人民币在一块吃饭，就想着赶快把人民币放兜里边，所以我也不管三七二十一，自己先喝，喝完了就开始烘托气氛。你想六点钟、七点钟、八点钟开始吃饭，吃到九点，我十次吃饭大概有六七次都是让司机给抬出来，因为晕过去了。我的想法就是赶快上甜点，到最后一个环节，你们大家都喝，我自己也喝，喝了我不痛苦，我借酒浇愁，我很兴奋。明天你就把合同给我，就抱着这种功利主义的目的、功利主义的目标去看待。通常我记得是九点钟就醉了，到了下半夜三点钟才醒过来，基本上都在车里醒过来，司机也不敢叫醒我。夏天还好，到了冬天，司机就在外边站着，我就在车里睡，睡到下半夜两三点钟醒了，口干舌燥，也没吃什么东西，也饿了。长期这种不健康的生活方式，这种所谓的压力、所谓的不平衡，就造成心理特别扭曲。银行存折的“零”是越来越多，自己是越来越痛苦。失眠，半夜醒了以后，这是焦虑症的一个重大的特征，就是想自杀。自杀之前还有些预热，就是自责，我今天吃饭的时候为什么这么说话，我为什么要拍马屁，我为什么要说瞎话。想我上大学的时候谁对不起我，结婚的时候太太为什么对我态度不好，孩子怎么不孝顺，公司的这些员工们拿了我的钱也不好好干活。想的全是负面的东西，谴责自己，谴责别人。我不敢进办公室，一进办公室就皱眉头，我那个秘书就说反正胡总一进办公室，第一个动作先是皱眉头，第二深呼吸一口气，就这种状况，硬着头皮在那儿干。可能企业家的朋友能理解这种老板，我们在往往遇到这种情况的时候，我们就责怪，责怪这个竞争的社会，工作压力太大，节奏太快，钱难挣。爸爸妈妈面对我们这些说法，一般也原谅我们，孩子不容易，在外边挣点钱，求爷爷告奶奶，你不来看我们就算了。太太也理解，男人在外边打天下，这

太太也让着，孩子也让着，在家里就成了一个凶神恶煞，到了公司也是这种状况，特别不健康。后来我的朋友告诉我说，你这个可能属于心理疾病，我说哪儿能看这个病？他们说协和医院有个心理内科，你应该到那儿去看看。我就去了，去了以后找着那个石主任，他就跟我进行了一系列测试、化验，说你确实属于心理症状，现在中老年人的心理疾病也比较普遍，这个事情对你来讲是个新鲜事，但是对我们来讲是很普遍。他说心理症状大概有三种，一种叫焦虑症，一种叫抑郁症，一种叫恐惧症。他说据我们的测试和鉴定你是属于焦虑症。我说那我怎么办？他说你现在重到这种程度，劝说、化解、开导已经不灵了，只能是服用西药，服用西药以后靠这个药物来控制自己的精神。就给我开了药，而且跟我说得终身服药。吃完这个药以后，跟大家说实在的，真是没有什么焦虑了，因为人蒙蒙的，被那个药控制了。见了女孩子也没感觉，跟谁也没脾气了，见了饭菜不觉得香，什么好的物质待遇、享受都是麻木的；而且起床一翻身、一转头、一举手，肢体上的这种变化，这个脑子就和打雷一样，极不舒服。所以大夫嘱咐我说，你在做肢体变化的时候一定要小心，因为容易产生眩晕。我就问大夫，这个焦虑症到底是怎么回事儿？你给我说说。他说这个首先是神经系统的毛病，焦虑症最大的特点就是脑信息地址送达错误。“脑信息地址送达错误”，我说这个什么意思您能细说吗？他说我给你举个例子，你这个幸福的信息老是送在痛苦的地址上，痛苦的信息老是送在幸福的地址上，就是上海人讲的“搭错了”。我觉得有道理，上海人说这话，“神经搭错了”，我就是搭错了，该幸福的时候你觉得痛苦，该痛苦的时候你觉得幸福。我说这个药物你们怎么研究出来的？他说西药你也知道，都是拿小白鼠做试验。我说你们这药灵吗？他说灵，你吃了就知道了，还得终身服用。我说除了吃药之外，还有什么要注意的事项？他说除了吃药之外，你还得回避所有你不喜欢的、刺激你的，你不愿意见到的这些场景和念头。我说那我还能工作吗？我最不喜欢见的就是客户，我最不愿意见的人就是我的员工，我最不愿意去的地方就是我的办公室。他说那你都得回避。我说回避的结果呢？结果有可能你就永远不用去碰它，愿意见的人见见、多见，不愿意见的人少见或者不见，愿意说的话就多说，不愿意说的话就少说。我说大夫，关键是我没有愿意见的人，谁我都不愿意见，我特别自闭，我自己就愿意在运动场上跑跑步、散散步，这是我最大的乐趣。只要是跟大家在一起就有压力，就生烦恼，就发脾气，就不高兴，还包括跟爸爸妈妈。我觉得那怎么办？那也得吃这药。在协和医院开了这个药，我就按着大夫的方法去吃药。吃了大概五年的药，这五年过的日子真是不堪回首，极度的痛苦，一点都不觉得幸福。靠吃药度日，一天不吃药这脾气就不行。所以我今天来到这没有别的目的，希望大家听我做的报告以后千万千万别得焦虑症。

《弟子规》就是教人的智慧

后来一个因缘接触了传统文化，碰到了《弟子规》。我碰到《弟子规》以后，我当时是五十二岁，我今年五十四岁。我一看完《弟子规》特别激动，我觉得这好东西怎么我都没碰着？书店也没卖，电视也不播，报纸也不登，家里也没人讲，所有的朋友、同学、同事就没人跟我说这个《弟子规》。我再一看这《弟子规》，一千零八十个字，一百一十三桩事，当时蔡礼旭老师讲"幸福人生"，我一一对照我自己，我一看我一点都不幸福，总算明白为什么，《弟子规》上没有一条我做到了。我真的不是跟大家客气，我真是一条没做到。"首孝悌，次谨信，泛爱众，而亲仁，有余力则学文"，我是有余力就去卡拉 OK，就跟人家瞎吹牛，就跑买卖做生意。"首孝悌"，我见我爸我妈就烦，他们老打电话嘱咐我说什么喝水、吃水果，多不容易，这日子过得。"谨"就更不必说了。"信"，做买卖的能说实话吗？"泛爱众"，我连我自己都不爱，我还能泛爱众？"而亲仁"，现在仁在哪？你能对谁放心？人心隔肚皮，这个世界全是尔虞我诈，对谁都不能相信，有什么事咱们找律师、找银行，咱们给你开保函，拿 LC，手续款，不就这些东西吗？所以，我生活的内容对照《弟子规》以后，我一看怪不得不幸福。蔡礼旭老师给我讲，他说每个人都有人生的目标，对不对？我说对。这个目标，有些人追求财富，有些人追求健康，有些人追求

智慧，有些人希望幸福的家庭，有些人希望蓬勃发展的事业。蔡老师跟我说这些目标都没错，都是对的，都是我们人生应该得到的，问题是我们求的方法出现问题。我就问为什么？他说你要达到目标，你一定得有行为，我说对。他说这个行为之前你是不是要做判断？什么事该做的，什么事不该做的；什么话该说，什么话不该说；什么问题该想，什么问题不该想。那判断再往前就应该是智慧，你只有依据智慧你才能作出正确的判断，你有了正确的判断之后，你才能导致正确的行为。然后你一日三餐，一年三百六十五天，你就会达到你幸福的目标。关键你要寻找智慧，而《弟子规》没有别的，它就是智慧，这我才对《弟子规》有了点恭敬心。我说那我原来学那些东西，上大学、研究生毕业，这叫知识，这不是智慧。什么是智慧？智慧是要做判断。智慧的功能是告诉你什么是对，什么是错，什么是邪，什么是正，什么是是，什么是非，什么是善，什么是恶，这叫智慧。具体的我英语考六级，还是我建筑设计得好，还是我销售技巧高超，这个说白了都属于经验和知识，不属于智慧。智慧很重要吗？智慧很重要，这是我自己切身的体会。我碰到《弟子规》之后，开始学《弟子规》，我当时想我要按着《弟子规》做。我当时有顾虑，我说公司可不能这样做，我自己改改学学就算了。我的目的是心情放松，缓解压力，别活得太苦，别活得太累，这就行了。公司也好、客户也好、生意也好、产品也好，可不能面对，这样达到了，估计公司就得关闭。所以我刚开始对《弟子规》也没信心，之后也是逐步地对《弟子规》建立起来信心的。《弟子规》上说，"凡是人，皆须爱，天同覆，地同载"，我看到这一点我觉得真难。"凡是人，皆须爱，天同覆，地同载"，我连我爸爸妈妈、妻子儿女我都不爱，我怎么能做凡是人，皆须爱？

落实《弟子规》，真干得利益

我是2006年8月份碰到《弟子规》，2006年10月份公司就有个员工得了癌症，是鼻腔癌（鼻咽癌），他是横纹肌肉瘤，这个癌是很可恶的。

他三十四岁，属鼠的，结婚五年，有个三岁的孩子。得了癌症以后，按着正常的公司，咱们给他上了社保，就转社保就完了，该怎么着怎么着，就这么处理。但是我当时碰到这事的时候，我想公司一百多人，第一次碰到一个得癌症的员工，虽然公司的规章制度很明确，纳入社保，转入劳保。但是我在想我能不能用《弟子规》？得癌症反正跟公司的业务没什么大关系，也不伤客户。我就跟我的人事部说，我说这个员工我想不让他入社保，咱们还把他当成咱们的正式员工行不行？我那人事行政部经理说，那就是您老板一句话，您要觉得行就行，您要觉得不行就赶快转。我就在这个同事的身上开始第一次练习《弟子规》。“事诸父，如事父，事诸兄，如事兄”，我就想如果我的妹妹得癌症了，我是一种什么心情？为什么我这个同事得癌症，我就没有我妹妹如果得这种病的这种焦急、焦虑、着急的感觉？我自己得过癌症，三十五岁，当时得癌症那种恐惧、压力、沮丧，我怎么在今天对这个同事我就找不到？我怎么就唤不出这种同情心、慈悲心，可怜他的这种感觉？我说既然我唤不起，那我也得先做。我就给他打电话，我说你有便携式 DVD 机吗？他说我没有。电脑上放，电脑还得留给家里头孩子用。我就给他买了 DVD 机，带着蔡老师的《幸福人生讲座》，带着很多光盘、教材，我就去看他。他特别沮丧，因为他是动脉瘤，所以他那个病房上上下下统统都是血，每次换药，血都止不住，因为动脉的压力，床上、墙上很多血。他自己也很绝望，这种病是一百万个人里边才有两个人能好，我当时得那个癌症是万分之二痊愈，他是百万分之二，你想想他这么年轻。我就劝导他，我说你对我信得过吗？他说我信得过你，我哥哥就跟着您干，您虽然脾气不好，但是您的人不坏。我说我这么多年还是第一次听人表扬我人不坏。我说我现在看《弟子规》，我觉得我现在还不是人，是你的领导没问题，但是领导不是人。蔡老师说，做到《弟子规》才是一个合格的人，我照照《弟子规》，我差太多，我是穿着人的衣服，吃着人的饭，我确确实实还有一段距离。我说我也得过这个病，你是不是最担心孩子？他说是。当时我得癌症的时候我儿子五岁，你现在孩子（女儿）三岁，我说你要信得过我，我就不相信你能走，办公桌、这个位置、电脑我都给你留着，我等着你回来，你一定会回来。再一个，我说这

个孩子，如果说真是因缘尽了，你非走不可，我今天给你带来光盘，有一个地方比这个地方还好，你好好看看。这个地方没什么可值得留恋的，事到如今，你看看什么也不损失。他一瞪眼，“真有？”我说真有，你看看就明白了。完了以后就谈到孩子，我说你是不是最不放心的就是孩子？我说当年我也是放不下。他说对。我说我就两个儿子，你交给我，我有钱，没女儿，她就给我当女儿，我给她养大成人，一直到她能够自立工作为止，我说这点你放心。他说我特放心，我就这么一点心病。我说行，今天咱们就说妥了，只要你活着，一切待遇不变，每年双薪也好、奖金也好，就当你完成销售任务，因为他在我们公司是销售员。孩子是我的，到时候我们办个程序、办个仪式，拜我为干爹，我养她一辈子。你踏踏实实地好好地学佛，好好儿的成就，将来我到西方找你，咱们哥俩还能喝一杯。我那天晚上那个活动，跟大家说，前前后后一个小时。我从协和医院出来，协和医院也是我帮他找的，因为咱们在北京有关系。当时那大夫要我给他签字，说他这个病重，好多药都是低保所不能承担的。我说您该用什么药用什么药，您只要别用毒药就行，您别害我。医生说澳大利亚的一个药一针就是一千多美金，我说用。我跟大家说，我当时这么说的时候，我真咬牙，我说这个针得打到什么时候？我说这玩意儿就是一个人有病，做了十年的生意，这要再多来两个，还真是个问题。我签完这些单子，跟他谈了这些事情，从协和医院出来以后我眼泪就流下来了。我眼泪流下来，我自己都觉得特奇怪，我当时想，我为什么要流眼泪？我从来没流过眼泪，我爸爸妈妈住院我都没流过眼泪。孩子住在加拿大，到机场送孩子我都没流过眼泪。但是，那时我就是控制不住，我当时想，爱别人是一件多么幸福的事情。我都五十二岁的人了，我都干什么去了，我这一辈子？这一晚上的活动，没有利益，不是为了见客户，也没挣着钱，不仅没挣着钱，还花了很多钱，看到那一家人，他的父母、他的孩子、他的太太，因为我的出现，心情好多了，因为公司是大后方，是保障，钱你们踖着花，只要我有。孩子就交给我，我说你走了以后，你的工资我一直给你们家孩子开着，转在你孩子户头上。所以他们家也算踏实。公司调工资，就把你女儿的工资也往上升，我给她存着。所以，这个决定使他们全家都很安定，心里很踏实。咱们在北京又有关系又有钱，协和医院是最好的医院，你就别着急，需要我做的咱们就做。这件事情做了以后我自己流下眼泪，觉得爱是这么样伟大，爱人是这样的幸福。我从这儿开始，跟大家说，我才对《弟子规》有信心。我觉得这一本小册子真不简单，一千零八十个字，一百一十三件事，蔡老师说你不干不得利，你得真干你才能体会。我说蔡老师说得真对，关键我得真干。完了以后，这不是就得到《弟子规》的真实利益吗？

深信因果，有舍才有得

通过接触中国传统文化，从《弟子规》走进这个门，了解了儒、释、道，学习了佛法，学习了中国传统儒家的文化。《了凡四训》，我不知道大家听过这本书没有？袁了凡先生，明朝的，他给孩子写了四封家书。在清朝的时候有“一书一训”，书是曾国藩的家书，训就是了凡先生的四训。我看了他写的这本书，又看了净空讲解《了凡四训》，我才明白。诸位企业家朋友，我真是恍然大悟，一个人的一生，一饮一啄，莫非前定。你这辈子吃多少饭，喝多少水，娶多少个太太，不是，娶一个太太，有几个孩子，都是定数，活多少年，都是定数，男孩女孩都是定数。我一看完《了凡四训》我才明白，闹了半天，我白活了！都是定数。什么意思？我成天吵吵闹闹、争争抢抢的，又溜须又拍马又说瞎话，原来没用！袁了凡先生说不仅没用，你还把你该得的都给糟蹋了、折损了。你本来应该挣十个亿，你现在挣了一个亿，你觉得特高兴，我真有本事我挣到一个亿。你看我竞争，我打击竞争对手，我搞自私自利，我克扣员工的奖金和福利，我会算账，我会跟竞争对手竞争，诋毁别人、打击别人、排挤别人，你看我挣到了一个亿。殊不知你老人家原来应该挣十个亿，你就是因为这种行为结果导致只挣一个亿，你还跟着愚痴，你还跟人家犯傻，说我挣着一个亿，你看我多棒。这是我焦虑症彻底好的一个转点，我才明白，闹了半天，人的一生都是定的。这是宿命论，真的是这样，真有因果。为什么我

们这么难信因果？不刷牙，牙齿不好；不遵守交通规则，出交通事故，这是我们现前的因果，我们能看到因，也同时能看到果，这个我们相信。但是因果难信在于我们今天享受这个果报的时候，我们十有八九是找不到原因，因为原因在过去；当我们现在造因的时候，我们看不到这个因未来会带来什么果，所以我们敢造恶因。

对我们凡夫来讲，过去、现在和未来脱节，时间上是脱离了，空间上是错位了，所以我们认为没有因果。我们这辈子的际遇感到恶报的时候，我们往往找错原因、找错人、找错对象。我们认为单位工作压力太大，妻子对我不好，儿女不孝顺，市场竞争压力太大，工作节奏太快，所以我才得了病，所以我才身体患了病或者是什么原因。这是错误的，自作自受。我读到这儿以后，我就恍然大悟，我本来就想放下，我就不敢放，我一看完《了凡四训》以后，我一下子就轻松了。我着什么急？我是着哪门子急？我成天这么急急忙忙的，惶惶不可终日，爸爸妈妈也孝顺不了，孩子、妻子也没有时间陪，动不动就跟人发脾气，闹了半天，错了！我再也不能这样过，爱怎么着怎么着，我就相信《了凡四训》，我就相信蔡礼旭老师，我就相信净空一把，我赌一把。企业家都在这，爱赌。所以2007年，我说我试着做吧。我们公司每年经营费用大概1200万元，我就跟我太太说，我说咱们2007年看因果怎么样。首先，我说我2007年把酒先戒了；其次，看了周泳杉老师的《新世纪健康饮食》，我把荤给它戒了。如果挣不着钱，2008年咱们再回来，我说你得配合我，你得支持我。她说我支持你，咱们反正怎么活不是活，你都五十二岁了，拿出一年来也值得。我就把酒给忌了，把这肉也给忌了。我当时在北京有好多客户、领导都挺不认可的，他说你不喝酒能交朋友吗？饭桌上不喝酒这气氛能起来吗？朋友之间，酒多增加氛围！再有，你老成天请我们吃鱼吃虾的，你自己弄盘土豆丝、清炒白菜、喝杯白水，让我们看着也不协调，气氛就没了。我说《了凡四训》和因果告诉我们，舍得舍得，你得财报的原因，真的，我说领导，不是因为喝酒吃肉，换句话说，喝酒吃肉不是因，你才能得财富。人家没说喝酒是因，挣钱是果，人家说舍财是因，得财是果，关键我要舍财。我不能舍，因为身体受不了，错了。我刚开始是这么做了，那些客户刚开始特别不习惯，也特别别扭，但是我自己清醒了，我不喝酒，我脑子不乱。我再一看那些喝酒的朋友、这些领导，我真心疼他们，真的。“年方少，勿饮酒，饮酒醉，最为丑”，那说的是孩子，我一看这些喝完酒的朋友和领导，大声喧哗，议论是非，背后说别人坏话，跟服务员也不检点，吃菜也不知道该吃什么，特痛苦。另外，他们在饭桌上喝了酒之后都随便答应事情，《弟子规》上有句话，“事非宜，勿轻诺，苟轻诺，进退错”。我一看，我说这事我都替你捏把汗，你能应得下来吗？你喝了酒就酒壮人胆，你就答应他。我再一想，我原来不就与他们一样吗？喝完酒什么都应了，“没问题，大哥，明天你找我！”明天人家真找我来了。我就遇到过这么一件事。人家说我有个外甥想找一份工作，从东北来到北京。喝了酒，喝酒了以后“最为丑”，不该答应的答应了，第二天人家把外甥领到我这来，我给忘了。我说我答应了吗？他说，您昨天晚上吃完饭以后答应了。我说是不是我喝了酒以后答应的？他说对！我说喝酒能算数吗？人家又是领导，你说怎么办？硬着头皮就接了，到今天这个员工还在我那。通过这一条，我就跟大家说，可不能小看《弟子规》。我学《弟子规》之初，跟很多人的感觉是一样的，我说《弟子规》给幼儿园、小学、学校，老头、老太太、家属委员会背背、弄弄不就得了，还真当真的？真当饭吃？《弟子规》能负责挣钱吗？如果它能把钱挣到家，公司不倒闭，我就信《弟子规》。所以我对《弟子规》的信心是慢慢渗透。我一不喝酒，我再一看我这些客人，我再回想《弟子规》劝我们“饮酒醉，最为丑”，他那个丑还不光是形态上丑，说你晕了、醉了，躺在桌底下，四仰八叉的，关键是你喝完酒以后你瞎说。我真感谢《弟子规》，这条我算做到了。做到这一条六个字，“饮酒醉，最为丑”，你看，我就再也没失过眠，而且脑子特别清醒。清醒怎么着？在饭桌上，“见人善，即思齐，纵去远，以渐跻”，饭桌上真有那好的人，真有那些有智慧的人。有时候碰到一些专家、设计师，他们对数据那种清楚，对建筑风格、对产品技术那种敬业，你全都看清楚了。饭桌上就是学习的地方，正面教员、反面教员全有。正面的咱们学习，“见人善，即思齐，纵去远，以渐跻”；“见人恶，即内省，有则改，无加警”，见那个喝了酒的，说话胡说八道的，就要内省，提醒自

己可千万千万不能这样子，我要这样子，你看看多大损失，业务受损失，身体受损失。曾经我在我们这些朋友当中，不是跟大家说句不好听的话，胡小林的话信三分就多，为什么？怎么会给人家这种印象？说话像开火车似的，张了嘴就出来，那不就是因为喝酒吗？喝酒人就晕了。所以，光忌酒这一条我做到之后，我就觉得我身体舒服了，人也清楚了，特别高兴。刚开始我忌酒、忌肉，我在饭桌上是另类，我觉得我特孤独，也没人搭理我。后来慢慢熟了，有机会的时候我就跟他们讲讲为什么不应该喝酒，为什么不应该吃肉。就是周老师这个盘，周泳杉老师的《新世纪健康饮食》的盘。我说动物蛋白跟植物蛋白没法比，不是我小林心疼钱，你看我都花钱请您吃鲍鱼，请您吃鱼翅，这个东西对您真不好。不是说学佛迷信，不杀生，没有这个意思，我说您看看周老师这盘。后来我这些朋友拿回这些盘他们都不看，回家扔给太太，“看看吧，胡小林这神经病今天送两张盘”。我是另类，人家看不起我。太太一般应酬少，在家里头看，看完之后觉得这个盘写得真好，咱们家不能再吃这些东西了，您知道吗？1817 年孩子的性成熟是平均年龄十七岁，到现在，九岁，小女孩性就成熟了，提早了八年，为什么？食物当中有问题。这爸爸一听也就着急了，说饮食不健康不行，所以咱们家从现在开始少喝炖肉的汤，炖肉把肉里各种化学元素都炖出来，你炒炒也就算了，这一炖就跟敌敌畏兑水一样。周老师这盘我吃完饭就给他们送，送完了以后，我现在好几个客户都给我打电话，跟我要盘，说胡先生，这盘哪能买到？我说您不用买，我们公司刻的，您要我就给您送过去，让司机给您送过去。“我跟您说，今年体检指标全正常了，我这黑眼袋没有了，太太特高兴，我觉得您真是我们的大恩人。”你说人家客户给我合同，我挣人家钱，我给人家送这个健康饮食，就这么一件事，全家都感激我。还老跟我要，“我英国还有亲戚，你多给我一点，我给他们寄去，不能让他们吃这些肉”。久而久之，只要你坚持下去，你的同一战线就会越来越壮大，越来越壮大。在饭桌上我现在也学会了，我凡是请客，请别的开发商吃饭的时候，我就带了几个比较成功的开发商跟我一块儿去，我们也组织一个讲师团，咱们做买卖的人有句话，“多一个人多一双筷子”，这算什么！一块儿吃顿饭，吃顿饭我说您看，我说您不听，这老总、助总、董事长，您问问他，看完周老师盘吃了素以后怎么样？“吃了很好！别提了，我这一辈子什么招都用了，跑步、蒸桑拿、按摩、吃药，我这血脂就是下不来；我刚吃素三个月，甘油三酯、低密度脂蛋白、胆固醇全部回到正常值以下。”我说你看，这不是我说的，给你说吃素有好处，你不信。久而久之，我就在这饭桌上越来越活跃。

《弟子规》：凡出言，信为先

从2007年到现在，我觉得这些年，我真是从这个“凡出言，信为先”出发，真的挺欣慰的。什么时候说真话？具体时间我都忘了，可能是“文化大革命”以前说过真话，“文化大革命”以后，十岁、四年级开始说假话，十岁说假话，二十岁、三十岁、四十岁，四十一年，大家还得原谅，四十一年说假话，就说了这一年真话。觉得真舒服，晚上睡得着觉，做人也坦荡，面对孩子也有面子，回到公司自己觉得腰杆子都硬了。其实说瞎话的人挺难受，我不知道诸位企业家有没有这种感受？刚才给大家汇报的是2007年年初，那时还挺紧张，学《弟子规》管吃饭吗？管挣钱吗？

2007年，我是卖壁挂炉的，挂在墙上的，就跟热水器一样，一家一个。主要针对房地产开发商的新楼，这个炉子解决两个问题，一个是供暖，一个是生活热水，洗澡用的。之前，好年景能卖到两万五千台，两万五千个家庭，我2007年一年卖了三万一千台，增加了六千台。销售额一般一年是一亿两千万元到一亿三千万元，我们2007年是一亿六千七百万元，增加了百分之三十。这个我跟大家说，这是真刀真枪。从2007年到今天，一年就快到年底，两年，我跟大家说大家可能都不相信，今天我专门把我文化部经理夏红给请来给大家作证。我说瞎话习惯了，夏红从来不说瞎话。2007、2008两年我就没开过会，大家相信吗？没开过会。不像过去，年初计划、年中评估、年底总结，动不动这个部门开会、那个部门检查，把自己整得特累，开会就发脾气。2007、2008两年我就没开过会，脾气发过几次，可能不到五次的样子，对我简直就是很大的利益。而且我学完

《了凡四训》之后，我知道因果之后，我一年七八千万元的采购，一千二百多万元的办公经费，我一张条子都不审，所有的报销我全不负责。为什么？你怎么就敢？当时财务部经理找我，说胡总，这不行，报销人必须得有申请人和批准人，您必须得看，要不然这个报销就不成立。我说这谁定的？“这是公司的制度。”我说制度不是人定的吗？这制度不符合因果规律。他说这怎么不符合因果规律？我说胡小林这辈子东边偷走了西边就来，它定的。他说那要是不自觉的多填个数怎么办？填呗。那你这不是助长不正之风？那大家都敢！我说您知道他能占到我的便宜，多填点数，是我过去欠他的，还就还了。他说要不是呢？您要上辈子没欠他呢？“那我就算布施呗，我舍我得，我怎么都好！”我说，IBM 说，员工一分忠诚等于一百分的管理。我一不审单子，我那些数字都找不着感觉了。“就我们这一签就报了？”“报了，胡总他不再审了，你们自己自觉”，我那财务部经理说，“看着办，胡总说了，反正你们要多报，别跟我说”。你想这副总都跟我十几年了，我就这一个举措，他们在生日卡上给我讲“胡总，您真伟大”。我说我是聋子耳朵摆设。你们那些东西报上来我真审吗？我明白你买的这些东西吗？什么挂钩、螺栓，你们自己底下谈的采购合同，我审，我审什么？我除了增长我的怀疑和难过之外，我什么利益都得不到。一个人得觉悟！企业都有部门，合同执行部说我买一千台炉子，我审什么？我说不该买？说原材料涨价了，现在铜管上去了，咱们得多给人家两百元钱，我能说什么？我能说不给？我不跟你逗这闷子，您看着合适您就给，您觉得行就行。为什么？怎么都好，头头是道，左右逢源。所以我这两年没开过会，没签过报核表。那是不是大家就说你胡小林就成天在办公室抱着《弟子规》、抱着佛经跟着学？真学，不学不行，人不学不觉悟。为什么？学什么？学圣人的教诲。圣人的教诲真灵！看看报纸、看看电视不是也是学习吗？我劝大家真的别看报纸、别看电视，别看现在社会上这些书。为什么？因为我有真实的经历。

《弟子规》就是我们的教练

我看到报道写的《科技之窗》，说男同志容易得前列腺癌，特别是压力大的时候。经科学家研究，吃一千克西红柿可以把前列腺癌降低百分之六十。我说咱们家有这病，我就让秘书买，我说一天一千克吧！五两一个的西红柿，四个，大便都是红颜色。不到半年，还是《科技之窗》说，经英国科学家研究，大量服用西红柿容易得胆结石。你说多缺德！你早点儿说，你一个礼拜，礼拜一登这条，礼拜二登那条，反正就多走这冤枉路了。这不是智慧，这是坑人！你说听哪条？癌症是不得了，得胆结石也不好啊，反正有杀错，没放过。您过这一关，您听西方的，听报纸的，不是得癌症，咱们就是得胆结石，您自己选择。所以我在这里跟大家说，我们中国人有福气，有这么好的老祖宗，留下来好东西。大家可能就会问，这文化，就中华文化、传统文化灵吗？那印度的文化、埃及的文化呢？他们这些文化是怎么着，跟中华文化相比。我说中国这些子孙们得知足，中国的文化之所以伟大，之所以源远流长，之所以这么多年能够不衰不败，您知道是为什么？因为它跟《三字经》上说的“人之初，性本善”的“性”吻合。换句话说，中华文化你是看到真正的月亮，其他流域的文化、其他民族文化是水中的月亮，不是真的。所以我们学习传统文化、学习中华文化，信心从哪儿产生？从这产生。为什么人要学文化？人不学文化行不行？文化是干什么的？文化实际上是生活的总结，包括戏剧文化、饮食文化，就是刚才我说的，文化就是生活，生活就是文化。中国的文化、中华的文化、传统文化，它与我们的性、德相应，所以它有魅力，所以它百试百灵。我来这之前曾到马来西亚去演讲，也讲的这个题目，我讲到我们公司同事得癌症，因为今天领导也多，我一紧张我眼泪没下来，我在那边我眼泪就下来了。但是今天我在这讲我们公司同事这个病的时候，三十四岁，结婚五年，有个三岁的孩子，我说我要把她当干女儿养，我看很多人在掉泪，起码坐在前排的领导都在掉泪。汶川地震我们掉泪，洋人掉泪，

有空间吗？没有空间，有时间吗？没有时间。我这个同事是我的同事，跟你们有什么关系，你们跟着掉泪？这是三年前的事情，怎么到今天你们还在掉泪？你要说我胡小林掉泪还算情有可原，因为他给我打工，跟你们八竿子打不着，你们为什么会掉泪？所以我们老祖宗说“人之初，性本善”这个“性”字，是中华民族的祖先发现这个性，佛法当中叫“明心见性”。它从这个性出发，延伸出来到我们今天的传统文化，因为延伸出来这个传统文化，九百六十万平方千米，五十六个民族，受益于这么多年，哪个民族有这种结果？哪个民族得了这么大的利益？我们的恭敬心、感恩心要从这生起。真是难得，百千万劫难遭遇，一点儿都不是瞎话。所以，可不是说什么文化都行，哪国都有这种文化，文化只有适应不适应区分，错了！文化有真有伪，文化有究竟不究竟，我们应该感谢老祖宗，我们今天碰到中华文化，我们得了中国人的身，我们来到这块国土上，我们享受这个文化的滋养。我们得了这么大的恩，我们享受这么大的利益，我们该做些什么？悟后起修，你觉悟了吗？觉悟了你就得修，修什么？修正错误的看法、错误的说法、错误的想法、错误的做法。错误有吗？真有。修什么？修《弟子规》，照着《弟子规》去做。我不会开车，我有师傅，师傅教我开车的方法；我不会打网球，我有教练，教练教我打球的方法。

作为企业家，在这个企业，现在众生很苦，他们的活法错了，按着西方竞争的、自由平等民主的这种方式，这种活法我们活的不到二百年，今天的世界就这个样子，我们的老祖宗按着中国传统文化的活法活了五千年，人家好好儿的，难道我们还不应该问问为什么吗？现在我们找不到按照中国传统文化、按照《弟子规》要求这种活法生活的人，对不对？我们那些公司的员工、我们的孩子们、整个社会大众他没有教练，没有老师，我跟谁学这种活法？我到哪里去跟一个老师能学如何按照《弟子规》这种活法生活？没人教。所以我有警觉心，我一定要按照《弟子规》这种活法活下去。我要当个好教练，我要当个好的演员，我要当个好的老师，在我的单位我就给公司的员工表演看，《弟子规》这个活法是一种什么样的活法？自私自利是一种什么活法？所以，企业家朋友们、各位领导，学《弟子规》不是为了了解了解，解解闷，那咱们这世间有的是解闷的东西。

《弟子规》就在日常生活中

《弟子规》是一个活法，我们会不会这种活法？你会了这种活法，你就幸福、你就健康，你的事业就发展；你不会这种活法，你按照过去那种活法活，就跟我一样，钱也有、地位也有、家庭背景也有，幸福没有。学《弟子规》，按着《弟子规》的方式来生活，把《弟子规》变成生活的内容，说起来容易，做是要付出代价的。所以在企业落实《弟子规》，关键在于一把手敢不敢真干？遇到问题你敢不敢按照《弟子规》来处理？你咬得了咬不了你这个牙关？我给大家举一个例子，学《弟子规》是要赔本的。2003 年北京非典，单位之间都不能够来往，我们这里工程安装需要些小五金件，也没合同，就打电话订，让供应商直接送到工地，减少大家的接触。送过去了，公司又搬了家，非典结束，人心惶惶，也没有文字记录，只有现场的工程师在那里验收，签个单子说我收到多少多少东西。然后公司搬了家，总工程师也走了，现场工程师也都走了。有一天，材料部经理找我，他说胡总，西城法院给咱们一张传票。我说为什么？说咱们欠人家零配件款。我说欠多少钱？一万二千九百多元。我说怎么会欠他钱？他说这是怎么怎么回事，就是刚才我给大家讲的这段非典期间的事儿。我说咱们用了没有？用了，但是咱们的律师说，追诉期五年，他已经过了，咱们可以不管。各位企业家朋友，谁都跟钱没仇，所以我这个材料部经理就跟我出主意，咱们公司有常年法律顾问，说让咱们的律师打呗。我当时还不是很熟练用《弟子规》，我觉得反正法律上站得住脚，我们可以不还，因为五年你也没追诉，你连个门也没来。我说你先回去，这个事我得想想，我不能听你的，欠人钱不还，而且法律上可以不还，这是什么法律？这是吃人的法律，我当时有这种感觉。我关了门我就翻开《弟子规》，我真的不是跟大家开玩笑，我天天遇到事就翻《弟子规》。“将加人，先问己，己不欲，即速已”，你胡小林要辛辛苦苦给人送一万多元钱的零件，用了人家五年，人家到你这来，你一句说“法律上追诉期已过，本公司可

以不还”，你是什么感受？就这一个不还钱，我告诉你，一百一十三件事，《弟子规》上全犯了。你要孝敬爸爸妈妈，你能让人家骂你爸爸妈妈？他爹娘怎么教育的？“首孝悌”。悌也是这样，对人恭敬，你说声谢谢，还得给人点利息，我想明白了。所以各位老板，学《弟子规》不要在公司大张旗鼓，说我老板现在喜欢《弟子规》了，早上起来你们都得给我鞠躬，我也给你们鞠躬，还得背《弟子规》，还得开会，还得座谈，还得让大家写文章，一个礼拜一份，弄得大家特累。关键的是公司遇到事情的时候，这个时候是最关键的时候，为什么？真刀真枪。你胡小林不开会，但是员工会到你办公室来请示问题。这个时候，诸位老板，一定要抱牢《弟子规》，千万别轻易答应，先请他们回办公室好好看看《弟子规》上怎么说，把它想明白了，你再把他请回来。我碰到这种事情太多了，我这两年七百天落实《弟子规》，这种故事我给大家讲七天七夜我都讲不完。我想每个老板都有这种体会，因为你日常生活就是《弟子规》，我信手拈来比比皆是，全是这个东西。我就把那材料部经理请来，我说，往小的说，《弟子规》不容你这么做，一万多元钱。往大的说，因果规律，世间的法律不管你，因果这个规律你逃不掉。我说你别拉着我下地狱，咱们得觉悟，这个钱一定得还，是人家的给人家，“用人物，须明求，倘不问，即为偷”，你用人家，你不求都算偷。这明明是人家的钱，咱们问都没问，就占了人家五年的便宜，到今天，还没说拿人家要侵吞就算偷。“借人物，及时还，后有急，借不难”，我说我们要是这样做，这个社会风气怎么会好得起来？如果每个人都钻法律的空子，每个人只想自己不想别人。我说咱们是大公司，人家对方是小公司，开个小买卖不容易，如果要是我们的兄弟姐妹这么干，我们这么做你会不骂街？我说这就是我们落实《弟子规》的真实行为。我说你把他请来，西城法院撤诉，我们全还。拿出发票，你叫他来。这家伙儿吓一跳，本来想着没戏了，试试。最后还了，来取支票一万二千九百多元，他倒不好意思，说我们报得稍微虚了点，其实也就八千多元人民币。你看看，这就是“人之初，性本善”，你一念真诚，你感得的回报就是真诚；你一念恶，你感得的回报就是恶。所以因果规律它是没有时间的，是不分族群，也没有空间。我就领了我们公司就这么做，遇到事情，同事们觉得胡小林真拿《弟子规》当饭吃，这老板当真的？只要《弟子规》让做的，再大的损失我都做，我后边还会给大家说，那损失上百万元。一万多元还好说，上百万元你敢不敢做？按着《弟子规》，这一百多万元你就得给出去，你不按着《弟子规》，这一百万元你弄回来。所以得出的结论是这样的，《弟子规》是实践、是内学、是实学，要做。做不要着急，随缘，有机会的时候一定要提起。

《弟子规》能挣钱吗

有些企业家的朋友同咱们都在挣钱这个领域，《弟子规》能挣着钱吗？《弟子规》管用吗？我学《弟子规》的时候我那么说，《弟子规》让我能挣着钱，让我企业良性发展，我很多朋友都跟我说，行了吧，你少玩这套。中国挣钱谁不知道都得凭关系、走后门，你们家这么大的背景，你不挣钱谁挣钱？我当时遇到这个挑战，着着实实还琢磨了半天。每个人来到这个世界上，大家承认，每个人的状态不一样，有些人生在这个世界上是国王家庭；有些人生在像李嘉诚李老先生家，财富特多；有些人生在一个家庭是贫穷家庭；有些人生在一个家庭，可能是大知识分子。所以每个人来到世界上，他与生俱来的条件不一样。条件就是我们通常说的缘分，这个一点都不迷信，谁能否认条件？谁能否认人生的这种差别？我们老祖宗说这叫福气。你生在这个家里头，我要生是布什总统的儿子，我还卖锅炉吗？开个账号钱不就来了吗？我还求爷爷告奶奶搞招投标？用不着了。不是没那福气吗？所以人有福气，生在一个好的时代，譬如改革开放；生在一个好的家庭，譬如家里有背景、有资金；生在一个有一对特别知书达理的父母的家庭，这都是我们的福。面对福气的时候我们不能拒绝，你说我有福，我就不要这福，我非得要难，这也不对。

有福就解决问题吗？希特勒福特大，第二次世界大战没结束就 byebye 了。和珅的福大，他死后不到两个月被抄家了，大会老师拍的《和谐拯救危机》大家可以看看，他的太太、他的孙子、他的儿子都死了。有福如果

没有智慧，这个福未必能给你带来你所预期的东西。这个东西不必回避，每个人来到这个世界上都有个人的因缘。我家庭有背景，长辈是高官，在北京很有影响，所以我做生意比别人顺利，因为关系多，背景强，所有的竞争对手面对我的时候都不如我。我当时学《弟子规》，对这一条我也很苦恼，我学了《弟子规》我还能不能利用我这个关系？我与生俱来那个福气我怎么看？我怎么使用那个福气？首先我用不用？其次我怎么使用？

我在这给大家讲一个真实的例子，中国房地产的老大，他是我大哥，我们两家的关系特别好。在昌平有个项目，是TOWNHOUSE，复式的。我们壁挂炉水的扬程只有三米，扬程就是水泵把这个水泵到多高，说起来挺唬人的，扬程就是距离，三米。当时我碰到这个项目的时候，在座的诸位企业家都知道，碰到一个项目我们肯定是得争、得抢、得要，得动用各种关系，建立各种渠道。要不然就找人打招呼，要不然找公安局朋友给他使使坏，要不找找税务局给他查查账，碰到那种条件之后，“您不就为了买个炉子，行了，账我们可以不查，您只要买这家炉子就行了”，这事我都干过，损祖宗阴德的事儿我没少干。这个项目我能做吗？说实话跟大家说，我真的干不了。为什么？因为壁挂炉它不能进这复式的，它扬程只有三米，这个复式要到六米。“事非宜，勿轻诺；苟轻诺，进退错”。面对这个合同的时候，我就找任大哥，我说大哥，你有一个项目。他说小林，没得说，咱哥俩这么多年了，谁跟谁？你就履行一下招投标手续，下面走走程序，别太黑了，你挣钱我高兴。你说其他竞争对手面对我这种关系，你什么脾气也没有，只能给我。就给了我，而且价钱还挺高，标这么高价，没怎么打折扣，人家老板要。

但是我没有做过这种复式的工程，我这个产品没有能力把水给它泵到六米高。当时没学《弟子规》，招投标文件当中有这个要求，我就答应了，因为利益当前。所以一个人为什么会迷糊？一个人为什么会走路旋进去？一个人为什么会倒霉？各位企业家，真的不在外面，就在你一念觉和一念迷。我当时就迷了。见了合同，这时候，人家是复式的，你能说不应吗？别人竞争对手都能做到六米，我要拿这合同一定得说瞎话，我能干，我就签了。理论上行不行？绝对行，不就把水泵到六米吗？我回去以后，我就跟工程技术部说，我说咱们合同拿下来了，你们给我想办法，反正得解决这个事情。工程技术部从来没接过这个活儿，各位老板都知道，一个从理论上说得通的事情，要到工程实际能使用，能够真正解决工程上的问题，这就是我们党中央经常说的科学技术要变成生产力，这个过程是省不得的。这个当中有反复的试验、比较、总结、改进的过程，我全都给它跨越，为什么？挣钱。我很有福气，这合同我比别人高好几百块钱我都签下来了，人一般都说同等条件下念他哥俩是哥儿们的关系我给你，我这不平等，我比别人还贵。人家进口的炉子跟我国产的炉子一个价格，你想想看多照顾我。

后来工程技术部总工程师给我打一个报告，说可以实现，但是得加“水力模块”，这个名词又挺唬人的。水力模块实际上说白了，就是知识分子骗这些不懂炉子的人设计的名词。它就是一个外置泵，你把热水从锅炉打出来，送到我这个泵里头，我这个泵再继续给你往上泵，增加距离，这叫水力模块。听着特唬人，大家千万别被知识分子给骗了，你要明白了，他就没饭吃了。我说水力模块是什么东西？我那总工程师跟我解释了半天，我说不就是一个外置泵吗？他说对。我说有卖的吗？他说有，在天津。我说有卖就好，咱们买。这个外置泵是开发商给我这个总包当中不包括这部分，所以开发商要另外给我钱。我就到天津这家去询价，询来这个价格我就报给开发商，开发商说我们没有那么多钱，我们只能给这个价格的一半，必须在这个一半的钱以内把外置泵这个问题解决。当时我怎么想？我说反正您出钱，您给多少菜我给您下多少饭，我也不跟你掰扯，您给我多少钱，我照这个钱给你去买东西，我还是买了天津这个厂家。

然后，我才弄明白，泵有屏蔽泵跟普通泵，普通泵的噪声是没有遮挡的，噪声特别大，屏蔽泵是把噪声给屏蔽掉了。屏蔽泵是九百元钱一台，普通泵是二百元钱，每台泵差七百元。我那个工程部就问我说：胡总，怎么办？我说那还用说吗？废话，肯定买便宜的，这还用问吗？脑子进水了你。哪是人家脑子进水，是我脑子进水了，这个泵要放在厨房！最后就以次充好，标书上写的是屏蔽泵，标书上对噪声的分贝数有界定，不能大于多少分贝。我们明明知道普通泵带来的噪声远远大出这个标书上所要求的

居家的噪声的分贝数。你看没学《弟子规》，就给人弄了普通泵，为了省这七百元钱。省那七百元钱倒不要紧，给人装上了。冬天来了，人家要用这泵，项目部就找到我们，说你们这泵不行，噪声太大，说句不好听的就跟家里开坦克似的。这房子卖好几万元钱一平方米，你们弄这个，这么大噪声，我们都测了，远远超出过标书的分贝数。我们知道什么原因，但人家开发商不懂，他从外边看都是泵。怎么搞的，你们这个水力模块这么大噪声，这个天津厂家有问题。哪是人家天津厂家有问题，是咱们心有问题。就给人栽赃，躲不过去了。

他说那不行，你们得换。我说换，我们就在现在的基础上我给你们采取措施。我就给工程技术部下一个指示，我说反正我不管，我就是不掏钱，你把这事给我解决了。你说我这不是逼良从娼吗？你不掏钱你让工程师给你解决问题。他不作假，他干什么去？这工程师特高兴，比我大，六十多岁，属狗的，到我办公室，说我找着办法了。我说你什么办法？我找到石棉了，石棉把这个外置泵给它塞上。我说能行吗？他说石棉隔音。我说行，这样每个泵花不到五毛钱就解决了。我说好！塞点石棉，多塞！但是诸位，石棉除了隔音还保温，水烧起来八十七度，它还要散热，你为了隔音塞上石棉，热就出不去，这一下子泵就烧坏了。泵烧坏了，这不是噪声问题，噪声你还能救，泵烧坏了你必须得换。你想住这个房子的人都是有钱人，财大气粗，在家里不学《弟子规》，脾气跟我一样都挺大，就骂工程部，就骂我大哥。大哥的脾气也不好：你怎么回事？这破炉子给我弄成这样！现在经济形势又不好，都要退房，你赶快给我解决。我说我一定能给您把这个问题解决了，怎么解决？规规矩矩给人家换屏蔽泵。这个项目本来我应该能挣六十万元，结果把屏蔽泵一换，赔了二十二万元。你说你签到了合同，好事！哪个开发商、哪个工程商不希望签合同？合同真能给你带来利益吗？所以有福还得有慧。

所以我们老祖宗说一个人要福慧双修，你光有福没有慧，那个福叫痴福、傻福。我在香港理工大学演讲，我说上上签，这个人又有福又有慧。你看，一个人有智慧，他会使用自己的福气，在智慧的指导下使用这个福气，这个福气给他变成更大的福气，这个福气不使他造恶，这个福气给他自己带来利益。中上签，没有福，但是他有智慧，他知道如何处事待人接物，他知道如何种善因得善果，他知道如何处理人际关系，就是《弟子规》上说的这些事，他慢慢能把福得来。大家都是企业家，你出去靠人际关系让人喜欢你，你办事实在，你跟人打交道不吃亏，你能没合同吗？你能没朋友吗？所以你没福不要紧，你只要有智慧就行了。比中上签再下一点的是中签。中签是什么？我没有智慧，但是我有福气，我好歹不造恶，我不拿这福气干坏事。有些老板到卡拉OK、到桑拿干坏事，到国外去赌，干坏事。这都是因为你的福烧的，你没福你去得了吗？男孩子有钱就胡乱来，不就这样吗？寻找新欢，你没有福你干得了吗？现在女孩子有几个说是学雷锋给你奉献的，没有！所以最好，次而等之，没福没慧。我没智慧，但是我也没有福气，我老老实实在家喝点粥，骑个自行车，买份《参考消息》，吃点西红柿，最多这样。最下，有福没慧。福报大，吃喝嫖赌，出国玩，买奔驰，没智慧，他用这个福来干什么？给自己埋下深深的恶因，将来遭恶报。

我举这个例子给大家讲，一个人有福是好事，但是有福的时候你要警觉，我有没有智慧驾驭这个福气？如果我没有智慧驾驭这个福气，我与其没有这个福更安全一点。很多锒铛入狱的人，都是因为福报太大，福报大就是欲望大，“礼法如堤，人欲如流，若决礼法之堤，能不人欲横流乎？”这是印光大师说的话，说得多对，“人欲如流，礼法如堤，决礼法之堤，能不人欲横流？”今天的社会大家看看，就是没有礼，没有法了，人欲横流。三鹿奶粉、山西的煤矿问题，那不就是人欲横流吗？这些人都是有福报的人，三鹿奶粉的董事长你说她没福报我绝对不承认；开煤矿这些老板你说他没福报，没福报能当老板吗？他缺什么？缺智慧，缺德。我就是个缺德的人，大哥最后给我叫到办公室，臭骂一顿，“我这么信任你，你就这么玩我！你好意思吗？你对得起我吗？我招投标也没招，我工程也没验收，你说多少钱就多少钱，最后你给我以次充好。你是人吗？”他说的一点没错，就是不是人。是人吗？“我告诉你，小林，以后我再有项目我绝对不找你，我就不找那关系，有关系反而麻烦，我还拿你不得。”

你看，好好的一个关系，大公司，每年几千台炉子，就这么丢了。我

也不好意思再找人家。学了《弟子规》我找他，我说大哥，“过能改，归于无，倘掩饰，增一辜”，前半段我是掩饰了一下，塞点石棉，后来我不塞石棉了，我全都给你换成屏蔽泵。他说那以观后效吧！我说，免死刑，怎么给弄个死缓，给点小项目看我表现。这么着，学了《弟子规》之后，他真的给小项目，三百台、二百台做着，然后给他那工程部说，我告诉你，胡小林可是贼，冲他那个关系不买不合适，得罪领导，买了吧真遭罪。你说说，好好的关系，你说人家凭什么买我的，不是因为咱们祖上有德吗？老祖宗带来福报。结果让人家骂我，说这家真差，这孩子怎么教育的，打着老祖宗的旗号招摇撞骗。咱们没学这个东西之前不知道，觉得这很司空见惯，我不坑人我叫人吗？我坑的都是人，我当人我不坑人，我当狗我坑狗，这天经地义！学了《弟子规》之后，有没有这种诱惑？真有，你不能干就是不能干。

《弟子规》：凡取与，贵分晓

譬如说北京现在这个保障性住房（经济适用房）建房，哪一个项目都几百万平方米，他这一招投标，你看一百平方米一台炉子，一百万平方米就一万台炉子，我一年卖三万台炉子，它这一单就解决我三分之一的订量。我一年有三个这个合同，我就天天到这来给你们讲《弟子规》了。但是有些企业它不规矩，不规矩，我们被人坑了，我们蚀了本，我们遭人家算计，拿不回钱来，灰头土脸的，回到公司后骂员工、打司机，这都我干的。你赖谁？谁让你签这个合同的？各位老板都遇到过这种什么招投标竞争，他们三个黑屋，不是黑屋，有灯，就跟监狱似的，就跟公安局审讯所似的。三个厂家ABC，说胡小林那边降到四千五了，你呢？“胡小林四千五，我四千三。”他又找我来了，那家已经四千三，你多少？“他四千三，我四千二百五。”拿我的价格压那家，这叫什么？恶性竞争。我原来不行，贪心、赌气，我说老子今天跟你拼了，人死了不就一百多斤吗？愚痴！

所以《弟子规》上说“凡取与，贵分晓”，学弟子规不是让大家跟着当傻子，应该五千元的炉子，你两千元卖给人家，那不是《弟子规》。《弟子规》不让你赔本，《弟子规》是“凡取与，贵分晓”，贵是什么意思？重要的。你卖东西这不就是取与吗？你把设备给别人，你从别人那儿拿到设备款，去取，“凡取与’，这个“凡”字说得很坚决，只要是金钱上的交易，“贵分晓”。在座的几位老板，有几个我们做到这点？未必。如果做到这点，企业绝对不会倒闭，企业绝对不会有麻烦，企业绝对不会陷入“越南战争”，旷日持久，最后，赔了钱，坏了关系，自己还惹了官司。

《弟子规》上说“凡取与，贵分晓”，我当时觉得《弟子规》管管内部还行，跟开发商这《弟子规》能用吗？事实上，这条管用。各位企业家记住这一条，“凡取与，贵分晓”，我们真的不能小看《弟子规》，你别看我们都是什么博士、硕士、国外留学、大学毕业，做生意多少年，怎么成功，《弟子规》这六个字未必都能做到。你要做到“贵分晓”，你对企业内部管理你能做到心知肚明吗？你能不考虑企业的各项成本吗？你能不把各项费用都算清楚吗？《弟子规》这六个字你做到了，你企业内部的管理一定是健康的，因为你心知肚明。贵分晓，我要卖这个东西到底多少成本？我是不是所有的成本都包括进去了？我那不可见的成本跟直接成本和流动资本、流动成本、银行成本是不是都算进去了？未必。各位老板，这叫什么？这叫你的本分。说瞎话、打击对手、溜须拍马，那不是本分，本分是贵分晓，要把企业的账算清楚。《弟子规》真正爱护我们的企业就在这六个字，你真做到了，你这个企业真得利益。

所以大家，包括我妈我爸都说，胡小林，你学《弟子规》关着门学行了，出门你可千万别学，你这傻不拉叽的，你学了让人坑了。我说爸，坑不了，《弟子规》上说了，“凡取与，贵分晓”，该多少钱就多少钱，低了我不卖。原来不行，原来低了也卖。你卖不了，你赌个气，拿回合同，你卖得越多，你赔得越多，是不是这个道理？有些开发商他不规矩，他不给你首付款，你安装完了才给你百分之五十，等入住两年之后，保修期都过了，他才给你不到百分之八十。他招投标的时候就压价，然后你又是低价卖出，资金又回不了笼，你不是亏本吗？亏本完了以后怎么办？得焦虑症，你赖谁？你不得焦虑症谁得焦虑症？果报自受，自作自受。所以，

《弟子规》跟生意绝对有关联。其实《弟子规》教我们做什么？做个老实人，该怎么着就怎么着。所以，企业界的朋友们千万不要认为《弟子规》是拿回去给老婆、给孩子、给家里阿姨、给爸爸妈妈看的，我们自己也要看要真正做到。

"凡取与，贵分晓，与宜多，取宜少"，做到了吗？给别人的时候多给点。到餐馆吃饭，老板会做生意，四百二十元钱，得，二十元钱抹了，你就给四百元就行了。你看这老板，无形当中落实《弟子规》，取宜少，少赚点。咱们要给员工工资，市场价，大学刚毕业 3500 元～3800 元，咱们给 3800 元，你没冤家，人家都说你是仁慈老板。

《弟子规》：教你拓宽心量

《弟子规》教我们干什么？教你拓宽心量。《弟子规》通篇就教你拓宽心量，先从爸爸妈妈拓宽，"首孝悌"，然后从兄弟姐妹，最后到对待鞋、对待衣帽、对待器皿，你都要爱护。"执虚器，如执盈"，为什么？小心你别摔了。"冠必正，纽必结"，对衣服要尊重，要能拿它当回事。"房室清，墙壁净，几案洁，笔砚正"，桌子收拾干净，文具得摆在什么地方。什么人最有福气？恭敬的人最有福气，为什么？心量大。他连东西他都能爱护，连桌椅板凳他都知道，"宽转弯，勿触棱"，别碰着角，谨慎。"凡是人，皆须爱"，对人讲信用。"德日进，过日少"，提高自己的品行。"小人进，百事坏"，我不理这些人。在座诸位，你不得利益谁得利益？

我们老祖宗有句话，"量大福大造化大"。这讲的什么量？心量，你心量大，你的福气就大。那大家要问，胡小林你说这福是？是五福。五子登科这是福，寿命长是福，健康是福，智慧也算福，生下来聪明，像莫扎特似的，六岁就能写交响曲，他到五十岁肯定不卖壁挂炉。所以我们要的，我们在这个世间上所求的都是福，健康也好，财富也好，智慧也好，都是福。福从哪儿求？从外边求得到吗？求不到，老祖宗把这个公式已经给了我们，量大福大造化大。你看看这三个词，每一位在座的企业家朋友都希望自己福大，《弟子规》告诉我们一个方向，你要想求得这个福气，把自己的心量拓宽，你心量大，自然福就大。拓宽心量的方法是什么？做《弟子规》，把这一百一十三件事您都落实。有了福怎么办？造化大。造化是什么？造化人民、造化国家、造化员工、造化社会，这不就出现智慧了？我有福不光我自己享，我也让所有跟我有因缘的人都能沾到我的光。有了福，要舍，有舍你就得，越舍你越得，越得你福越大，越舍你心量越大，它就是这么回事。我到今天七百天学《弟子规》，给大家做证明，就是这么一个公式，很简单。不用到北大、交大学国学，也不用到人大国学班，学《弟子规》就够了，要真得做到。

但是作为老板，脾气一般都比较大，我不知道各位企业家办公室有没有血压计，反正我办公室有血压计，一生气就量量，低压一百二，高压一百八，通常都这样。学了《弟子规》，我自己的切身体会，确实明白了，因为《弟子规》这孩子都懂的东西，老板他不懂吗？看得破，忍不过，这是老板学《弟子规》的最大障碍，生气！我胡小林不为这几万元钱，我就争这一口气，你看老板一般都这样。能怎么着？我遇到过这种事没有？遇到过。

我有个司机，1995年就跟着我，我盖丰田广场的时候他就开车。当时他来给我开车的时候，是我办公室主任介绍的。挺可怜的家里，爸爸癌症，妈妈半身不遂，求我，说胡总，您司机正好也走了，给您换个新司机。我说行，来吧！来了以后，不瞒大家说，东南西北他不知道。“顺风的右边。”我说顺风的右边，你得从哪边看顺风才是右边？“就顺风的右边。”顺风到底是北边还是南边？“我不知道，就顺风的右边。”我说你是看顺风还是背对着顺风？“看顺风”，那不是南边吗？“哦，那是南啊！”大家都知道海淀区有个周良洛周区长，那是我朋友，我说你给周区长写封信，信封上把那名字写好了，周良洛。“胡总，洛字怎么写？”我说洛阳的洛。“洛阳是干什么的？”我说洛阳是地名，你都不知道？“我真的不知道，您给我写上吧。”就这么一个水平的司机。他家里特别困难，我算收留了他，凭良心话，累极了。

我想每个老板都有这种体会，司机实际上对我们是非常重要的，他要有默契感，他要能体贴、仔细、殷勤。就这么一个人跟了我，一直到离开咱们公司是2007年，跟了我十二年。后来他结了婚有了孩子，他爸爸身体也不好，现在四十多岁。我说别开车了，我跟他这么多年，他对我的办事风格，对我家里都很了解。我身上乱七八糟事他都明白，也算信得过，我就给他派到工程技术部当副经理。我觉得工程技术部花钱的地方得放个自己的人，心腹，就给他派去了。派去以后，这小子不好好干，因为我们这个炉子得找分包安装，他自己成立一个分包公司，接公司的活儿。你想两万多台炉子，一台炉子安装一次七十元钱，两万台炉子一年一百四十多万元，三万台炉子是二百一十万元，对他来讲也是个很可观的收入。而且他自己是工程部经理，他这是以权谋私，别的分包就有意见，说好活、近的活、肉的活都给了他，扔给我们的都是什么偏远地区的、带骨头的，特别委屈，都不愿意干。我不知道这情况。而且他利用他的职权做了很多不该做的事情，中饱私囊。

这个事暴露出来了，我应该怎么做？我当时底下的经理都不敢跟我说，说胡总这脾气，要知道这事，那还了得吗？非得急了不行。那时候我已经学了《弟子规》，他们跟我说完以后，他们都吓一跳——我异常的平静。我跟大家说，我真的不是装的，我一点也急不起来，人蒙了，不是说学《弟子规》学好了，功夫到家了，而是蒙了，没想到这小子能坑我！谁坑我也不能你坑我，你爸爸得癌症是我给你找的医院，你孩子上学是我给你找的学校，你老婆没工作是我给你安排的，你这大字不识几个的人，你到我这来搞这个，你倒挺行的。我得先平静平静，我就关上门，自己在办公室，我就琢磨这事该怎么看？我当时为什么派他去？说实话这个人不错，挺热情、挺担待、挺不自私，怎么今天就会到了这么一步？这当中有我胡小林的责任吗？孔子说，我们跟人的关系有三种，“作之君，作之亲，作之师”。作为公司的老板，你有三种角色。君，古代没领导这概念，就是现在的领导。你要领导公司的业务，你要调整公司的产业方向，你要制订公司的销售战略，这是“作之君”，这是君的责任。“作之亲”，你要关心你的员工，你要养他们，冷了，让他们暖和；热了，让他们凉快；饿了，给他们饭吃；渴了，给他们水喝，这是作之亲，也就是我们通常说的父母官。还有一个最重要的角色就是“作之师”，你要教他，教给他什么？教给他智慧。

自从我给他放到工程技术部之后，说实话就再也没怎么跟他联系，工程都是在外边，都在工地线上。给他这个土壤，给他这个权力，他滋生了这种自私自利，这不很正常吗？你作为领导你干什么去了？你之所以派他去，就是因为那是一个利益场所，你派一个放心的人去。所以你不是不知道这个地方是个大染缸，容易把人教坏、学坏，你放弃你自己做老师应尽的本分，这个分没尽。这第一条我想的，气就平一半了。还是有过不去的，还差他七十万元人民币，给不给？七十万元人民币，各位朋友，我之前给你们说一万二千九元，我觉得大家眼睛还没那么大，七十万元人民币，我还差人家工程款。财务部说不能给，凭什么？这是公司的业务，给了他，他凭什么要这七十万元？我说你们什么意思？就准备扣了？“对，不扣白不扣，他能怎么着？他现在见你面都不好意思，他多欠着你，你对他的十几年的照顾，这钱你还给他？太便宜他了！”我说，活干了没有？“活干了。”验收了没有？“验收了。”甲方的安装验收单取回来没有？“取回来了。”调适单呢？“也取回来了。”配合入住单呢？“也取回来了。”我说要不是他，其他分包，我们这七十万元，十几个项目、二十几个项目，该不该给人钱？“该给。”那我为什么不给他这七十万元？

我跟我们那个班，我们就座谈，遇到事情我们大家坐在一起用《弟子规》分析，我当好这个班长。我说是不是这么个理念：他利用我对他的信任，做出了伤害我的事情，所以我对他罚七十万元也伤害他，你不让我好受，我也不让你痛快。咱们是不是这种价值观指导作出这个决定？我那些经理都不说话。你看，这不是冤冤相报吗？你害了我，所以我要害你；你让我不舒服，我也让你不舒服。我们今天这个举动并不是邓小平同志说的三个“有利于”，邓小平同志说，只要有利于国家发展，只要有利于社会安定，只要有利于提高人民生活水平，这个政策就是好政策。我说你们今天这个政策有利于公司发展吗？有利于公司安定吗？有利于提高大家的生活水平吗？不行，这完全是自私自利的决定。你辜负了我，你看，你我之争，与人为敌。我说要是其他的分包完成这个工作，该不该给钱？该给，

该给我们就得给。我太太在公司管钱，这工作不好做，但是也好，通过这个教育，我们两口子现在都学《弟子规》，她在我的带动下慢慢就明白了事情应该怎么做，我自己成就了，也成就了她。

最后，就给了这七十万元。你看你要按着《弟子规》走，对不起，七十万元拿出去；你要说我不给这七十万元，他也没什么说的。你干工程部经理四年，每年二百万元的生意，共八百万元，咱就说打百分之三十的利润，二百四十万元，你也买了房子、买了车。我当时就觉得奇怪，那小子怎么能买房子？过两年开上帕萨特，你哪来的钱？他说胡总，沾您的光。不跟我说实话。可以！我扣你七十万元还有什么说的？那不解我心头之恨，让他占那么大便宜。你想，七十万元钱相当于多少台炉子？相当于一万台，七十元钱一台。你要为自己，你扣了他；你要从公平的角度看，你就应该给他。而且你老板这样一做，底下的员工，包括你的中层，他对《弟子规》就有信心。这老板还真干，不是开玩笑的，这七十万元白花花的银子就出去了。所以各位老板，一事当前，到底是按照《弟子规》这种生活方式生活，还是按照我们病态的、自私自利的生活方式生活，很重要。

为什么要炒掉他

后来，炒他不炒他？当我在香港演讲的时候，香港的朋友们都问，说您慈悲为怀，大肚大量，这个经理出现的事情为什么要炒掉他？你不是说不与人结怨吗？应该与人为善。你知道他家特困难，父母身体都不好，孩子还小，你把他炒掉，他的工作怎么办？当时，我确实遇到这种问题，我炒不炒？我跟几个企业家朋友，他们开餐馆，说开荤菜馆。荤菜馆可不行，看了周老师的盘子，这不成天让人吃毒吗？应该关了，开素菜馆。但素菜馆又没生意，又没信心。我说其实这个东西都是在事上来论，你炒掉这个员工也罢，你留下他来也罢，你开荤菜馆也罢，你开个素菜馆也罢，这都是事，事上没有对错，理是一个，事有多个。理是什么理？你这个事情是为自己做，还是为别人做？这是标准。我要为我自己不跟你结怨，我留下你来，你一个月四千元钱工资，怎么着？一年十万元到头了，养我还养不了吗？送送配件，开个车子，完了。能这样做吗？那是为自己。我不能跟你结怨，我学《弟子规》了，我得做好事，我得与人为善。错了！如果公司所有的中层干部都向他学，都以权谋私，利用自己的职权损害公司的利益，中饱私囊，公司还办得下去吗？如果我公司办不下去，这一百多个员工到哪吃饭？每年给国家上两千万元的税谁来掏腰包？十五万的用户等着我们售后服务，谁上门？我跟他谈，我今天炒掉你，我是为他们。我不能在公司开这个先河，我也不能树立这种风气，我说你明白不明白？他说我明白，您钱都给我了，我走人那是应该的。一年保修期过后，还有百分之五的尾款，还差他七万元，财务部经理问我，胡总，这七万元还给吗？我说照给。给了以后，他给我发了条短信：我们全家都感谢您的大恩大德，我特别惭愧，我做出这些事。

那个经理的事情出来之后，很多人包括我们公司的员工：你看，胡总改恶从善了，学《弟子规》了，做好事，“幸福人生讲座”，蔡礼旭老师的盘给刻，周老师的盘也刻，然后“和谐拯救危机”也送，还会遭这种恶报。各位老板、各位领导，学习传统文化并不意味着一帆风顺，千万不要有这种想法：我今天学习了传统文化，明天我就幸福健康，我就发财了。我诸事顺利，这不可能的。为什么？这个原因，咱们有机会下边再慢慢谈。

企业老板学《弟子规》有多重要

恶因已经种下来，恶报现前的时候，它不是一天就报完的，它是随着因缘产生的，因缘俱足时它就会现前。所以古代大德说，“若为善不昌”，你做了好事不昌盛，“必有余殃”，你过去的殃恶没尽，“殃尽定昌”，你殃要尽了，你一定昌盛。“若为恶不殃”，如果我今天吃喝玩乐，坑蒙拐骗，我不遭殃，我不挺好的吗？“必有余昌”，是你上一辈子留下来的福气还在，“昌尽定殃”。这是铁律，所以诸位老板、诸位朋友，当你福、昌还没有尽的时候，千万千万要注意，多给自己积累一些昌，多给自己积累一些福，这样就是殃永远进不来，永远现不了前。

诸位老板学习《弟子规》，在企业来讲有多重要？你是教练，你要教给企业的员工如何按照《弟子规》生活。我们都有孩子，我自己有儿子，今年二十六岁，我觉得到今天我都不放心他，我还得教他，我还得为他分析，还得跟他谈话，还得跟他比较。所以，学习《弟子规》是一个旷日持久的大工程，千万不要想着在企业这一年《弟子规》拿下来了，大家这个车上高速路了，就各自开去吧！这是不可能的，一定是在你的旁边呵护他。尽管学《弟子规》的旅途很长，很多事情会现前，但是我给大家开个保证书，学《弟子规》的过程是个特别幸福的过程。正是因为这种幸福，才激励着我们抱住《弟子规》、守住《弟子规》不放。大家要有这种体会，你不学你不幸福，你不学你不得利益。所以，在企业，老板学《弟子规》特别重要。

昨天朋友问我，我怎么才能让我的员工学好《弟子规》？我说你学好，你的员工就学好了。他说我怎么学好《弟子规》？我说你让员工学好了，你就学好了。教学相长，孔子说的，自他不二。你教别人《弟子规》，你以为你是在教别人吗？你是在教你自己。你的员工出现症状，出现问题，企业出现了麻烦，那得感谢生活给你带来这个课题，让你运用《弟子规》解决它，提高自己的智慧。我们要抱着这种态度来看待企业的麻烦。我们常说际遇遭遇共存亡，挑战与成功共存亡，真是这样。所以不要期待着企业学了《弟子规》之后，自己就可以当太平垂手天子，当老板，不可能。你得带着大家根据企业发生的问题坐下来学习、分析，明辨、慎思，“博学、审问，明辨，慎思”，最后怎么着？笃行，真干。一旦想明白之后，别犹豫，咬紧后槽牙，按着《弟子规》所教的内容去做，逆行而上，这是真实意义。久而久之，你就会突然发现有一天你心量大了，境界就会提高。人的心大了，遇到的事就小；心小的，你遇到的事就大，这是真的，学《弟子规》就是要人把心扩大。

所以作为老板、作为企业家学习《弟子规》，古大德说，“一分真诚得一分利益，十分真诚得十分利益”。我们在《弟子规》身上能不能得利益，问题不出在《弟子规》这边，问题出在你对《弟子规》的心诚不诚？什么叫诚？两个字，真干！舍此不叫真诚。谈恋爱，我真爱你。你跟我耍嘴皮子，不买个钻戒能叫爱吗？真干！你孝敬爸爸妈妈，你耍嘴皮子，你孝敬爸爸妈妈你真得养其身。诚于内，敬于外，你内心是诚的，自然而然你恭敬心就出来了。为什么我生不起敬重心？生不起尊重的心？因为你内心不诚。你为什么内心不诚？因为你的习气太重。我怎么去掉这习气？真干。依照什么去干？依照《弟子规》去干，是个非常有意思的人生旅途，是个非常有意思的实践活动。就是孔子说的，“学而时习之，不亦说乎”，这种乐是发自内心的。你去多少次卡拉OK，你打多少场高尔夫球，你签多少个合同，你多少次得了中标通知书，对不起，各位老板，都不如这个乐。

2008年就快过去了，胡小林是骡子是马拉出来遛遛。2007年，北京有奥运，从五月份到十月份一个合同也没有，不干事。2008年的生意怎么样？正常年景二万三千台，2008年二万五千台，大家给点掌声。这个掌声不是给我的，是给传统文化的！这个两年说明问题吗？可能还说明不了，但是感受一滴水，鱼在水中自知冷暖。我五十三岁，最幸福的两年就这两年；我五十三岁，身体最好的两年就是这两年；我五十三岁，最不忙的两年就这两年；我五十三岁，发脾气最少的两年就这两年；我五十三岁，说瞎话最少的两年就这两年。所以我来到这，我有一种挺急切、挺忧虑的心情。世界科学家说，救这个世界还有七年，七年之后再想救这个世界就来不及了。现在北极已经没了，南极也快了，周泳杉老师那个健康饮食说，南北极两端融化，其海面上升，这是一个因素，关键是封存在南北极两端的二氧化碳它会出来。届时，那个二氧化碳的浓度根本不是我们所能够承担得了的。周泳杉老师的盘说，我们吃这些动物的肉，我们要养这些动物，对世界的二氧化碳的贡献是三分之一。我们只要不吃肉，这三分之一的二氧化碳就没了。

奥林匹克运动会开幕式上有科技吗？有1900年以前以来的令人兴奋的东西吗？没有。什么？活字印刷、《论语》、京剧、四大发明、水墨丹青的画。我们现在挖地下出土文物，马王堆汉玉、三星堆、兵马俑，你看咱们

老祖宗留下什么东西？五百年以后我们的子孙挖开这个地球，可乐罐、电脑壳、塑料袋、电池、游戏机，谁更慈悲？谁更有智慧？这口气我咽不下去，这么好的老祖宗我们天天骂他，说中国之所以被动挨打，被西方列强的船坚炮利打破国门，丧权辱国的二百年，就是因为封建而且吃人的封建礼教，就是因为中国传统文化的糟粕形成了桎梏，影响了中国的发展。所以我们今天要把“西方的德先生、赛先生，民主、科学请回来”。世界的末日怎么形成的？一百年，请回来了。还不该觉悟吗？这种似是而非的说法，因为老祖宗的传统教育导致中国国破家亡，真的吗？那日本呢？日本人也是咱们中国传统老祖宗教育，它怎么就没有鸦片战争？它怎么就没有圆明园被烧？它怎么就没有马关条约割让台湾？为什么？谁教给日本人面对西方这么大的压力，能够脱亚入欧？日本天皇的皇宫中，《论语》必读、《了凡四训》必读。中国只有一个林则徐，所有西方列强面对他却举步维艰，从南就上不了天津。问题出在哪儿？问题出在慈禧太后，放弃老祖宗的教育，把大乘佛法轰出皇宫，随顺自己的烦恼和自私自利的习气，“顺我者昌，逆我者亡”，在主战主和之间根据自己的利益进行取舍和选择。而同时代的明治天皇，三顿饭（大家看过《走向共和》）变成一顿饭，节省下来的银两送学生到欧洲去学习，遵守张之洞先生的“中学为体，西学为用”，我千变万变，我老祖宗的古作不能变，我的智慧不能丢。西方是学问、是知识，我们可以学、可以掌握，以夷制夷。

我们拿着北洋水师的钱盖颐和园，西方列强没有打破国门的时候，王公贵族都在干什么？中国的海防图被出卖，卖给英国。你打进国门之后，你把海关的收费（收海关费）给我。我们把整个中国的盐务、盐业，把中国南方的兵炮图（就是布兵的图）卖给你法国，等你法国进来以后，山东的盐务归我。上行下效，您听说过汉烟，您听说过日烟吗？《甲午风云》炮弹里面有沙子，这是真的，日本会出现这种现象吗？今天在座诸位可以不喜欢日本，因为我们有八年的抗日战争这个因缘、渊源，但是人家这一招跟谁学的？跟咱们孔子、孟子学的。这还不说明问题吗？釜山开了赌场，有韩国人去那儿赌吗？没有。谁教的？这么勤俭持家。“斗闹场，绝勿近，邪僻事，绝勿问”，韩国人怎么有这么高的觉悟？谁教的？大家知道吗？韩国一年进口奔驰车多少辆？六辆。韩国比中国人有钱，韩国比中国的经济基础发达，六辆奔驰。我甭说全中国了，就青岛市这一年进口奔驰车也不止六十辆。谁给韩国人的智慧？韩国人的股票、韩国人的公司上市，沿街排队买股票，西方诺基亚上市，没人买股票。韩国经济出现危机，韩国人拿着黄金从家出来排队给银行。这对我们来讲都是天方夜谭，对我们来讲很遥远。其实一点都不遥远，这正彰显了文化的力量。所以，我们作为中华民族的子孙，如果我们做得不比孩子更好的话，我们为什么不跟孩子一起进步？

胡小林之妙语解答

听众：先给胡老师鞠个躬。我这个问题是昨天想提的，就是说咱们都按照中国传统文化去搞经济，中国会不会又回到20世纪初那种被动挨打的局面？但是今天这个问题我得到答案，不用再问了，因为胡老师已经告诉我了，谢谢。

听众：胡老师您好，我想代在座的所有女性问一个问题，我是2008年5月份才开始力行《弟子规》，然后才觉得作为一个女人来说，昨天陈大惠老师也在说，你是一个女人的样子吗？你是一个母亲的样子吗？你是一个妻子的样子吗？还有，你是一个好的儿媳的样子吗？在这几个月的力行当中，我也有一个困惑，就是女性在落实《弟子规》当中，如果还想为别人去演说，是不是就不守自己的本分了？就是这个问题。

胡小林：我从马来西亚回来的那天下午，李越老师请人演《弟子规》。李越老师邀请说，哪对夫妇愿意上台来表演一下夫妇之间的鞠躬？有个妻子先上来，妻子先上来以后，站了半天，先生不上来。李越老师问，哪位是这个女士的先生，请上台。这个先生一脸不高兴上来了。然后李越老师就采访这个女士，她是一个小学的副校长，男士是一个小学的老师，但是是专门弘扬《弟子规》的老师。李越老师一看气氛不对，就问这个太太说，您今天为什么要大庭广众之下，面对两千人来做这个表演？“我在家，

给他鞠躬他也不鞠，我今天当着这么多人面，希望他能克服这个障碍，《弟子规》这么好，他不做”。李越老师就问这位先生，您为什么上来？“我不上来行吗？我无可奈何，她现在又弄上《弟子规》，全家不都得跟着弄《弟子规》”。最后就不了了之，鞠了躬，下去了。

我想请大家想想，为什么在学习《弟子规》的时候会遇到这个问题？其实这事儿很正常。我刚开始学《弟子规》的时候，我爸爸、妈妈、太太、公司没有一个不烦我，你知道为什么？《弟子规》成了你另外一个自私自利的平台。因为你喜欢《弟子规》，你觉得这个东西好，你获得了智慧，你除了批评人就是强迫人，你把广大的员工跟《弟子规》对立起来。所以，学《弟子规》首先要学着体贴别人、尊重别人、原谅别人。不能学会《弟子规》，你就是“原来我是说不清楚古圣先贤教诲，我终于学会了《弟子规》，我现在可以批评人了”。你这个不对，“冠必正，纽必结”，你这个不对；“事非宜，勿轻诺”，全是你的不对。这个《弟子规》学了绝对不得力，为什么？它成了我们平常习惯又一个部分，张扬自我，一个反映自私自利的战场。

学《弟子规》一定不能着急，一定要随缘。昨天我们几个企业家朋友在这开始讨论，我今天愿拿出来给大家讲讲。企业家们说：“我们现在企业要办《弟子规》培训班，除了企业业务之外，我们一定要拿出钱来，能办多少期办多少期，一定要坚持到最后。《弟子规》真是好东西，全国都应该学，人民大会堂应该弄新闻发布会”。在生活之外没有《弟子规》，现在我们对《弟子规》的宣传、学习、掌握完全是“文化大革命”搞运动的那种方式，这个不对。学《弟子规》首先要落实在生活上，还是我刚才说的，弟子规是一种生活方式，弟子规是我们每天应该做的内容，在生活之外，没有另外的弟子规；在弟子规之外，没有另外的生活。我不知道我说清楚没有？谢谢大家。

听众：胡老师，我通过昨天一天的学习跟今天上午您的演讲，我的心里也非常激动，也觉得自己生活当中有些事做得很惭愧。可是我也要想，我如何能回到生活当中，能够把《弟子规》运用到生活当中？能够学得更真实和能够理解得更深刻？原本有些地方理解的就会有一些误区。

胡小林：谢谢，您请坐，我明白您的意思。我学《弟子规》时，我每天早上起来读一遍，我读每一遍《弟子规》都有不同的悟处，都有不同的感觉，都有不同的理解。譬如说我今天来这之前，“能亲仁，无限好，德日进，过日少”，字面上的解释，“亲仁”是讲人，品德、品行高尚的人你要多亲近他。这条怎么落实？你在现今这个社会上，你到哪儿去找这种品行高尚的人？员工肯定得问，胡总，我这条怎么落实？“能亲仁，无限好，德日进，过日少；不亲仁，无限害，小人进，百事坏”，我到哪儿去找这个仁人？电视上杀盗淫妄，报纸、杂志全是自私自利，全是竞争，全是是非人我，全是五欲六尘，我找不到。经典就是仁人志士，在这个时候要想亲仁，除了经典，你找不到第二个办法。你看这就是昨天体会出来的，“能亲仁，无限好，德日进，过日少”。“凡取与，贵分晓”也是在给大家讲《弟子规》的时候，就发现《弟子规》实际上管做生意的事情。

游泳教练在游泳池边上给你说很多，就包括《弟子规》这样的，水的浮力、水的温度、水的颜色都属于概念，《弟子规》如果不做，就是概念。在你现有的知识体系当中，又加了另外一套使你困扰的、使你混淆的一个概念体系。关键，你看很多教练教那些孩子，一脚把他踹到游泳池下面去，一下子教练讲的你就明白了，水的温度、水的浮力、水的速度。你不这么干，你就对《弟子规》不理解。这在古大德的学习的方法、过程当中，他们强调“解行相应”。“解”就是你的理解，你的行为跟你的理解一致不一致？你发现很多人都知道抽烟不好，这都理解，真正做到了没有？在日常生活当中还抽烟，这就是典型的解行不相应。

《弟子规》特别忌讳的就是解行不相应，《弟子规》表面上理解特别容易，真正做起来的时候很难，因为生活是特别丰富多彩的，千变万化的。还是我刚才说的，事有多门，理是一个，关键你自己要在行动过程当中逐步地揣摩，反复去寻找经验，仔细地琢磨。有句俗话，心头常常萦绕《弟子规》，不要让《弟子规》离开你的心头。久而久之，原来的麻烦，原来处理不得当的地方，你突然有一天就会豁然开朗，你知道应该这么做，《弟子规》在这个地方说得通。还是最后落实到真干，真干就是行门，你行了，反过头来就增加你对《弟子规》的理解和信心。当你越理解你就越有信心，你越愿意干，越愿意干就越增加你的理解，这就是我们所说的良性循环。现在我们大家都懂《弟子规》，解门都启动了，解这个门都启动了，没有什么难的，一千零八十个字，一百一十三件事，关键在学一条做一条。我今天到这来大言不惭地给大家讲，其实一百一十三件事我没有完全做到，有时候不知不觉就犯了。不要紧，一定不要气馁，要坚持住。一条一条地揣摩，一条一条地做，你会得到自得心开的效果，你自然而然就心开了。关键是你要定在《弟子规》上，最怕的是什么？心有旁骛，一会儿随顺了自己世间的烦恼习气，一会儿又觉得学习应该是回到《弟子规》，老这么晃来晃去。

我在刻光盘的时候说，我自打学了《弟子规》之后就有一条好处，我不瞎琢磨，我遇事就看《弟子规》，《弟子规》让我做的，我做；《弟子规》不让我做的，我不做。我就是再大的损失，你看我销售员跟我说，胡总，这次竞争对手有另外一个牌子，他们出事了，我们能不能在去招标的时候，把他们在这个工程上出现的爆炸事例再写到标书当中，引起他们对这家竞争对手的怀疑，这样我们就剩两家，肯定买我们的，因为他们肯定让我们过关。这要搁过去，天助我也，在这个关键时候这个供应商的炉子爆炸。“人有短，切莫揭，人有私，切莫说”，做得到做不到？做得到，胡小林少挣一百万元。不能说，为什么？不能跟别人结怨，你天天干这种跟别人结怨的事，到最后别人来障碍你、限制你的时候，你谁都不能埋怨。如是因，如是果，《弟子规》是保护我们的。你说我面对这一百万元，一千台炉子每台炉子挣一千元钱，那不是一百万元吗？我只要把这一条拿出去，国家质检局的鉴定书，开发商肯定就把这个项目给我。能吗？不能。你这样做，你的底下员工就会没信心，说一套做一套。我经常在公司碰到这种事情，我宁肯这一千台不要。后来他们从别的地方知道这台炉子爆炸，我说我们知道这件事情，但是我们不知道什么原因。“见未真，勿轻言，知未的，勿轻传”，你知道人家为什么爆炸？万一是电走漏了，万一是煤气，做饭的灶漏了气爆炸，你怎么知道？你说《弟子规》多慈悲，它是关心我们别犯错误，像这种境界都要在你日常生活当中紧紧抓住《弟子规》，慢慢你就会用了。谢谢。

听众： 我可能是最后一个问题，不好意思。是这样的，我的问题是，因为您有那么多年的积累，所以化成动力很正常，我还很年轻，然后德行也很差，各方面也做得非常不足，所以就有这样的一个疑问，就是在做企业的过程，大经济环境都非常不好，譬如说像现在不好，我们公司人员相对较多，在现在来看，我们在算成本的时候就发现，人员是一个很大的成本，就有一个疑问，是否该裁员？但是我学了《弟子规》，我也跟我们的总经理商量，我觉得说裁员的话，他们找工作也难。昨天我也跟一个老师讨论这件事情，我说裁员对我们公司来说压力小一点，但是不裁员，我们应该怎么做？本来销售就不够好。这件事想问胡老师，给点智慧，指点一下。

胡小林： 谢谢。您请坐。1997年香港金融风波，您那时候可能还小，可能在上小学或者上中学。李嘉诚李老先生当时在公司就下了一个文件，这一次香港金融风波长江实业一个人都不许裁，一分钱的福利不许降，要裁员，等到这风波过后。

听众： 那是因为李嘉诚老师他有这样的福报，他可以承受。

胡小林： 你听我给你讲，我没福报，我给你讲讲我的故事。我不知道李老先生学没学《弟子规》，他叫暗合道妙，他这一个举动不知不觉地符合了道。关键的是你这个人有没有用？明白吗？裁不裁是事，事上没有妨碍，但是钱不能浪费，如果确确实实这个人没用，你拿出钱来白养了他，这个是不对的。明白这个意思吧！对企业发展不健康。关键是这个人有用，而因为外边的形势不好，我必须裁掉，那是错误的。为什么？因果关系你弄颠倒了，因果律没有说裁员是因，得财是果。舍是因，得是果，明白吗？在这个关键时刻，就考验你对圣贤人的教诲有没有信心。我是民办企业，年初我说，一般民营企业比外资企业的工资都要低一档，这在大陆是很正常的。我说《弟子规》上说，“凡取与，贵分晓，与宜多，取宜少”，我们不能比外资给得少。劳力市场的价格是什么价格我们要调查清楚，不要因为我们公司有关系，不要因为这些老员工跟我有感情，我们就忽视别人的收入。调查完了结果报给我，我说要调，百分之七十的员工要调薪，而且是大幅度涨。我这还没推出，金融风暴就来了，同年下半年，这时候各个单位都在裁员，生意一落千丈，再加上奥运会，雪上加霜，你胡小林还敢不敢推出这个方案？调薪幅度将近百分之三十，你得拿出十几万元。信心决定胜负，明白吗？所以一定要有信心，老祖宗不骗我们。你对他有信心，他就来呵护你，天必佑之，明白吗？所以一定要把正确的因果关系搞清楚，在这个因果关系的指导下，勇敢地去做，大胆地去做，欢喜地去做，就像我这样。现在我的员工都觉得特奇怪，在这种经济形势不好，餐馆一个一个倒闭，你到餐厅去只见开一两桌饭，这是很现实的一个问题，你还敢推出吗？舍是因，得是果。我已经很长时间给他们低工资了，不能再晚了，再晚了对谁不好？对我不好。你要生这种畏惧心，你长期刻薄别人的东西，你长期该给人你不给的东西，你舍一、你得万报的道理，真的是这样。现在的人最麻烦的就是没有害怕的心，什么都敢干。三鹿企业的这个老太太，她要知道因果报应，她怎么敢给别人孩子喝这种东西？所以因果教育、因果规律是最低最低的道德底限，不能再突破这条底限。你就说我不为了爸爸妈妈，我不讲伦理，我不讲道德，我不讲可耻，我也不讲恭敬，我知道为自己不能这么做，这个人有救，这个人有福。这是中国传统文化呵护我们最后一道防线。谢谢大家。

儒家的教育它比现代这种生活模式进步，现在的生活方式是自私自利，只有自己没有别人；儒家的教育往前进一步，有自己也有别人，就已经幸福健康了。如果按照这个老祖宗说的，在日常生活当中把自己忘掉，只有别人没有自己，就像毛主席所说的，向雷锋同志学习，为人民服务，不为自己服务，你看看你得的果报，那绝对不是今天我们说的推己及人，为别人考虑，为自己考虑，那完全不是一回事，关键是信心。境界分成三等，第一等，自私自利，绝对是病态的；第二等，推己及人，幸福健康；第三等，只有别人，没有自己，什么都是无量的，智慧是无量的，德能是无量的，财报是无量的，挣这么点儿钱是鸡毛蒜皮。谢谢大家。

第八章

小荷清静不媚不俗 迪汉于秦有因有果

易小迪：一个“佛门弟子”的商业自白

一心到老都学佛是人生境界的追求，这让我总保持宁静的心态。所有的佛学都讲究面对问题都要内醒，向内找原因，是佛学让我清醒地看到面临的问题和各种矛盾，处理态度反而更积极。人很需要超脱这个尘世来看一下自己，净化自己的思维和灵魂。

——北京阳光100集团董事长　易小迪

易小迪人生经历

易小迪，1964 年 3 月 28 日出生于湖南。1991 年，参与创建万通企业集团，任常务董事，集团常务副总裁。1992 年，创建广西万通企业发展总公司，任总经理，成功开发广西南宁万通空中花园、新万通购物广场、新万通宾馆等。

1998 年，投资北京现代城 1 号公寓，开发南宁欧景庭园住宅项目。1999 年至今，出任北京银信光华房地产开发有限公司总经理，首创阳光 100 品牌；2001 年起任北京阳光 100 置业集团董事长、总经理；2003 年创建阳光 100 置业集团有限公司，任董事长。

阳光 100 在中国多个城市实行品牌连锁化发展的数年间，扩展步伐稳健，至今没有一个失败的案例。这种企业的风格多少与阳光 100 的创始人易小迪有关。易小迪在“万通六君子”中个性鲜明，内敛、温文儒雅。他学佛，推崇佛学，信奉简单和真实。

把事情做到简单其实并不简单

易小迪坚信“企业的命运决定于价值观的高度”。他说，只有让企业实现战略聚焦，把事情做简单，让管理变透明，才是企业发展的长远之道，而任何商业模式的胜利最终都是价值观的胜利。

十多年前，易小迪在南宁的商海中尝试着从事农业、房地产、制药、百货、文化传播甚至航空货运业务。但是数年的惨淡经营让易小迪悟出，经营企业最大的问题不是能干什么和想干什么，而是适合干什么。

1998 年，他决定做适合自己的房地产。

一般而言，中国房地产企业的发展有两种方式，一是以土地储备为手段的增长方式，一是以房产开发为主的增长方式。大多数中小企业由于受到资金的限制，只能从产品本身的增值中获取利润。

“阳光 100 一开始就是从市场中诞生并成长起来的。由于缺乏强大的资金背景与土地资源，通过产品创新升值获得利润几乎是我们唯一的选择。我们的经验表明，在不同的城市开发同一类型产品比在同一个城市开发不同类型的产品要容易得多，也更容易保证其产品品质与风格。”易小迪回忆说。长于思考的易小迪经过对企业优劣势的分析发现，有限的资金只能让他做有限的事情。

阳光 100 决定将产品开发聚焦在单一市场上，并将目标客户锁定为新兴白领阶层，由此逐渐形成了阳光 100 的产品特征与风格以及两大主力产品系列：城市近郊地带的大盘开发模式——“阳光 100 国际新城”及大城市中心地段精细开发模式——“阳光 100 城市广场”。

实践证明了这种思路的正确性。截至 2005 年年底，阳光 100 已在北京、天津、重庆等全国 12 座城市累计开发项目 18 个，年开发量逾 1000 万平方米，公司每年新增开发面积超过 100 万平方米。公司扩张仍在继续。

易小迪说，房地产是一个庞大而复杂的产业群，社会分工越来越细，相应的建筑功能划分也越来越专业。阳光 100 不会盲目模仿成功企业的市场战略，而是扎扎实实地占领自己既定的目标市场，并且在有项目的城市中争取第一。

为此，阳光 100 选取各个城市的项目地块有着严格的标准。第一是楼面地价只能占房价的 20% ~30%。第二是要有一定规模，比如开发面积超过 50 万平方米。第三是战略导向相符，即为什么要到这个地方来拿地，比如这个城市必须有新兴产业的增长，甚至有一定的外来人口等。

“细分市场是我们的战略导向和扩张思路。很多人警告我，说我扩张步伐太快了，一旦失败就很危险，因为我无法保证每个项目都成功。但之所以敢这么做，是因为我们确实按照既定的目标去做，而且从不追求大起大落的市场，如上海，所以一路都很稳健。”易小迪说。

为了实现对二线城市的良好管理，阳光 100 把过去的项目制逐渐过渡为集团垂直管理，从过去主要依靠项目公司总经理的经验，开始走向集中。采购、营销、品牌、设计、招投标、客户服务等业务已经形成了集团总部为中心的垂直管理，开始有了统一的标准、流程、体系和平台。

中国的房地产市场一年能实现 5000 亿元到 6000 亿元的销售额，被看作是最容易诞生大企业的行业。不少人都把房地产视为非常简单的行业，涉足各个开发领域，但往往由于没有细分市场而走向失败。

“能真正把自己的事情做到很简单后才会发现其实并不简单。而利润也从来不是考量一个企业是否长久存在的标准。长久与否要缘于其是否创造了一个不能替代的产品，像奔驰汽车、阿曼尼服装，如果缺少了你会觉得少了某样东西。”“阳光 100 要做到如果中国市场上没有阳光 100，就缺少了一个产品类型。”易小迪说。

价值观决定企业的运命

“所谓运命，就是价值观所在的高度，无论对于个人，还是一个公司。”与易小迪对话中你会发现，他不时地谈到一些终极概念，比如价值、价值观、信仰等。“生意做到最后就是价值观的竞争，人品的竞争。”孔子

曰“不义而富且贵，于我如浮云”，蒙牛乳业董事长牛根生亦说过“小胜靠智，大胜靠德”。

易小迪还举了两个例子来证明他的观点：理发艺术大师沙宣认为简单的、表现个人性格的发型才是美的，于是他按此理念给顾客设计发型，引来无数追捧者，最后简朴的发型成为世界潮流，沙宣也变成一个理发、护发用品的世界品牌。

宜家家居创始人坎普拉德看到昂贵的成套家具让众多家庭可望不可及，发明了用材简朴、可以自由组合、自己组装的家具系列，最终风靡全球，成为最大的连锁家居企业。

“这些成功企业给我的启发更多不在商业操作层面，而是必须有一个坚定的信念和价值观。阳光100以此为鉴，致力于为中国的新兴白领阶层提供具有国际品味、简朴自由的生活空间，已经赢得了越来越多年轻人的青睐。这与其说是商业模式的胜利，不如说是价值观的胜利。”易小迪强调。

2007年9月21日，中国农业银行与阳光100置业集团签署了《银企合作协议》，为阳光100提供综合授信15亿元人民币。作为自房地产调控政策陆续出台以来中国农业银行与房地产开发企业签署的首个授信协议，当时不少媒体都报道了此事。

易小迪透露，其实农行此次授信举动缘于数年前一次至今还让他“脸红”的经历。1996年，易小迪经营商场，一笔2000万元的贷款还不起了，刚好农行成立了资产管理公司，行长让易小迪把2000万元转到资产管理公司，当不良资产处理掉就不需要还了。易小迪想着不能因为企业没做好而使自己的信用产生污点，就请银行给他宽限一年，第二年他想尽办法把这笔贷款还掉了。

“去年农行查贷款，我没有一笔不良记录，农总行最后给了我们公司15亿元人民币的综合授信，这是我没想到的。”这被易小迪看作是人品和价值观带来的胜利。

“我的成功是价值观和战略的成功，而不是管理和产品创新的成功。一个企业的价值观，如果不高于社会平均水平，就必然衰败。企业的贪婪程度如果与正常人无异，做得越大被贪欲烧伤的程度就越重。如果所有的努力都围绕一个轴心，那么这个企业就有坚持的资本。因为我们的价值观很单纯，去任何一个城市做项目我们都不追求大起大落的市场，不追求暴利，所以才能一路稳健。”易小迪坚信，任何企业要想走得长远必须用单纯的价值观作指导。

一心到老都学佛

阳光100就在二线城市布局，土地储备超过1000万平方米，足够开发6~7年。这与许多开发商在北京、上海等一线城市因竞争激烈又得不到银行资金支持，拿不到土地，最终转战二线城市形成了鲜明对比。

固守北京CBD多年的潘石屹，首次走出CBD居然是与同门兄弟易小迪在阳光100的烟台项目合作。两人笑容灿烂的巨幅头像被挂到了烟台市中心最繁华的北马路上，头像旁边写着一排巨大的字：“兄弟联手共同打造烟台新地标。”

“给中国人提供高性价比的产品是我们的追求，当别人都把索取作为追求的时候，我们要讲奉献。我们不会一点儿也不在乎名利，但必须淡化它。”易小迪说。

易小迪坦承他不会忘记当年万通六兄弟炒房之余还写了本书——《披荆斩棘共赴未来》，将自己描写为一群立志实业报国的青年知识分子。当时讲青年知识分子要有报国思想，内涵就是奉献精神，把自己的发展和企业、社会的发展结合起来。

大学时，易小迪就选修了世界三大宗教。当年在海南办印刷厂时，他还和几个朋友一起成立了“海南省佛学研究会”，给潘石屹封了“海南省佛学研究会秘书长”的头衔。

潘石屹后来在博客上写到：想起来，在我困难的时候，我最先想到的总是易小迪，他不一定会给我多少物质上的帮助，但他的讲话会给我战胜困难的力量。

“一心到老都学佛是人生境界的追求，这让我总保持宁静的心态。所有的佛学都讲究面对问题都要内醒，向内找原因，是佛学让我清醒地看到面临的问题和各种矛盾，处理态度反而更积极。”易小迪说。

这样的内省直接表现在易小迪对行业的看法上。他从没有发表过抱怨政府宏观调控或是客户投诉的言论，他认为企业应该想的只是如何调整来应对市场变化，满足客户需求。

易小迪的生活是绝对的公司与家两点一线，他不抽烟、喝酒，也很少出去应酬，甚少接受媒体采访，但他每天必须坚持两到三小时的“打坐”，从未间断。

“一个人的时候才能达到一种空灵的状态，更接近自己真实的内心世界。这个时候你会感觉自己不在这个空间了，更接近佛，也就是西方人所说的上帝。人很需要超脱这个尘世来看一下自己，净化自己的思维和灵魂。”易小迪语速平稳地说。

简单化本身就是力量

“简单化本身就是力量，而只有透明才能保证工作的真实性和信息的有效沟通、交流与总结。”

万通六君子的博学多才，思维灵活开阔，分析事物深入透彻，行事执著，这些是大家能看的到的智慧，即入世的智慧。而第二种出世的智慧，无论是做人、做事还是做企业，短期内别人都发现不了，但自己知道，只有长期的过程才能发现。易小迪被认为是具有第二种智慧的人。他被冯仑评价为“智慧，大气，他算账的方式和别人不一样”。

“算账分有形的账和无形的账，无形的东西的价值要远远大于有形的东西。我看重的是品牌形象，品牌是存款，如果客户满意度很高，就是给账户里存钱；反之就是在损坏品牌，提取存款。”易小迪说。

讲真话是易小迪又一坚定信念。异于众多开发商对自己的真实利润遮遮掩掩，易小迪坦承他们的目标利润就是15% ~20%。因为必须拿钱去改造客户投诉，做开发还有很多看不见的比如买地和房价下跌的风险。

上市融资被易小迪认为违背了真实的原则，也不是阳光100的首选。他认为部分上市公司在做虚假报表，“只有等到大家都讲真话的时候我们才考虑上市”。

就在许多地产商对国际投资基金趋之若鹜时，易小迪却称：“与国际基金的合作我们必须谨慎，被盲目逐利的资本控制，将使我们偏离自己的信仰，这是不能接受的。在内地我们还有很多低成本的资本渠道可以挖掘。”为了控制资金成本，阳光100并不接受许多基金超过16%的回报率要求。

阳光100的企业管理也讲究简单和真实。

在阳光100，“说真话”是很重要的价值观。员工可以犯错误，但不能说假话。易小迪坚持价值观至上的管理风格，他引导员工的价值观与企业趋同，员工不符合企业的价值要求就会被调离甚至辞退。

“一个公司的管理体系要简单、透明，这是我们推崇的管理法则。简单化本身就是力量，而只有透明才能保证工作的真实性和信息的有效沟通、交流与总结。阳光照射到的地方越多，公司机制就越健康。”易小迪说，“我们的价值观有多高，在未来的道路上我们就能走多远。”易小迪踌躇满志。

第九章

永续传统感天恩　新创神药重地威

薛永新：悟佛道精髓，创中医未来

我认为，高尚的品德像生命一样贵重。因为没有高尚的品德，宝贵的生命就很容易在人生海洋中迷失、淹没、断送。人生离不开好的品德，就像生命离不开一颗好的心脏一样，它是人生的一个重要组成部分。没有它，人生也就完了。从这个意义上讲，高尚的品德，就是人生的第一财富。

——恩威集团董事长　薛永新

薛永新人生经历

1952年3月28日，薛永新出生于四川省（今重庆市）潼南县崇龛镇的一个农民家庭。自幼家境贫寒，他只念了六年书便辍学务农。从15岁起，就是篾匠、石匠、木匠等。18岁又开始背井离乡，带徒弟流浪江湖，下湖北，走云南。1979年，薛永新有幸结识了道家奇人李真果大师，并拜之为师，潜心修研道学。

1983年，薛永新在成都红牌楼开办了一家木材加工厂，生产木制门窗。其间，薛永新曾随同师傅多次到青羊宫为群众诊病配药，分文不取。他们师徒俩，只求劝救行善、广施仁爱。

1986年，他创办成都恩威公司。之后，薛永新意识到森林资源将逐渐匮乏，木材加工前景不妙，于是改行搞化工，生产干洗剂。他生产的干洗剂定名为"恩威牌"，是遵照其师傅关于"天恩地威"的教导而取名的。"恩威牌"干洗剂当时的销路不错，赢利30余万元，且被评为成都市科技新产品，可是后来由于进口干洗剂的冲击，"恩威"干洗剂遭淘汰。

1988年，薛永新终于研制成功一种对妇科病、性病、皮肤病具有很好疗效，而且使用十分方便的纯天然中草药液。他给这种药液取了一个贴切而含蓄的名字——"洁尔阴"洗液。1989年，薛永新终于拿到了四川省卫生厅、四川省医药管理局同意生产"洁尔阴"的批文。

1991年随义云高大师研习佛学。

人生绝不能放弃

1952年，薛永新出生在四川省（今重庆市）潼南县崇龛镇的一个普通的贫穷农户之家。薛家祖祖辈辈都是贫下中农，靠租地主的田勉强维持一家老小的生计。薛永新的童年也是在和煦的春光、潺潺的溪水、明媚的青山绿水中平静而悠闲地度过的。“人海阔，无日不风波”，短暂的童年匆匆而过，薛永新便不得不面对那坎坷不平的人生。

薛永新家本是一个勤劳本分的农民家庭，却因得罪了某个当权者，在划分成分时，被强行划入“富农”，在那个阶级成分决定一切的年代，薛永新一家也就祸患丛生了。小学毕业的薛永新虽成绩优异，却因为头上有顶“富农”的帽子，所以不得不辍学在家。在生产队中，他虽然有了一个记工分的小小职务，然而却时刻觉得失落和不满足。已知上学无望的他，便开始思考自己以后的路应该怎么走。“人生，绝不能放弃，绝不能任凭风吹雨打，绝不能枉活一世。”想来想去，他觉得一个人要想不受轻视，要有所作为，就要有本事，就要学本领。在他所处的环境里，要学本事，当然就是学手艺。于是他一边务农一边开始学手艺。他先后学会了篾匠、石匠、木匠等应掌握的手艺，俨然成了左乡右镇的小能人了。

1966年，轰轰烈烈的“文革”犹如一声巨雷震动全国上下。偏僻的小山乡也未能幸免。什么手艺都不能施展，更别说薛永新这个“富农”了，他只能靠边站。从不向命运屈服的他，这次，也没有轻言放弃。1970年，他萌发了出去闯一闯的念头，并不是家乡的贫穷，使得薛永新产生远走他乡的想法，摆脱精神的束缚和压抑的环境，用自己的双手改变人生才是最终目的。这就像他的属相龙一样，飞奔于云天之上。

我的大学——天生我材必有用

薛永新的足迹跑遍了川东，在打工的业余时间里，他阅读完了《中国通史》《资治通鉴》《本草纲目》《三皇五帝》和《二十四史》等古代著名的书籍，同时在打工过程中对社会生活更加了解，“社会自修大学”的学业也在被他一点一点地攻读。也许正是因为他从来没有间断过学习，才使他的知识与能力之间并未形成巨大的反差，也是他日后顺利地开创恩威天地的重要因素。

在通读历史书籍的过程中，薛永新认识到了“天生我材必有用”。一棵小草，大自然尚且要滋润它，何况是天地间的一个生灵呢？他觉得自己不会永远这样受人歧视，这样窝囊，自己总会有出息的一天。日复一日，年复一年，薛永新像大石头下一棵无人知道的小草，在石缝中顽强生长，在风吹雨打中挣扎。每当劳累一天，躺在床上时，思绪如麻，他反复地问自己：路在何方？路在何方？

终于，十一届三中全会的春风吹散了弥漫在整个社会上空的乌烟瘴气。一股新的历史潮流正在涌入百废待兴的中国。薛永新似乎也看到了希望的曙光，于是他回到家乡，与大队干部畅谈了一番，随即以“包工头”的身份，带领一百余名同乡子弟，“远征”云南去了。他第一次感到肩上担子的分量，因为这一次他不是单枪匹马地为个人生计，而是肩负了众人的命运。他们先后承揽了禄丰县春光制药厂、一平浪煤矿、药材公司等单位的建筑工程，由于保质保量，按时甚至提前完成工程，再加上低价，薛永新的“川军”在当地已经名声大振了。就在薛永新准备大干一场时，家中的一场变故又一次地改变了他今后的人生轨迹。

天恩地威，人生的转机

1980年春节，薛永新的爷爷患了重病，一向孝顺的他把手中的工作交代了一下之后，便匆忙赶回老家，也就是在为爷爷求医问药的过程中，他有幸认识了这位对他的一生都有重大帮助的贵人——道家奇人李真果。

望着爷爷那日趋虚弱的身体，薛永新却无能为力。如果有一种神药，能医好爷爷的病，无论花什么代价，他也毫不吝惜。于是薛永新找到了在四川地区被人称“活神仙”的彭道爷。彭道爷，原名李真果，生于19世纪末，1984年乘鹤西去，这位百岁老人是一个极普通而又极不平凡的人。他信奉道家，但他不是著名道观的主持者，也不与达官贵人往来，终身生活于贫穷的农民群众之中，浪迹天涯，探寻道学精义，云游四方，以浅显明白的语言宣扬道家学说，用独特的道家医学治病救人。那天上午当薛永新到彭道爷处求医问诊时，彭道爷却像与老熟人打招呼一样说：“我等你好久了，你怎么今天才来?”那一个下午，薛永新对这位道家奇人讲了自己十多年走南闯北的经历，面对薛永新的苦闷，李真果告诉他：“人只有经过困难才能磨出意志和毅力，才能把一个人的心磨亮。一个人要多做好事，学好得好，做好得好，想好不得好。一定要把自己的位置摆端正，认认真真做人，先把自己搞清白。”

听后，薛永新豁然开朗，当即拜李道长为师。李真果也给了他一副药方。虽然薛永新对这副仅有白苏、薄荷两味药的方子半信半疑，但回去后还是给爷爷熬了。连服几次后，果然见效，这件事让薛永新激动不已，第一次感到了中国道家医学的神奇。

其实彭道爷给他的这个秘方，众人皆适用。有着博爱之心的薛永新把这个药方带到了工地上，分文不收，将药赠送给需要的病人，在这一过程中，薛永新越来越感到自己医术太有限，无法帮更多的人解除病痛之苦。加之，这期间爷爷的去世，使得薛永新对前途更加迷惘。他找到李真果，想随师父看破红尘，云游天下。谁知，师父却痛骂了他一顿。师父的教诲使他认识到人来到世上就带着责任，不能因为一点事就逃避社会，逃避责任。薛永新再一次深深地被师父那博大精深的道家思想所折服，他决定像师父那样，去宏扬中国传统文化，终生不悔。在师从于李真果学习道家医学的同时，薛永新还经营着木材，当看到森林日渐稀少，他警觉地感到木材加工的前景不妙。于是，他开始生产干洗剂，并以“天恩地威”为意取名为恩威牌干洗剂。刚开始，干洗剂很畅销，但很快随着进口产品的抢滩，“恩威”干洗剂被淘汰出局了。接着，他又尝试生产四氯乙烯，谁知120万元的投资也付之东流了。

有了这两次失败的经历，一个埋藏于心底多年的念头如闪电般划过，“药！道家医药！”为什么不把师父的东西开发出来造福全人类呢？有了这一方向后，薛永新又开始琢磨搞什么药。在尝试过开发中药洗发水后，他觉得中药保健品会颇受欢迎。他想到研制一种专门治疗妇科疾病的外用药来造福人类。

1988年，在多年苦学中医典籍，反复琢磨师父留给他的几十道秘方，受到道家医学精髓“阴阳平衡，气血调和”的启示后，薛永新以传统理论为指导，细心斟酌，筛选秘方，终于研制出了新的配方，不仅对妇科病，还对性病、皮肤病都具有很好的疗效。有了药方后，他又开始进行反复试验，不光自己连自己的妻子也加入了这试药的行列。整整一个夏天，经过无数次失败了又重新开始的试验，薛永新的新药从不成熟走向了理想化，有了新药下一步就是要为新药请专家教授作鉴定。对于这件倾注自己心血的药，薛永新给了它一个很贴切而又很含蓄的名字——“洁尔阴”洗液。在接受了漫长而又严格的鉴定审试后，“洁尔阴”系列产品正式面市，消费者和企业也在不断的使用中越来越认可恩威。

以“洁尔阴”为主打产品成立了成都恩威药业公司。此时，虽已近“不惑之年”的薛永新却因为有了“洁尔阴”这个拳头产品，事业也有了再次的发展前景，恩威公司很快就发展起来了。到1993年，公司总产值达到2.65亿元，总资产达3.8亿元。

经营中的道家哲学

从薛永新走上医药这条路，再到取得成功，这其中对他最有影响的莫过于李真果道人和他那“清静无为”的道家哲学。

中华传统文化，博大精深，源远流长，不仅是中华民族的丰富宝藏，而且是整个人类的思想宝库。中华传统文化，滋养了薛永新；薛永新则以中华传统文化提升自己的思想境界，指导恩威的发展进程。

薛永新把道家“清静无为”“守中抱一”的思想运用到了企业管理之中，独创了一套独特的管理模式，人称“恩威管理模式”。

如何将“无为”与由众多部门、庞大人群构成的企业联系在一起呢？这看似相距遥远的两个端点却在恩威身上有了很好的统一。“无为”并不是要求什么也不作，听天由命，而是顺应客观规律，不违拗自然而作，不要乱为、妄为、胡作非为。只有这样才是“无为”而不是“不为”。薛永新为恩威树立的经营策略是：“从人民的健康和社会的需要出发，研制、开发药品，把握机遇顺乎天时。”

恩威思想境界的另一个物化形态管理，就是推崇“水德”，学习水的品格。

《老子》称：“上善若水。水善利万物而不争，处众人之所恶，故几于道。”用现代语言表述，就是最美好的德行有如水。水善于滋养万物而又不与之相争，并且总是处于人们所瞧不起的低洼之处，所以接近于道的精神。

水，“善利万物而不争”的水，慷慨地滋养着万物，却与世无争。只求奉献而不图回报，正因为“其不争”，所以“天下莫能与之争”。水，又是那么的柔弱、忍让。等待时机，选择流向，无论遇到什么样的

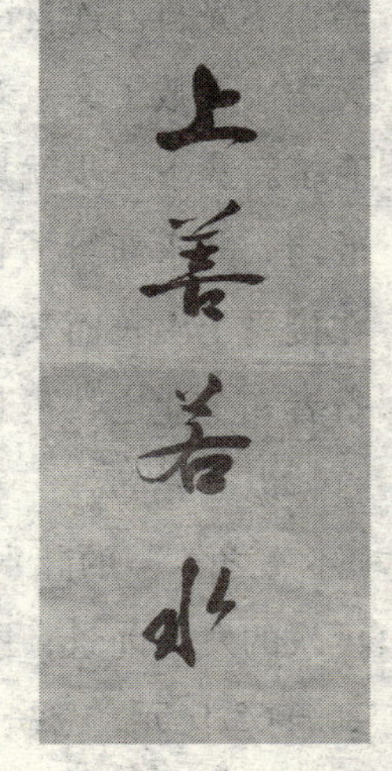

上善若水

困难，都无法阻挡它前进的决心。

从道家思想发展开去，薛永新又形成了自己独特的竞争观、人才观、效益观。

“天之道，利而不害。圣人之道为而不争”（天的道，生养万物，利济万物，而从不伤害万物。圣人的道，总是无私地为天下做一切，却不与天下人争什么）。奉行这样的“道”去参与竞争，怎么能不取得成功呢？

在经济海洋中翻滚了这么多年，薛永新对这个问题是有着深深体会的。他主张变竞争为竞赛，主张“不争”。在其专著《大道无为》中称：“这种血淋淋的经济对社会无任何好处，应该把竞争变成竞赛，来一个市场大竞赛，相互帮助，相互学习，市场自然会和谐地繁荣。”他指出“清静无为”的竞赛是顺应自然规律的。恩威公司从社会的需要、人民的需要出发，为了解除患者的痛苦，增进人民的健康，根据市场需求的变化，开发新药，调整生产。总之，一切为消费者着想，企业也顺理成章地得到了发展，这是再自然不过的事情。恩威公司的宗旨是服务于社会，造福于人类。这就是无为的竞争，利他人，造福社会的竞争。

薛永新不盲目追逐潮流，不单纯追求高利润，而是广泛收集市场信息，深入研究消费需求，积极改善生产经营，努力挖掘内部潜力，使质量精益求精，使效率高了又高，使浪费少之又少，使服务好上加好。再加上合理真实全面贴近百姓的营销手段，使恩威公司在竞争中领先一步，立于不败之地。

在用人和人才管理上，恩威一直以发挥人的潜力为核心，在这里，他再一次提出按照水的自然规律去发挥水的作用一样，按照人的自然规律，去协调人的感情，导引人的思想，调和人与人之间的关系，最大限度地发挥人的主动性与创造精神。

薛永新以其高尚的品格，为恩威注入了闪光的灵魂，以其高度的智慧，为恩威带来了勃勃的生机，更以其颇具传奇的人生坎坷经历，给恩威锻造了一副钢铁骨骼，在这条通往辉煌成功的路上，薛永新和他的恩威也会遇上挫折，但只要有那么一颗心，恩威一定会越走越稳，越走越宽广。

学好得好，病愈饥饱；古今劝救，宽仁厚道。

道术医学，济世怜贫；伦理必守，身心安宁。

大家本分，国家和谐；天地清静，世界和平。

这段话，既是李真果老人百年修道所得，也是薛永新半辈子的人生感悟，也许也会成为更多人的处事箴言。

恩威以其生产的药物解除千千万万患者的病痛，得到社会的回报之后，无论是用于扩大生产经营，还是用于社会公益事业的投入，都是为了给社会大众缔造福祉。同时，恩威还在以资助社会公益活动和文化事业等多种形式，从不同角度将企业所得反馈于社会民众，实现造福人类的目的。恩威针对妇科病、皮肤病、性病这些常见、多发而又不便求医的疾病开展科研和生产，努力为人们解除难言之隐。恩威的发展历程，曲折而坎坷，但所有的艰难险阻都没有改变其“服务社会，造福人类”的初衷与宗旨。这一切，不正是“水德”的体现吗？不正是基于薛永新对“无为”思想的深刻领悟吗？

高尚的品德就是人生的第一财富

改革开放，一方面，搞活了经济；另一方面，世界上各种各样的文化思潮也涌入我国，在人们脑海里引起激荡，这个阶段，是人心容易被搞乱的阶段。人心乱了，各种怪事也就出现了。拜金主义、享乐主义，传染了相当一部分人，出现了以胡作非为为荣，以腐败堕落为荣，以淫乱、自私、不择手段、不讲道德责任为荣的怪现象，许多人都卷进了“及时行乐”“不择手段夺取利益”的泥沼。其结果，当然是迟早受到相应的苦报以及恶报。

这些现象说明，这样的阶段，我们更不能放松思想道德的建设。一旦放松，很容易一失足成千古恨。你想，那么多文化思潮在你脑海中激荡，没有一堵建设得很好、很坚固的堤坝，能承受住这些一涌而来的冲击吗？

我国有着悠久的历史文化，有相当多传统的美德。这些美德有的人认为过时了，薛永新认为恰恰相反：弘扬传统美德，在当今是很迫切的事，不是过时，而是很及时。同时，也应该看到，传统美德是经受得住时间的考验的，即使到了下个世纪、下下个世纪，这些美德仍然不会失效；甚至可以断定，越到往后，越到未来，越需要发扬传统美德。为什么呢？因为这些美德是人生、社会本身的需要。它是人生规律、社会规律的反映和概括，是指导人生的意识与行为，使之符合人生规律、符合社会规律的最为重要的“人生指南”。

有了这个“指南”，而又把它抛在这一边不用，因而走上迷途的人太多了，惨痛的教训天天都在发生。他们自己痛不痛苦？他们的亲人痛不痛苦？被他们侵害的人们痛不痛苦？——都是“苦不堪言，痛不欲生”。

所以，薛永新很清楚，他们选择制药，只能解除人们生理上的痛苦；与此同时，他一直致力于弘扬传统文化，致力于人们的心灵建设、道德伦理建设，目的是解除人们心灵上的痛苦与烦恼，使人人从内到外、从心到身都能得到快乐，成就美好的人生。

现在有一种偏爱金银财宝的倾向。人们把它们当作财富来追求，似乎只有这些东西才能体现人生的意义，只有这些东西才能标志个人人生所实现的价值。这是把一切都商品化来看待的结果。人们自觉不自觉地把人生也视同商品了。这恐怕是一个最大的迷幻，最大的颠倒。在这种颠倒中，人们失去的恰恰是人生的意义和价值。为什么这样说呢？其实道理很简单：人的生命之难得、之宝贵，是黄金白银望尘莫及的，更不用说某一件商品了。比如我们拿全世界的所有黄金给一个人，让他放弃生命，他愿意吗？他不愿意。可见人生本身比金银财富贵重多了，是不能相比。可是现实中却又有人为几十元、几百元钱而杀人、放火，走上犯罪道路，最终把宝贵的生命丢失掉了，这又是怎么回事呢？这就是迷幻、愚痴、颠倒。这些人在临死前的刹那没有不醒悟的，他们醒悟到，在商品化的幻影中，自己把自己弄颠倒了，所作所为想起来像一场恶梦，但是他们醒得太晚了。恶果都已经成熟了，悔之晚也。他们恨自己为什么不早一点醒悟。但恨有什么用呢？

道德伦理的建设，个人高尚品德的修养，所起的作用就是让人“早醒

悟”，并且在一切境况下，始终都保持“醒悟”，从而使人生不致被颠倒，不致在颠倒中丢失。要是上面讲的那些人早一点着手自身的品德修养，他们也不致把最宝贵的生命丢失在人生半途中了。

因为没有高尚的品德，宝贵的生命就很容易在人生的海洋中迷失、淹没、断送。人生离不开好的品德，就像生命离不开一颗好的心脏一样。高尚的品德，就是人生健强的心脏，它是人生的一个重要组成部分。没有它，人生也就完了。

这个意义上讲，高尚的品德，就是人生的第一财富。

所以，我们应当像珍惜自己的生命一样，珍惜自己的高尚品德。像天天呼吸空气、天天吸收营养，以使生命健康旺盛一样；我们要天天增进道德知识、天天吸收道德养分，天天不中断道德修养，使我们的品德变得高尚而又坚定有力。

美国前总统尼克松在访问苏联时，曾经问一个小男孩，问他最大的愿望是什么。小男孩的回答是：“活着！”这个孩子说出了全人类的心声。“活着”，两个字，干净、利落、质朴，最浅显而又最深刻。如果发一份相同的调查问卷出去的话，全人类100%的人都将回答说他们最大的愿望是：“活着”。

那些走上人生歧途、白白断送掉自己生命的人，他们最大的愿望其实也和大家一样，都渴望能够“活着”。那样的人，你要是直接告诉他，把命拿出来，他们也不会同意的。但他们自己却给自己制造一些幻觉，编织一些圈套（例如，杀人越货的、贪赃枉法的、腐化堕落的、吃喝嫖赌送命的、吸毒贩毒丧命的等），让自己拐着弯子去把命送掉。他们这是因为什么呢？因为“无明”，因为对人生没有觉悟，因为没有像呼吸空气那样天天吸入道德气息，因为没有像天天看见阳光那样天天看见自己的人生行为；更没有像天天睡眠那样天天从事自身的道德修养。所以，他们的人生，在失去道德规范的指引和约束的情况下，胡乱地踏上了“死亡之路”。他们不懂得，高尚的品德才是人生最可靠的保佑。

出于“财富”这个词在当今变热了，十分引人注目，所以，借用这个词来讲品德的重要性。人们说：“高尚的品德是人生的第一财富。”目的也是让人们把这个“第一财富”与金银财宝和小商品作一个比较，从中去领悟什么东西更宝贵。我们希望，当人们明白这些道理后，把自身的道德伦理建设看得像呼吸一样重要。它甚至比呼吸还要重要，因为在人生的许多重大关键点上，它甚至能决定你是否还能呼吸下去。

如果有人对你说，现在是资本原始积累阶段，大家残酷一点，要不择手段、夺取财富，不要道德了。你千万不要听信，他是在害你。你现在把道德丢掉容易，到时候你再想拿起来时，恐怕已经晚了，来不及了。这种道理在佛学的因果观里是了了分明的。你种下恶因，就只能结成恶果，旁人那样蛊惑你，什么“资本原始积累阶段”，好像什么都变了。他是要你幻想种豆能得瓜，你能相信吗？

人生最正当、最可靠、最有益（对自己有益，对人有益，对社会有益，对众生有益）的积累，是道德积累、功德积累。人生的幸福与不幸，实际上，就看你道德积累、功德积累得怎样了。这种积累不仅是今生今世的，还有过去若干世的。过去的积累，影响着今世的福报；今世的积累，决定着来世的报应。真正的福报都是这样来的，不是不择手段就可抢夺得到。相反，这种抢夺（哪怕只是想一想）恰恰是有损福德的。了解佛学的人，一定会明白这个道理。

因此，道德修养以及德行的积累，才是人生的原始“资本”的积累。要想人生美好，就得从道德上、德行上做起，种下善因，培育善根，以各种善行浇灌之，该做的都做到了，到时候才会有善果。

从另一个角度看，金银财宝这些身外之物，时而进来，时而又散尽，有时还招致祸患上身，所谓“人为财死，鸟为食亡”，讲的就是凡夫俗子的这种愚痴。这样的财富，是什么财富呢？留着它们干什么呢？争夺来有什么益处呢？老子说“福兮祸所伏”，说的是“祸”就潜伏在“福”里。这种现象在道家讲，就是相互会转化，事物转向对立面。金银财宝进来时，也许下一步，比金银财宝更宝贵的东西却丢失了。这种现象，借用佛学一个词来引申地讲，就叫“有漏”，“福”中有“祸”，“利”中有“害”。这样的利益是“有漏的利益”，“有漏的利益”就不是真利益。这样的财富是“有漏的财富”，“有漏的财富”就不是真财富。

让我们用高尚的品德来与之做个比较吧。高尚的品德，作为人生的第一财富，就是一笔“无漏的财富”。为什么这样讲呢？因为它的“利”中不包含一点点“害”，它是真正的大利益、纯利益；它才是“无漏的财富”“真财富”。高尚的品德对已、对人、对社会、对众生、对一切，都是利而不害，所以它是无漏的财富。

或许有人会说：“人善被人欺，这不是有漏吗？”说这话的人一定不懂得佛理。以《金刚经》里面世尊的一段话为例，可说明“被人欺”也并不是“有漏”。

在《金刚经》中，世尊讲过这么一段：

“善男子、善女人，受持读诵此经，若为人轻贱，是人先世罪业应堕恶道；以今世人轻贱故，先世罪业，则为消灭，当得阿耨多罗三藐三菩提。”意思是，我们受持读诵金刚经，坚持正确的佛法修行，如果因此而受到他人侮辱、咒骂，或者生病、破财、不愉快、不如意，被人轻贱，那是因为我们先世做下了恶业，本应该投生到恶道中去，由于今世受人轻贱的缘故，我们的“先世罪业”才被取消了（“则为消灭”）；本是重报，反可轻受了。“当得阿耨多罗三藐三菩提”意思是就可以得到“无上正等正觉”了，得到至高无上的圆满智慧，能如实如真地觉知一切。

由此可知，如果因为我们坚持高尚品德而“受人欺”的话，那并不是什么坏事，因为这可以消灭你前世的罪业，得到无上智慧，可以说，遇到欺侮你的人，或是要加害于你的人，你都可以将他们视为帮助你消除前世重罪的朋友，甚至是恩人。

由此，高尚的品德的获得，才是值得我们追求的“无漏”的真财富。

慈悲喜舍的佛家精神

薛永新还常以佛家“慈、悲、善、舍”四心来要求自己，比陆地广阔的是海洋；比海洋广阔的是天空；比天空更广阔的是人的胸怀。有了佛家的慈悲精神，恩威当然是所向无敌的。

“四无量心”又称为“四无量心观”。称其为“四无量心观”时，偏重的就是“修”，所谓“修××观”“修什么什么观”，就是这样，在修的过程中，首先的步骤就是要修成什么什么观。“观”是观想的意思，“修观”就是先在脑子中把问题搞清楚，形成模式，并通过反复观想，使之巩固下来。

四无量心观，包括四种观：

• 慈无量心——通过观想，给予众生安乐，将慈心扩展至无量；观想从亲人观起，次及中人、疏远者、怨家仇人，最后推及十方世界一切众生，故称“慈无量”。

• 悲无量心——通过观想，解除众生痛苦、将悲心扩展至无量；观想从亲人观起，次及中人、疏远者、怨家仇人、最后推及十方世界一切众生，故称“悲无量”。

• 喜无量心——通过观想众生幸福而欢喜，将喜心扩展至无量；观想从亲人观起，次及中人、疏远者、怨家仇敌。最后推及十方世界一切众生，故称“喜无量”。

• 舍无量心——通过观想，等观一切众生并舍出一切，将舍弃一切的舍心扩展至无量；观想从亲人开始观想，次及中人疏远者、怨家仇人，最后推及十方世界一切众生，故称“舍无量”。

我们对上述观想顺序要有所留心，这个顺序（从亲人到中人，再到疏远者、怨家仇人，最后到十方世界一切众生这个顺序）表示出“修”的过程，即从“有量”到“无量”的过程。读者可以试着观想一下，想想你的怨家仇人，你是一想起就是气吧，如果想起就气，你就该修修慈无量了，对仇人也要有仁慈心。想起你的仇人十分幸福，你会高兴吗？如果不高兴，说明你应该修一修喜无量心了，要为仇人的幸福而心生欢喜。再想想你的仇敌如果遇到不幸、非常痛苦，你是否也像他那样痛苦，并真心帮助他拔除痛苦呢？如果不是这样，你就得修修悲无量心，再就是舍无量心，你肯舍弃一切，甚至是舍给你的仇敌吗？

没有经过四无量心的道德修养的人，通常对亲人还能谈得上慈悲喜舍，对中人就要打问号了，对疏远者就更打折扣，对怨家仇人，恐怕就是

丝毫也没有慈悲喜舍心了。这种现象更加证明，四无量心的道德观是要通过“修”才能修成的。也许一些读者在明白了这样一些佛学道理之后，渐渐也能对怨家仇人心生慈悲喜舍，最终推及十方世界一切众生，达到四无量。这更加证明，我们所谈的“道德修养”是真有其事，是有实际内容的，不是喊喊口号、不知从何做起的那类空谈。读者如果亲自参与这种道德修养，就会发现，修成四无量心，并非一天两天、一年两年就能做到的事。这是一生都要修养的。有时在观想中做到了，遇到现实的实际问题，做起来又是两码子事，都说明还得继续修养，还得从佛法中承领更多的觉悟和智慧。

直到我们不仅是在观想中，而且在现实境况中，都能不加着力就呈现出四无量心，那才是有了道德，形成了品德。这个工作是真的，因而也是不易的，更应该早一些动手、动心。因为四无量心涉及的范围是一切众生，包括动物、植物等。从“有量”到“无量”，早动手早完成。

如果我们世界上每一个人都生起了四无量心，那么，世界就是天堂了，任何一个地方都是“西方极乐世界”了。这无疑是人类社会应当追求的一个目标。

这需要我们所有的人，共同努力，从自己做起。而自己应当而且可以立即着手的工作，就是自己的道德建设、品德建设。

越是没有道德的时候，道德越是珍贵。

高尚的品德，是人生最真实的财富，修四无量心，可以成就最高尚的品德。让我们永远记住这点吧！

第十章

汪归大众善若水　海纳百川无欲刚

汪海：从双星看传统文化在企业中的运用

企业家必须具有全面综合的素质。他首先应该是政治家，尤其在中国，不是政治家绝对站不住脚。其次应该是外交家和演说家，应具备良好的交际能力和口才，只有这样，才能把你的观念和思想通过语言表达出来，让别人理解。最后就应该是军事家了。

中国传统文化的主要组成就是佛、道、儒文化，其中尤以“佛文化”普及面最广、影响最大，而佛文化的核心就是“行善积德”。在企业里，“干好产品质量就是最大的积德行善”。

——双星集团总裁　汪海

汪海人生经历

汪海，1941年10月出生于山东微山，现任双星集团总裁兼党委书记，中国青岛双星集团公司总裁。

1961年参军，历任26军某部炮兵指挥排班长、排长、副指导员、指导员。1971年，转业回青岛，历任青岛市化工局秘书，青岛市橡胶九厂（双星集团前身）政治处主任、党委副书记、党委书记、厂长，青岛双星集团公司总裁兼党委书记，青岛双星鞋业股份有限公司董事长。1983年，担任橡胶九厂党委书记，经过十多年的奋斗，将昔日一个专业制作“解放鞋”的中型鞋厂，发展壮大为全国规模最大、效益最高、信誉最好的国有制鞋集团，创出中国人自己的名牌。

1995年，青岛双星集团公司成立，汪海任党委书记兼总裁至今。因创立“双星九九管理模式”而荣获全国思想政治工作创新奖、特等奖。曾获全国思想政治工作创新特等奖、并连续四届当选为全国胶鞋协会理事长，因此被国内外一致称为“中国鞋王”。被美国名人传记协会与美国名人研究所推荐为1995年世界风云人物。1995年12月，被民政部、国务院军转办评为“全国优秀退伍军人”。1997年，获国际优秀企业家贡献奖；1997年，被美国中小企业联合会和美国美中友好协会授予“国际优秀企业家贡献奖”。1999年，中国唯一入选大型文献纪录片《共和国外交风云录》的企业家；2000年，中国优秀转业退伍军人企业家；2000年，世界杰出人士；2000年，中华十大管理英才；2000年，经北京无形资产开发研究中心评估，其企业家身价10.2099亿元，成为中国企业第一人。2004年12月，获“中国经济十大新闻人物”称号。2011年1月，荣获“2010年度中国十大风云鲁商称号”。

运用佛文化精粹　倡导道德管理

从现代文化需求出发，把传统文明放在现代精神的砧石上锤炼，使传统文化在与现代文化的真实对话中得到批判性的继承和创造性的发展。双星正是走在文化创新的前面。“继承传统的，借鉴先进的，创造自己的。”双星总裁汪海说，博大精深的中国传统文化是最能有效地动员社会资源的一种文化，儒、道、佛是中国传统文化的代表，前人给我们留下了那么多宝贵的文化遗产，就看我们怎么去继承和运用了。传统的文化蕴藏着优秀的思想，他们提倡的道德、觉悟、敬业精神，不就很适应于现代企业管理吗？为此，双星就在全体员工中灌输中国传统优秀文化，倡导道德管理，以达到企业管理的最高境界。

伟人马克思、毛泽东、邓小平关于“实事求是”的理论是指导国有企业改革的强大思想武器，而儒家、道家、佛家所倡导的“行善积德”精神又是指导我们为人处世的基本原则。双星人正是遵循了“实事求是、行善积德”这一基本原则，用于现代化的企业管理，通过与市场实际相结合、与企业自身相结合，创造出了以“干好产品质量就是最大的行善积德”为代表的、独具双星特色的，并且是传统优秀文化与现代企业管理相结合的、独一无二的企业管理新概念，以此教育员工自信、自强、自律和爱业、敬业、乐业。用最朴实的“行善积德”来启发职工的良知和善良的本性，引导员工强化产品质量意识，强化企业管理，使员工从思想深处感到自己的一针一线不仅连着市场、连着企业的效益、连着每一名消费者，也连着自己的道德和品德，从而使大家认识到“质量等于人品，质量等于道德，质量等于良心”，使产品质量合格率由过去的86%达到了99.99%，达到了名牌产品所要求的质量标准。

妙用“孝文化”培育员工企业忠诚度

中国是个崇尚仁义的国度，自古就讲究孝道。传统的儒家思想从孔子起就认为：一个人只有在家事亲有“孝”，才能在外事君有“忠”。“孝”是“仁”的根本，“孝”是社会的基石，“忠孝”二字涵盖了儒家济世做人的要旨。

汪海将“二十四孝”搬到双星山上。他说：“今天，尊老爱幼、孝敬父母，仍旧是社会安定、中兴盛世、和谐繁荣的重要内容。一个人只有首先爱及父母，才可能友善于他人，才能爱工作，爱国家；一个人只有心存孝心，才能自守有度，整个社会才和谐太平。”

双星在职工中开展“争当孝星，做企业和家长放心的员工”活动，请优秀职工的家长到双星做客，使职工懂得什么是荣誉，什么是耻辱，什么值得尊敬和赞扬，什么应该鄙视和谴责，对双星名牌要有深厚感情，有公心、良心、责任心。汪海说，“职业道德说到底是个权责观的问题。你只有履行了职责，职业权利的获得才名正言顺，当之无愧。就像在一个大家庭内，你既有获得父母抚育的权利，也必须尽赡养父母的义务和责任。”所以，汪海在向双星员工灌输职业道德理念时，没有一句空洞的说教，而是将中华民族传统的美德孝行充分运用到职业道德建设中去。他说：“企业是什么？是我们大家的衣食父母；企业不仅给了我们衣食之用，还给我们提供了施展才干、成就一番事业的用武之地。那么，我们该怎样来报答企业的养育之恩呢?”这一句句的问话，问出了双星人新形势下的职业道德，问出了双星人对企业忠诚不二的“孝心”来。

“中和思想”促进企业要素优化组合

我国传统思想继承商周以来“中和”思想而提出“中”哲学范畴，

提出“允执其中”的实践要求，反映了中国农业社会追求自我平衡、以静制动的特色。也正是这种“中和”特征在世界经济中取得相应的优势。儒家文化的一种价值观是“中庸之道”，反对“过犹不及”，不按规律行事。我国传统思想中所谓万物之“理”，“狂者”勇往超前，容易背离引起质变的关节点；“狷者”孤守原地，只进行不及关节点的量变工作，也违背质量互变的度。这在企业管理中，防止因过度的矛盾冲突而破坏不同事物共同存在的统一，把握事物质量互变的关节点的比例有着十分重要作用。双星做了许多“敢为人先”的事，但这一切他们认为都遵循了行业和市场发展规律。“客观地想、科学地创、认真地做、务实地干、愉快地过、潇洒地活”是双星人的思想宣言。20 多年来，中国经济发生几次大的变化，而双星却没有受到经济冷热的影响，高潮时依照行业规律发展，低潮时也仍然保持持续增长。

“时中思想”打造科学管理特色

管理特色既是静态优势，又是动态优势，是企业综合竞争力。所谓管理，就是要“管得合理”。要管得合理，就要讲究合时宜。我国传统“君子时中”的思想，具有重要的现代价值。作为劳动密集型传统制造工业，双星积极利用“时中思想”，打造“经”与“权”运用的管理特色。“经”是提企业管理制度的规章、制度、原则；“权”是指企业管理中随机应变的管理技巧。前者体现管理的原则性，“严守规则，灵活运用”。在管理活动中，坚持基本原则、基本制度与从实际出发，因时、因地、因事制宜是矛盾的统一。双星认为，企业的核心竞争力包括三个方面，一是知识、二是制度、三是资源。核心竞争力最核心的是制度。一个企业的成功是制度的成功和管理的成功。中国改革开放 30 多年取得的所有最惊人的创举归功于制度，归功于伟大的改革开放。在汪海看来，东方的情感模式是人类经济社会非常珍贵的财富，有其可吸收借鉴的宝贵价值，它能极大地增强群体的凝聚力，使群体能够真正发挥群体的作用。这种群体作用远大于个体相加所产生的作用。法律与物质利益虽然也能保证群体的利益和生存，但是，只有真诚而美好的情感才能使群体成为一种充满活力、生机勃勃的生命体。只有将双星构筑成一个既充满和谐气氛和凝聚力，又充满着巨大能动性的群体，才能将双星送入超速发展的轨道。从 20 世纪 80 年代中期，汪海就一直致力于创新这种既包含西方管理的合理成分，又适合中国传统情感世界的管理模式，提出“人是兴厂之本，管理以人为主”的双星管理思想。

借助深厚的传统文化底蕴，我国企业正努力追求义与利的统一，富裕与奉献的统一，服务与竞争的统一，团结与发展的统一，自强与自律的统一，经济繁荣与社会和谐的统一，物质文明与精神文明的统一。在传统思想基础上实现企业管理体制的创新，形成特色，才能增强竞争力，实现稳步前进。正是因为有了深邃的思想、优秀的文化，双星管理模式才在市场商战中独树一帜！

总裁也需要营销

企业家不能低调，要争创“企业家个人名牌”，更好地提高企业的知名度、社会声望、企业精神、品牌内涵，在参与国际品牌竞争中争取最大优势。

真正的企业家“高调”无可厚非。为什么歌星、影星大出风头很正常，而作为社会经济支柱的企业家却要保持低调呢？企业家是推动企业生产发展、推动企业这部大机器运转的心脏，是创造社会财富的重要支柱，企业家应该得到社会的理解、支持和尊重。企业家不应该低调，社会应该为企业家创造良好的生存和发展环境，应该让企业家比歌星、影星更有名气、更加荣耀、更富活力，这也是构建和谐社会的一个重要内容。

真正的企业家应该是企业活生生的形象代言人，作为企业形象代言人是不应该保持低调的。作为一个企业家带领双星人将一个濒临倒闭的国有制鞋企业发展成为拥有鞋、服装、轮胎、机械、热电五大支柱产业的中国

综合性制造加工业特大集团，解决了近10万人的就业，你说汪海的社会价值和经济效应会输给任何一个歌星、影星？

在什么地方出现，汪海都是双星最好的形象代言人，不管在什么场合，从不低调，就应该很好地体现双星企业和双星人的精神内涵。如果作为一个企业家低调，怎么能有资格当好企业的形象代言人？

真正的企业家，在创造企业产品名牌的同时，还应该创造“企业家个人品牌”，塑造出鲜明的企业家个人形象，所有为公众服务的商业领袖都应拥有自己的领导力品牌，而要创造“企业家个人品牌”，就不能低调。品牌建设常被认为是企业的活动，与个人没有什么关系。

汪海赞成这种“总裁营销”形式。“总裁营销”的目标是在塑造企业家个人品牌的基础上，建立企业家与企业、品牌一对一的联想，从而深化并优化公众对企业、品牌的认知。你的个人品牌是企业形象和品牌形象的感性体现，个人品牌的塑造不仅仅满足个人职业生涯的需要，而将你的个性形象恰当地传播出去，与企业形象、品牌形象形成合力，以争取公众的认同与理解。

尽管“总裁营销”在国外早已形成成熟的方式，但在我们国家，有意识、系统地发掘“总裁营销”价值却是刚刚开始，“品牌与企业家相映成辉”的品牌追求阶段还仅仅是个开头，企业家敢于张扬个性的还为数不多，甚至有的被冠以“作秀”，这是不合理的。其实只要一个企业的产品过硬、服务过硬，企业家带头宣传促销，又有什么不好？

“我不在秀场，就在去秀场的路上”，这句话套在某个娱乐明星的身上或者从哪个明星的嘴里说出来，你一点都不会大惊小怪，为什么企业家一“出风头”就招来非议？企业家就一定要低调吗？

第十一章

光彩大业传万代　标新立德耀千秋

陈光标：上善若水，慈济天下

一个人活着如果能影响更多的人，并能使更多的人活得更好，这样的生命是有价值、有意义的生命，是值得骄傲和自豪的生命。财富如水，如果你有一杯水，你可以独自享用；如果你有一桶水，可以存放家中；但如果你有一条河，就要学会与他人分享。

一个企业要发展，离不开社会提供的优良环境和支持。每个企业都有自己的社会责任，企业越强大，承担的社会责任就越多。让更多的人享受到企业发展的成果，应当成为企业家的价值观。

——江苏黄埔公司董事长　陈光标

陈光标人生经历

陈光标，1968 年 7 月出生于江苏宿迁市泗洪县。1985 年，陈光标考入南京中医药学院。2000 年创办江苏黄埔再生资源利用有限公司。2003 年“非典”期间，陈光标向江苏省医疗机构捐赠了 800 台远红外温度检测仪和 200 万元现金，用以支持“抗非”事业。2004 年年底，向东南亚海啸灾区捐出了 300 万元。2005 年，黄埔投资集团荣获“中国诚信示范单位”荣誉称号。2006 年，陈光标成为中国最年轻的十大慈善家。2007 年，捐赠总额为 1.81 亿元。

2008 年，5·12 汶川地震发生后，陈光标带领 120 名操作手和 60 台大型机械组成的救援队千里救灾，救回 131 个生命，其中他亲自抱、背、抬出 200 多人，救活 14 人，还向地震灾区捐赠款物过亿元。2009 年，陈光标又捐资 1 亿多元在南京建设成立了“黄埔防灾减灾培训中心”，免费向公众提供服务。2009 年 1 月，陈光标又荣获“2008 CCTV 年度经济人物大奖”和“CCTV 年度十大三农人物公益奖”。2010 年 9 月，他宣布死后捐出全部财产（当时是 50 余亿元人民币）。2011 年 3 月 11 日，“中国首善”陈光标以个人名义通过中国慈善总会向云南盈江地震灾区两个寨子的民众发放每人 200 元救灾款，共捐献 20 万元人民币。

2011 年 8 月 16 日上午，陈光标再次捐赠，对象是井冈山、泰州黄桥革命老区、云南迪庆藏族自治州交通警察支队、安徽大学、台湾周大观文教基金会、南京五老村慈善超市等，捐赠款物包括 2000 万元现金、3800 台电脑，价值总计 3100 万元。

言传身教——儿时助人为乐

“我的父母都是农民，虽然家里非常贫穷，但他们从小就教育我要力所能及地帮助别人。”陈光标觉得，自己现在热衷于慈善事业缘于父母的言传身教。

陈光标出生于江苏泗洪县天岗湖乡，那是一个以穷困闻名的地方。靠种地为生的父母生育了5个孩子，但在陈光标两岁的时候，一个哥哥、一个姐姐因为家庭极度贫困，先后饿死。

在贫穷的环境中长大，有的人会走上错误的道路，然而陈光标从小感受到善良的父母的影响：一方面发奋图强，另一方面帮助苦难的人。

陈光标回忆说：“8岁那年，弟弟降生了，妈妈的奶水不够，但我亲眼看到热心的妈妈帮助同村一个奶水更少的母亲哺育孩子。那时我很不理解，问妈妈为什么这么做。妈妈笑着说，你小时候也这样啊，那时隔壁孩子的妈妈奶水不够，我也喂过他呢。你要记住，我们虽然穷，但也要尽自己所能帮助那些需要帮助的人。”父母的基因传给陈光标，使他从小就善良。看到别人卖青蛙，因为听老师讲“青蛙是益虫”，他就买回来放生；12岁那年，看到有人要宰杀耕牛，他偷偷地将牛放了。

如今，这样的善良伴随他：见到自来水龙头滴水就要拧紧，街头倒地的自行车他会扶起，在菜场见到青蛙、乌龟他就要买来放生。据说，他放生到玄武湖里的青蛙、乌龟等大概要按吨计了。

“当时，听妈妈说我家隔壁的小伙伴也因为交不起学费面临辍学，我二话没说，自己跑到学校帮他交了一元八角钱的书本费。当他妈妈看到那些书的时候，拉着我的手流下了眼泪，一个劲儿地和我说谢谢。这让我第一次感受到帮助别人的快乐和自豪。”陈光标说，也就是从那时起，他许下心愿：如果自己今后有了钱，一定要帮助更多的人。年少的陈光标开始不断找寻致富的途径。

13岁那年放暑假的时候，他开始每天骑着自行车跑十几里路去卖冰棒。后来，陈光标又做起贩粮的买卖，从开始的骑自行车贩粮到用拖拉机贩粮；从一天赚个 5 ~ 6 元钱到一天能挣到 300 多元钱，陈光标在致富路上尝到了甜头。17 岁那年暑假结束的时候，陈光标挣了两万元钱，成了全乡第一个“少年万元户”。陈光标正是在这样艰苦的环境中逐渐显现了经商的才干。

在从商磨炼的同时，陈光标并没有荒废他的学业，他做生意都是利用课余或是节假日的时间，他一直保持着良好的自学习惯。1985 年，陈光标考入南京中医药学院，毕业后，他开始了创业淘金的征程。他看到新近上市的耳穴疾病探测仪具有良好的市场前景，但却没有直观性，患者不能直观地看到探测结果，就拿出仅有的 3000 元钱请专家提供指导，按照自己的想法给耳穴疾病探测仪做简单的改进，安装上显示器外壳，输入生理图像，这样患者只要手握仪器的两个电极就能在显示器上直观地看到自己身体哪个部位有疾病。这个被陈光标命名为“跨世纪家庭 CT”的新仪器，不但获得了国家专利，而且一上市就广受好评，原来 100 多元的样机改装后卖到了 8000 多元。凭借着自己过人的智慧和艰苦卓绝的精神，陈光标终于挖得了人生的第一桶金。

1997 年，陈光标的一次山东泰安之行，发现了人生的第二桶金。当时的泰安盛产灵芝，而且价格较低，200 元一千克，对治疗慢性病有良效，陈光标以其敏锐的目光发现其中大有商机，“灵芝好是好，可食用不方便，如果能磨成粉，制成胶囊服用就方便多了”，带着这个令自己都兴奋的想法，他敲开了南京大学和省各大医院专家的大门，请南京大学专家做广告策划，再请医院做临床报告。拿到生产许可证后，他又筹款到上海买了六台胶囊生产机，再赴山东泰安大量收购灵芝，回来制成灵芝胶囊销售。这样一来，200 元一千克收来的灵芝制成胶囊后，售价达到 2000 元一千克，这使陈光标收益颇丰。而更令陈光标感到高兴的是，他开发的“灵芝胶囊”项目促进了山东泰安的“灵芝经济”，带富了一方百姓，泰安市政府还因此颁发给陈光标特殊津贴。

投身环保——视循环经济为行善

2000 年，陈光标组建了江苏黄埔投资集团，刚开始的主要业务是收购银行不良资产，进行整合、盘活再出让。后来的一次机会，使他对循环经济产生了兴趣。当时南京城运会旧址附近的房屋需要拆除，南京市领导找到陈光标，问他愿不愿意接手，陈光标表示愿意试试。结果一接手才知道，这里简直就是一座富矿，仅拆下来的废旧钢材就卖了 400 多万元，刨去人工等成本，净赚 285 万元。

废旧的钢材可以卖给钢铁厂，报废的车胎可以清洗、切块、制成粉做塑胶跑道和农用车胎等用。而且，更为重要的是，可以变废为宝，减少污染，利于环保。之后，陈光标又将这一循环经济模型移植到废旧家电、电脑、生产设备甚至高速公路设施方面，在为自己带来倍增效应的同时，陈光标找到了自己价值所在："创造不止、回报社会。"他认为，捐款捐物是一种慈善，而搞好环保，搞好循环经济，造福社会和子孙后代也是一种慈善，他决心做一个慈善家，用多种方式报效社会。

作为一名政协委员，陈光标在委员的两会提案稿中，除了"慈善不分国界、不分民族、不分信仰""投身慈善乐在其中""财富如水，应该学会分享"等慈善思想外，"企业发展必须坚持环境保护""不能牺牲子孙后代活下去的条件"等公益环保观点也频频闪现，处处充溢着强烈的社会责任意识。

及时行善——捐赠比例越来越高

陈光标说，许多企业家 50 岁以后开始行善，我理解他们；但是我自己的想法是及时行善。因为真正的行善应该伴随一生。

早在 1996 年创业之初，陈光标就开始投身于慈善捐助活动之中。那年陈光标刚刚创立南京金威利电子医疗器械公司，一年的收入不到20万元，就拿出3万元资助一个安徽的白血病患者。2002年以来，在陈光标领导下的江苏黄埔向南京市公安消防局捐助近千万元，用于消防公益宣传。2003年非典期间，陈光标又向江苏省医疗机构捐赠了800台远红外温度检测仪和200万元现金，用以支持“抗非”事业。2004年年底，东南亚发生海啸，陈光标积极响应国家号召，向海啸灾区捐出了300万元。直至2009年，陈光标的企业年利润为4.1亿元，而他当年的捐款就达3.13亿元。从事慈善事业12年来，他把自己赚来的钱的近六成都捐了出去。多年来，陈光标个人向社会捐款已达12.3亿元，受益人群超过60万人，他有各种社会头衔185个，获得的个人荣誉有1500多项，收到哈达4000多条，锦旗2000多面。在自己公司，他把3000多名员工当成兄弟姐妹，挣来的钱首先用于提高他们的收入，所以公司职工的收入在当地名列前茅。在此基础上，公司还设立了慈善基金，从赢利中拿出20%～30%投入到基金中，确保那些遇到生活困难的职工得到有效接济。无论汶川地震还是玉树地震，他都亲自带队去抢险救灾。汶川地震他捐款上亿元，自组救援队救灾，在此过程中，他不仅捐赠785万元现金，还带去60台大型机械、600台教学电脑、3300顶帐篷、2.3万台收音机、1000台电视机、1500台电风扇、8000个书包和文具、170吨大米。甚至临走时，他们把自己的10多万元的生活费也留给了灾区的孩子们。玉树地震，他捐款5000万元，亲自带队去救灾，还带去21台大型救援机械、50台发电机、3000顶帐篷、3000件棉大衣、500吨矿泉水、200万元药品和300万元的燃料费用，还从废墟中救出了11人。此前，他已经捐建希望小学121所、乡卫生院27个、养老院16所，为偏远农村修建乡村公路91公里。

2012年3月3日15时，全国政协十一届五次会议在人民大会堂举行开幕会，陈光标继续旁听全国政协会议。有记者采访他时，他透露说，“从1998年至今，我捐的款物有16亿元左右。我死后，财富全部裸捐，我说到一定会做到。”陈光标说，他一定会拿出真金白银做慈善。“我们黄埔再生资源公司财务从来没有困难过。1998年至今没向银行和亲朋好友借过一分钱。我回报社会，社会也回报我。”

在陈光标眼中，财富如水。他说，做企业的最高境界，是从无到有，再从有到无。企业家要有社会责任，绝不能做守财奴，一个人在巨富中死去是一种耻辱。

“中国首善”陈光标的慈善义举，给我们的启示就是，他已具足佛法所讲的三种布施：①财布施（将终生奋斗所得的巨额财产全部捐献社会）；②法布施（以自己的实际行动感召天下所有慈善人士回报社会）；③无畏布施（以勇猛心战胜自己的我执、家人的不解和社会舆论的热炒）。

善待员工——捐赠只雪中送炭

对于社会上素不相识的人，只要对方有难处，陈光标总是慷慨捐赠，甚至还设身处地为对方着想。那么，对于身边的员工和同事，陈光标又如何呢？是否赞同热心公益的同时却苛责自己的员工的做法？“我不赞成！”陈光标明确予以否定。

“员工是企业的财富，是我最亲近的人，我们首先让员工有高收入；对于家里遇到危难的职工，我们绝不会让他们因为钱而犯难。”陈光标说，公司实行高工资制度，司机月收入有时能达到1万元。一定要让职工感到：在这家公司工作，待遇是最高的。有的职工家人得了急难病症，公司一给就是10万元。

2008年5月13日，陈光标公司的救援队伍赶到汶川灾区现场后，陈光标给120名操作手开了一个小会，向员工们承诺：他们在灾区工作的工资，将从平时的每月5000元增加到2万元，而且每5天发一次。这极大地鼓舞了士气。之后，一线员工的补助完全准时地划到了他们的银行卡上。

对于慈善事业，陈光标的思考是“做企业，我一直坚持诚信做企业，坚持守法经营，我不想贪多求快，有多少钱做多大事，都是拿自己挣来的钱进行扩大再生产，每一笔钱都是实实在在赚来的，这也是我能够放心捐赠的底气所在。熬过严冬的人最知道太阳的温暖。所以，我们董事会规定，我们的捐赠只雪中送炭，不锦上添花。定向在基础教育、孤残儿童、老少边穷和突发灾难四个方面。”虽说是一个企业家，陈光标绝不以慈善捐助来谋取生意上的好处。多年来，他一直遵守着“搞慈善的地方不投资，投资的地方不搞慈善”的原则，坚决把企业利益和慈善捐赠分开。

为国分忧——温总理“向你致敬”

2008年5月23日清晨，陈光标从成都市赶往绵阳向灾民发放收音机，上午9时许，在绵阳市九洲体育馆安置点，他遇到了前来看望恢复上课师生们的温总理。

“我知道你，你是有良知、有感情、心系灾区的企业家，我向你致敬。企业家不但要有经营的理念，还要有爱心、有灵魂。谢谢你们!”总理紧紧握着陈光标的手，一字一句深深温暖了陈光标的心。

“总理的话是对我做慈善多年来最大的认可，我觉得所做的一切都值了。”陈光标仍清晰地记得和总理的交谈。“企业家做慈善，就是尽力为政府分忧、为社会解难。”“人是要有良心和爱心的。我是在党的十一届三中全会精神鼓舞下成长起来的青年企业家，当年是国家供我上的大学，后来开公司也是靠党的政策，所以我始终认为我的财富不只属于我个人。当国家遇到危难时，我做些力所能及的事，感到很幸福。”在亲赴灾区之前，陈光标已委托中国扶贫基金会为灾区捐款650万元。但他仍然不满足，在去灾区前将200万元资金通过银行转到四川，到了四川后提出钱款分别散发给灾民；到了灾区后，他一方面抢险，另一方面指示公司总部源源不断地向灾区输送急需物品，一共捐赠785万元现金，60台大型机械、600台教学电脑、3300顶帐篷、2.3万台收音机、1000台电视机、1500台电风扇、8000个书包和文具、170吨大米。甚至临走时，他们把自己的10多万元的生活费也留给了灾区的孩子们。

6月1日，陈光标在绵竹东汽幼儿园里和孩子们做游戏时，听孩子们说自己家的房子被震垮了，陈光标掏出了身上仅有的一张名片，“孩子，把叔叔的名片给你爸爸，让他给我打个电话，叔叔给你们建。”结果孩子

们也纷纷说要建房，陈光标把自己的手机号码念给孩子们听，让他们记下，回头告诉自己父母。

高调行善——唤起更多人加入

陈光标常说，他也是一个普通人，他之所以取得了今天的成绩，是因为他付出了常人难以想象的努力。在商场闯荡这些年，陈光标从不抽烟、很少喝酒，更不参与赌博，也不出入夜总会、歌舞厅等场所。闲暇的时间，陈光标坚持读书学习，这已经成了他多年的习惯。他读书涉猎很广，这有力支撑了他的事业，也极大地提升了他的个人境界。

陈光标在接受采访时，一再表示，是邓小平改变了我们这一代人的命运，如果没有改革开放，就没有我们企业家的今天，所以我们赚的每一分钱里都有人民的无形股份，我们应该与政府共同履行社会责任，与社会共同分享财富。

从 10 岁时帮小伙伴交的 1.8 元书本费，到 2010 年 9 月，他宣布死后捐出全部财产（当时是 50 余亿元人民币），陈光标以实际行动实现着自己儿时“帮助更多的人”的心愿。

在 2006 年 4 月 12 日的《人民日报》“人民论坛”上，他发表了一篇题为《富而有德，德富财茂》的文章，以他自身的实践，提出了“资本和道德”的命题。他号召“让更多的人享受到企业发展的成果，应当成为企业家的价值观”。

在陈光标的感召下，许多企业家踊跃参加慈善事业。曾有一位企业家拉着他的手说：“光标啊，你做了那么多的好事，让我也不得不做啦。”

我如何对待自己亲人的理解

2010 年 9 月 5 日，我写了一封给比尔·盖茨和巴菲特的信，宣布在我离开这个世界的时候，将向慈善机构捐出自己的全部财产，引起广大网民朋友和社会各界的广泛关注。很多人对我的行为非常支持、钦佩和感动。你们的支持、赞誉和鼓励，也深深感动着我。然而，也有网友关心：我这么做，家里人理解和支持吗？当人们得知我的妹妹依然在一家饭店洗碗，每月工资只有1800元；我的弟弟依然在做保安，每月工资只有2500元，也有人产生疑问：陈光标为什么这么做，一个人如果对自己亲人不好，怎么可能对其他人好呢？

前一段时间，我一直在为舟曲泥石流灾区捐赠而奔波，今天才抽出时间想给广大网友写信，谈谈作为哥哥的我为什么这么做？以及我对一个亿万元富翁该如何对待自己亲人的理解。

首先，我想跟网民朋友先聊一聊我的家。小时候，我们家很穷，哥哥姐姐都是饿死的。可以想象，如果没有改革开放政策，没有稳定的社会环境，我们家今天会是什么样子？我也许只是个靠工资养家糊口的普通人。所以，今天我成为亿万富翁，是幸运的，一直从内心感激社会，感激改革开放，也有责任为国家、为社会，多分忧，多做一些事。

记得小时候，遇到乞丐要饭，我的父母非但不嫌弃，还会请他到自家餐桌上，与我们一家共同吃饭。别人家孩子没奶吃，妈妈就放下自己的孩子，给别人家孩子喂奶。有一次我看到弟弟因为缺奶吃饿得一直哭，就问妈妈为什么。妈妈回答："你小时候也是这样的，我奶水还可以，别人家一点儿都没有，小孩子要饿死的。"父母虽然贫困，不可能给我们留下什么物质财富，但是他们教会我们如何做人。现在我能用财富回报社会，是父母教会我们的，也是为了尽忠尽孝。有人问我：陈光标，你最大的遗憾是什么？我想我最大的遗憾就是没有第二次生命奉献给我的祖国。

其次，作为亿万富翁，我应该为自己的弟弟妹妹做些什么？有一种传统观念叫"一人得道，鸡犬升天"。的确，如果我把一部分财富送给他们，弟弟妹妹们也许能过着一种养尊处优的生活。现在不少亿万富翁就是这么做的，把企业变成家族企业。然而这么做就对吗？结果就好吗？

我发现60%以上的"富二代"是败家子。财富并没有使他们成为对社会有用的人，他们中有的人甚至吃喝嫖赌，危害社会。这些财富事实上是

害了他们。没有辛勤劳动创造、轻而易举获得的财富往往很难珍惜，也很难守得住。所以，我希望自己的弟弟妹妹自食其力，靠自己的本领吃饭，同时也在社会上体现自己的人生价值。现在他们做到了，我为他们骄傲，我想广大网民朋友也会为他们鼓掌的。

我的弟弟妹妹文化程度不高，都是小学文化。我也曾经三次创造机会让他们到我们公司工作，但后来由于受文化水平限制，他们不能适应企业发展要求，先后又离开了。我也犹豫过，是继续让弟弟妹妹留在公司养着他们，还是让他们到社会上寻找适合自己的工作，最后，他们出去找到了自食其力的工作，我觉得他们当保安和洗碗工，做对社会有益的事，不丢人，非常光荣！

当然，人非草木孰能无情，更何况血浓于水呀。作为哥哥，我对亲人也是充满感情的，我一直在想如何帮助他们。我觉得，如果给弟弟妹妹留下一大堆鱼不如教会他们钓鱼捕鱼的本领。因为再多的鱼也有吃完的时候，而捕鱼的本领可以让他们和孩子受益终身。所以，我没有给他们很多金钱，而是帮他们培养教育好孩子。教育能够改变一个国家的命运，也能改变一个家庭的命运。这就是我多年来一直坚持不给弟弟妹妹钱，但是每月给他们孩子 2000 元教育费的原因，当然，在他们家庭遇到困难的时候，我该出钱的出钱，该出力的出力，更是人之常情。所以，尽管有人不理解甚至不认同我这么做，我还是会坚持这么做下去的，我觉得这是对亲情观和财富观理解的不同吧。

由我创立的黄埔再生资源利用有限公司是一家高科技环保拆除公司，是目前中国唯一一家把建筑垃圾二次利用的环保产业，我用“变形金刚”把废旧垃圾做成颗粒，用作路基辅料，多年来，累积的颗粒可足够从北京至天津铺四个车道了。目前，我又将向生活垃圾转型，我认为这是一座看不见的巨大“金矿”，既保护了环境又有不薄的利润。

我觉得，一个人来到这个世界，可以说是“赤条条地来，赤条条地去”，应该把财富看得淡一些。我经常说，财富是水，是身外之物。如果有一杯水可以一个人喝，有一桶水可以存放在家里，要是有一条河就该与大家分享。我从 1998 年做企业以来，每天都在奔跑中，没有休息过一个周末。为了公司的发展，精打细算，将每一分钱用在该用的地方，将节省下来的每一分钱用于慈善事业。我做企业十年来，到目前，累计向社会捐赠款物超过 13.57 亿元（包括之前捐给舟曲价值 1700 万元的大型机械设备），直接受益者超过 70 万人。这对国家、对社会是有意义的事，对我们家庭，对我的弟弟妹妹，不也同样是有意义的事吗？

我想告诉大家的是，我捐的不是钱，而是一种理念，通过这种理念来唤醒人们的灵魂与良知，并且是在呼唤这个社会的公平与正义。因为，我看到了这个世界上越来越多的人睁眼闭眼就是钱和权，忘记了什么是尊严，失去了人性，这让我非常寒心。我所捐的十三多个亿的钱，帮助了七十多万贫困人口，其实，我看重的并不是这些钱，我捐十三多个亿的钱跟普通百姓捐十元钱是一个道理，主要想通过个人的经历来影响带动更多的人行动，让更多的人得到帮助，这才是我觉得无比快乐的事。

现在，我的儿子十七岁了，我经常带他出席一些慈善活动，也会带他去到贫困山区，我要用我的言行来感化他、引导他，让他懂得感恩社会和包容社会。我希望他长大了和我一样一辈子从事环保产业的同时不忘回馈社会。网友朋友们，我也衷心希望，你们也行动起来，帮助他人，从身边一点一滴做起，并且用行动带动你们身边的人、你们的下一代，一同为我们国家的环保产业、慈善事业尽一份力量。我认为，社会不仅仅需要一个陈光标，还需要千千万万个陈光标，大家团结起来形成强大的精神力量，加入慈善大家庭，你们一定能从中体会到和我一样的快乐。

网民朋友，我希望弟弟妹妹能以有我这样一个为了社会“裸捐”的亿万富翁哥哥而骄傲，同样，我也会以弟弟妹妹这样作为亿万富翁的弟弟妹妹仍然做洗碗工、做保安，自食其力而自豪！

我提出“裸捐”后，现在已经有过百名富人和普通百姓响应我，还有一些富豪向我表示，他们虽然做不到捐献百分百的遗产，但会捐出百分之五十，我很是欣慰。最近，不少我捐助过的少数民族欠发达地区的少数民族干部给我打来电话，他们说我唤醒了许多富人的良知与灵魂，相信不久的将来少数民族的穷人会得到更多的富人帮助了。他们还告诉我，受我捐助的贫困百姓在生活、教育上得到了怎样的变化，听到这些，我想无论我面对怎样的

非议，我都无所谓了，因为我的内心是喜悦的、是坦荡的，对社会、对他人从来没做过一件坏事。我要让父母和弟弟、妹妹们放心，我会永远记住1998年春节吃饭桌上父亲送给我的两个坚持：坚持守法经营；坚持诚信做企业，做了好事一定要告诉更多的人。

“裸捐”行为牺牲的只是我一个人的利益，但会让更多的百姓得到收益。网友朋友们，你们放心，我陈光标对社会承诺“裸捐”说到做到，当我离开人世的时候，我不想让我的子孙后代承受骂名。

人与人之间最难得的是尊重与被尊重、理解与被理解、感动与被感动，社会各界和广大网友的尊重、理解和鼓励，永远感动着我，给我坚持不断做慈善以快乐和力量。

陈光标

2010年9月

第十二章
陈立十条百丈出 峰入云端亦有基
陈峰：精进人生，造福众生

中国的时代已经到来，外国人没有准备好，中国人也没有准备好。在这样一个时代，中国的CEO们必须有全球的视野，以国际化的标准管理企业，用中国的传统文化做好智慧的准备。

我们人生若能做到两句话，就是有意义的人生，一是“生有所立”，二是“死有所归”。“生有所立”，即立德、立功、立言。“死有所归”，当人们离开这个世界的时候，做到不折磨自己、不连累他人。

——海航公司董事长 陈峰

陈峰人生经历

陈峰，1953 年 6 月出生于山西省霍州市。1990 年，出任海南省省长航空事务助理，主持海南航空的组建工作。1994 年，被评为“海南首届十大功勋企业家”。1996 年，被评为“全国优秀企业家”并当选全国劳动模范，荣获“五一”劳动奖章。1997 年，获美中友好协会、美国中小型企业联合会等联合颁发的“国际优秀企业家贡献奖”。2000 年，再次当选全国劳动模范，并再次获“海南功勋企业家”称号。2002 年 4 月，荣获中国企业联合会等三家单位联合颁发的“企业家创业奖”。

2002 年 4 月，当选为中国共产党第十六次全国代表大会代表。2002 年 11 月，当选为中华全国工商联第九届执行委员会委员。2002 年，再次获得“海南省功勋企业家”称号。2002 年，陈峰被选为中共海南省第四次代表大会代表和中共十六次全国代表大会代表，作为海南省企业家代表光荣出席了党的十六大。2003 年，被评为“2003 年度先进会员”“海南省第三届功勋企业家”，2004 年，获“中国十位聚人气企业家”称号、“25 位中国最具影响力的企业领袖”称号，“20 年 20 位影响中国的本土企业家”称号；2005 年 9 月，获由上海传媒集团和 CNBC 共同举办的“2005 中国最佳商业领袖奖”“亚洲最佳商业领袖奖”。

儒释合一的海航文化

马克斯·韦伯在他的《新教伦理与资本主义精神》中把美国的强盛归结为新教教义对于赚钱和创造的认同。在中国，宗教一直都是生产力发展的对立面。当市场经济的浪潮把人们的心理冲击得七零八落、七荤八素、七上八下的时候，陈峰选择重新回到东方传统智慧，而他的实验场是一个资本国际化的企业。这种成功是源于中西合璧还是陈峰个人风格？这其中的奥妙值得细细地玩味。

在海南兴隆海航集团的度假村里，宽阔的庭院中央放着一块轿车大小的巨石，上面刻着《心经》全文，260多个字的行楷写得仙风道骨、刚柔相济。被称为最简短、最概括地体现了佛家思想真谛的《心经》出现在度假村最显眼的位置，这种安排很容易挑起人的好奇心。而这一创意，正是出自于陈峰的创意、陈峰的墨迹。

陈峰喜欢钻研中国传统的文学、历史、宗教等，人们可以从海航的标志中看到太极、阴阳、鲲鹏和如意，而熟悉陈峰的人都会提到，他在办公室里是穿着道服工作的，读书、打坐、记录心得是他每晚的必修课。

在海航，陈峰把佛家的思想与儒家的思想相结合，创造了儒释合一的海航文化。新员工来公司报到后的第一件事，就是听陈峰亲自来上课，就是听陈峰开讲《人道，做人的学问》，之后要阅读《中国传统文化导读》，高级管理干部都要读《大学微言》。还有就是要背诵海航企业的“同人共勉十条”。甚至陈峰还会抽查一些老员工背诵其中的若干条。海航文化的培训教材是陈峰从师傅南怀瑾的《论语别裁》里精选出来的13万字，“同人共勉十条”则是从南怀瑾的“修行二十条”里挑选出来的。“为社会做点事，为他人做点事，为自己做点事”成为海航员工最朴素而伟大的追求。

陈峰对管理层要求更严格。他要求每人必须有计划地完成读儒家、佛家经典的任务，每个季度，下属们要写一篇学习心得，必须拿手写，这样就无法作弊。陈峰会亲自判作业，一个季度判一次，三次不及格，马上就降级。

据说，曾有一段时间，海航的干部和客人见面时不得握手，要单手施佛礼。

更令人讶异的是，海航机长的工作牌背后都印有佛像。这是已经被证实了的。而没有得到印证，但在业界却已普遍流传的一种说法是，海航每架飞机驾驶舱的操作台上，都有一尊宝像庄严的佛像。

海航在思想意识上遵循佛道，而在具体的管理实践中遵循的是儒学。海航管理干部的行为准则是“三为一德”：一是要“为人之君”，即君子般的风度，君子般的责任；二是要“为人之亲”，待众生像儿女，待儿女像众生；三是“为人之师”，要求别人做到的你先做到。这三个“为”构成一个“德”字，才能平天下人心。儒的要义被具体化为等级森严、赏罚分明，所谓“君臣父子”。

出于对儒学的推崇，让陈峰在海航建立了极其森严的等级制度，海航的干部序列是从M1到M10排列，M是英文单词manager（经理）的缩写，后缀的一个数字表明“等级”。陈峰是M10。只要成为M，哪怕是M1，所有的一般员工都必须以其名字敬称为“××总”。同时，在没有引起高层重视的情况下，普通员工的业绩多数会被归为M们所有。而对于领导的意见，很多时候被视作一种背叛，从而遭到或明或暗的处分。

领导喜欢什么就做什么，其实任何一个企业都是这样，但是在海航，这会让人觉得很夸张。一段时间，海航某高层喜穿白衬衣打黄领带，于是乎，整个公司90%的男员工都有了白衬衣、黄领带，而不管是否适合。同样，陈峰喜爱的道服也是绝大多数M们所必备的。

有情乃佛心

陈峰大量阅读佛家经典，他的宗旨“精进人生，造福众生”就是从佛典中演绎而来；佛教教义推崇“仁”字，主张“有情乃佛心”。他每天用

蝇头小楷书写心得体会，起名为《参禅随笔》。

说到用人，秉承儒家学说，陈峰喜欢能很好贯彻自己思想的人，而不介意专业。于是，跟海航打过交道的人都会发现，除了技术性部门外，很多管理职位都会有外行领导内行的情况。比如，一位理工科出身的人，在没有任何财务知识的情况下可以出任财务部门的主管，而经过专业培训的人则居副职。

除了创业元老之外，陈峰乐于用可塑性很强的年轻人，很多年轻人可以在两三年之内通过合理的机制从普通员工层跃升数级到管理层，现任海航集团办公室的一位管理者，在26岁时就已经是M3。而一些冷僻专业毕业、根本不知道怎样与人交往的大学生，则会被派到很重要的对外联系部门。

在海航内部广为流传的一个故事足以证明陈峰用人的有趣之处。

根据海航的规矩，一个部门内部如果发生矛盾，一般的处理方法是将两人同时调离。某分公司的两位M曾经因此被分别调离，一段时间后，其中一位得到领导的信任并很快升迁。而另一位M不久也得到了新的调令，但当他到新岗位报到后，他很震惊地发现，上司竟然是昔日的对手。这样的惩戒据说在海航很有威慑力。

中国共产党党章规定，党员不得信仰宗教。据说，曾有人就此向身兼海航集团党委书记的陈峰发问，可没有得到答案。

陈峰自己说过，每到夜深人静，便参禅入定，遁入空灵。他说自己是“晚上出世、白天入世”。不过白天他也喜欢盘腿打坐，有海航人士透露，甚至在飞机上也不例外，而日常，陈峰也经常会找M们与自己一块打坐。

“大富大慧”的人生

当很多CEO们觉得自己无法安慰这孤独的心，睡下时辗转反侧时，海航集团董事长陈峰只要默念一二三，第三下就睡了。陈峰说，这完全因为他懂得如何“放下”。

每到夜深人静，陈峰便参禅入定，遁入空灵。西藏智者认为，在静坐修持的最后，只要你尽可能地观想自己是一个最有成就、最有智能、最具慈悲的人，努力观想自己成为自己所希望成为的人，那么，它将在你心中留下深刻的铭印，在未来达成你的目标。信奉佛教从开始静坐一直到结束静坐，你经历了一连串非常特殊的心智锻炼活动，很像一名足球选手每天上体育场训练一般。到了你娴熟静坐修持的境界，你的心以及经营事业的反应能力，都将如同职业运动选手般强健、敏捷、坚定。这听起来有些玄，陈峰却深以为然。

问起他对自己的人生是否满意，他说："人能投生到尘世中，如同大海中的一只乌龟，一百年才从海底游到海面，找到一个木头洞，钻过去才能投生。人生难得，更何况是富贵人生，而今已得，很开心。"

记得一次《中外管理》杂志记者去海航时，适逢《乔家大院》热播，由此在管理学界掀起了一股研究晋商文化的小风潮。陈峰说，他的血液中就流着晋商精神，晋商精神应该成为全球工商界的商业精神。同时，陈峰把晋商的商业原则送给了 CEO 们：以德养身、以诚养心、以利制利。陈峰的老师、国学大师南怀瑾在《孟子旁通》中专门谈到了"利"，他说："古今中外的整个文化体系没有不讲利的。做学问是为了求利；即使出家学道，为了成仙成佛也还是在求利。"修道的人，看起来与世无争，却是世界上最讲究先求自利的人。仁义也是利，道德也是利。广义的、长远的利，是大利。

陈峰不喝酒、不抽烟、不吃肉、不吃鱼。每天午夜子时才睡，早晨四五点钟起床。陈峰觉得一生太短暂了，睡那么多觉太可惜了。"你的能量为什么那么高?""中国有句古话，气满不吃食啊。食谷者弱、食肉者病、食气者寿。"陈峰笑语。

事实上，陈峰除了信仰佛教外，对儒学、道学也都很推崇，"中国的时代已经到来，外国人没有准备好，中国人也没有准备好。在这样一个时代，中国的 CEO 们必须有全球的视野，以国际化的标准管理企业，用中国的传统文化做好智慧的准备"。

陈峰向 CEO 们推荐集儒、释、道三家之大成的《菜根谭》。日本的管理者在进入高层前必须做两件事，就是学习禅定和熟读《菜根谭》。“外国人尚且这样，为什么我们中国人不利用中国传统文化的精粹来提升自身修为呢!”

陈峰说阅读《菜根谭》，不仅可以品味墨子的“兼爱”、庄子的“自由”，也可以领悟孔子的“克己”、佛家的“慈悲”。佛教讲佛法无常，变是一定的，人的死也是一种变，是一种生命形态到另一种生命形态的变化。有智慧的人，是走在变之前，没有智慧的人往往对变化所带来的“变”而伤感。

海航人的“三为一德”

海航管理干部有三条基本标准：

- 具备用中国传统文化的精粹塑造自身、提高修为的能力；
- 具有现代化的管理知识和驾驭能力；
- 具有圆满、智慧的办事方法和处事能力。

“三为一德”是海航管理者最基本、最核心的自身修为的主要内涵，大家都不断地在这方面加以努力。“为人之君”，要有君子般的气度、风格和责任。做到这点，可不是一日之功，要读书养性、提高修为，《中国传统文化导读》《同人共勉十条》《海航管理干部必修读本》海航人都要认真去学；“为人之亲”，就是亲情般地善待他人；“为人之师”，即要求别人做到的，管理干部自己先要做到。这三条标准做起来的确很难，但努力做到这三条，海航管理干部的“德”就会油然而生。

中国文化中三大传承的核心就是一个“德”字，海航由“三为”而构成的“德”字有四个内涵：诚、善、勤、俭，即诚心待人、善念处事、勤勉工作、节约福报。四条做到，会在“德”字上有所提高，会带来好的发展运程。管理者面对的问题实际就是管心的问题，怎么管心？首先就要提高自己的心力、修为好。现在大家就要开始用“三为一德”来塑造自己。如何塑造自身，要把握以下三条。

第一个把握——懂得一个合格的管理者应具备什么样政治道德和怎样评价其工作。

舜帝讲过一句话“朕躬有罪，无以万方；万方有罪，罪在朕躬”，意思是做一个领导者应承担起天下人的责任、承担起天下人的痛苦，有为天下人掌权的思想、有“公天下”的思想和胸怀，这是管理者最大的“德”。海航的管理干部要以此来要求自己，要关心下属，分担他们的忧愁。衡量一个管理者的政治道德就是一个“平”字，水不平则流，人心不平则鸣。怎样做到“平”字，就是要做到“诚信”和“公道”。诚心待人、公平处事，讲究做人的信誉，这是海航管理干部必须明确的，特别是当第一把手的更需要宽厚的胸怀、恢弘的气度，这样才能达到“大富”的境界，“大富”就是行为端正、思想纯净，一切都努力做好，愿天下常生好人，愿人常做好事。

第二个把握——做一个合格的乐师。

作为一个领导者要有驾驭能力，就要有一种管理艺术，要做到“和”。过去在中国文化里面将“乐”和“礼”分成两个层面，“礼”从外部制度上规范人的行为，而用“乐”来化育人心。“乐”中包括琴、瑟、笙、竽四种乐器，四种乐器弹成一种“和”声时，就是天籁之音。“和”在中国文化里是一个非常高的境界，故宫的“太和殿”“保和殿”“中和殿”等就象征着中国文化中的“和”。如果管理者能使下属心往一处想，劲往一处使，这个团体就一定能搞好。如果调谐万人的心声为一个“和”音，就成为万籁之声，则海航的事业就会所向披靡、无往不胜。所以，管理者应根据不同的人心弹出美妙的曲子来，管理干部一定要学会当好一个乐师，弹出“和”声，这就是管理者的责任，也就是管理艺术和管理境界。

第三个把握——如何提升自己的学养。

一是将“三为一德”当成观心自省的明镜，以此来回顾和反省自身行为，时刻提醒自己是不是做到用“三为一德”要求自己。同时，建议大家认真学习海航的企业文化丛书，加强读书学习。每月学习一次，学点东西、记点东西、写点东西，就能凝神聚气、读书养性，这点点滴滴都是提升自身修为的方法，会产生很大的作用。文化的学习是一点一滴积累的，

给大家推荐的书是一个引子，更希望以此换取大家学习东西方文化的自觉性，形成一个学习型的组织，追求一种学习型的人生。

二是重视因果，珍惜福报。天下事都是有因果关系的，一分努力，一分收获。今天黄河断流、沙尘暴、非典，都是人类同大自然之间关系的因果反映。“众生看果，菩萨看因”，如果大家都有看因果的智慧，很多事做起来就会小心多了，很多事就不敢乱做了。出现了什么样的“果”，就一定有产生“果”的“因”，大家要珍惜福报，精进人生。“百年修得同船渡，千年修得共枕眠”，大家有机缘工作在一起是最大的因缘，大家何不团结友爱、珍惜缘分、互相关怀、互相帮助、共同奋斗。我们海航的“四大”就是“大众认同、大众参与、大众成就、大众分享”，有了这种理念指导，我们的事业就一定能够做好，就能获得事业成功的喜悦。此外，一德、二命、三风水、四积阴功、五读书，构成了影响人生的五大因素，而在这五个因素中三分人力、二分天命，自助天助，人的命运是可以自己把握的，所以大家要多培养道德、公德，多积阴功、多读书。

三是作为一个管理者做任何事情前要思考三个问题：你想要什么？你有什么？你准备付出什么？就是要明确目标、提高素质、勇于奉献。除此之外，作为我们海航的管理干部在管理方法上要做到“四会”“三明白”：会出主意、会写文章、会用人、会办事，并且能想明白、说明白、做明白。

通过对海航企业文化的学习，希望能够在“修身、齐家、治国、平天下”的修为上有所提高，能够在海航的舞台上发善念为社会、为他人做点事，把自己的智慧和才能发挥出来，实现从谋生到人生的转变，生有所立、死有所归，都能有个安心、快乐的人生。同时，在对人生的理解上、在人生的智慧方面、在做人做事的理念上都有所提高，达到做人做事的圆满境界。

寻求人生真谛　学会做人做事

一、创办海航自己的学校，重拾教育的核心与根本

现在的大学教育，很多都只是教授一点专业知识和技能，但按照中华

民族文化的观念，还不能真正称其为教育。我对今天的教育有自己的看法，中国的教育有大问题，因为我们的教育把教授人的根本丢掉了。什么是人的根本？这个问题我们差不多都忘了。教育应该教给孩子们在天地之间能够安身立命的做人做事的道理。而今天的中国教育，丢掉了这些根本，包括全世界的教育也都有问题，所以人类受到了教育危机的冲击。因此，我有一个梦想，希望办一所海航自己的学校，向在这里学习的学生传授我对教育的理念和做人做事的道理，这应该是这所学校的教育方针和教育内容。所以，我们六年前创办了三亚航空旅游学院，我终于有了一个表述自己对教育的看法、实现所追求的育人理念的地方。

每一次新生到达学院后，都由我给新到校的同学们讲第一课。课的内容就是人道做人的学问。因为既然大家都是人，那就应该有做人的学问，这太重要了。人作为天地造化的生灵，之所以能够立足于天地之间、于自然中统辖万物，不是没有道理的。作为一个完整的人，应该懂得如何对待这个社会、如何对待自然万物、如何对待自己的家人、如何对待自己的朋友、如何对待方方面面的人；更重要的是，如何认识自己的人生这个一生要回答的问题。做人的道理，太大太重要，不能不学会、不能不掌握。学校就应该教给我们孩子终身受用、安身立命于天地之间、人生永远可以受用的道理，这就是我对教育的看法。海航的学校就是要给同学们树立一个正确的人生观、正确的人生态度。我想我们的同学包括我们的家长们一听，海航的学校教给他们人道做人的学问，一定会感到欢欣鼓舞。

二、追寻人生的意义和真谛，学习人道做人的学问

学问和知识是两回事。一个农村的老太太，或许没上过什么学，但是在儿子走向正确的人生道路之中会告诉他人生的道理：要一生善念对待他人，要懂得感恩，要懂得献爱心，这就是重要的做人学问。一个人从生下来，或者更早一点，在妈妈肚子里就开始了人生。十月怀胎，母亲将孩子生出来，谈何容易啊！所以要有对母亲生育之恩的感激。当我们是婴儿的时候，无法自己生存，得靠父母的抚养才能逐步成长，没有他们的养育，

你们是不能长到今天的。到大一点的时候，父母含辛茹苦培养你们学习，传授你们知识，要送你们到好学校，还要培养你们的技能，还要让你们健康成长。可怜天下父母心，等你们要考大学了、要成人了，父母还要肩负你们沉重的上大学的负担。同学们，人不容易啊，人的成长需要你们的父母、关爱你们的人付出很多很多。

再扩大一点来说，你们的成长要耗费多少天下万物的资源？一个人的成长，既有父母的辛劳，又有社会的关爱。给你们传授知识和人生道理的是你们不同阶段的老师，是他们使你们懂得学习、转变为成人。这一切都是白来的么？当然不是！一个人如果对养育自己的父母、培养自己的老师都不能有一颗感恩的心，我认为这个人不能称其为有完整人格的人，一个具有完整人格的人应该具备这种感恩的心。

人生很不容易。人生分这么几个阶段，我总结为：人、马、牛、狗、猴。20岁以前做人，父母爱、爷爷奶奶爱，生活得很幸福；20～30岁当马，找女朋友，自食其力；30～40岁当牛，因为那时候已经结婚，上有老下有小，辛苦地做牛做马，为家中生计奔波；40～50岁时当狗，小孩儿长大了、结婚了、小孩儿也有小孩儿了，得给子女当狗看孩子、看门了；50～60岁当猴，小孩儿的小孩儿也长大了，大家都在忙于自己的事儿，这些孤老头、孤老太太们只好自己晒太阳。所以人生过程就是人、马、牛、狗、猴，非常不容易。

苏州有个地方叫虎丘，这是一个很著名的公园。虎丘里面有块石头，叫千人石；千人石旁边有棵树，叫生公讲法树。生公是南北朝时期的一个僧人，长的浓眉大眼，他到长安一带讲法，讲众生皆有佛性，没人信；后来云游到今天的江南一带，还是没人听他讲法。于是他就搬了几块石头，给石头讲法。他跟石头说，石头啊，如果我讲的对，你就点头；讲的不对，我打道回府，回西域去了。他讲完以后，石头果然点头称道，这就是“生公讲法，顽石点头”的由来。这个和尚在江南超度了很多鬼，有一个鬼为了感谢和尚的讲法，作了一首诗，诗云：“做鬼曾经五百秋，也无欢喜也无愁，生公教我为人去，只恐为人不到头。”连鬼都怕做人，可见做人多难！人生一场，非常不容易，不管你高兴也好，不高兴也好，你都得过，你都得度过人生，人生是一个人无法回避的过程，唯一可以做的就是把人生过得有意义。

人的一生若以100岁来计算，共36000天，活一天少一天。人生前20年学知识学本事，后20年等死，吃、喝、睡浪费30年时间，只剩下30年时间。可见，人生看似很长，但真正的可用时间太少了。人生苦短，这就给我们带来一个问题，在有限的生命当中，我们如何度过我们的人生，不管你高兴也好，不高兴也好，你都得面对；不管你幸福也好，痛苦也好，你都没法回避。那人生活这一场到底有什么意义呢？人如果能知道自己的价值，完成一个圆满的人生、一个有价值的人生，就是有大智慧的人。

我们人生若能做到两句话，就是有意义的人生，一是“生有所立”，二是“死有所归”。第一句“生有所立”，即立德、立功、立言。立德，就是道德的修养、功德的积攒，人生功德是此生的图报，跟存款一样，这一生不存，下一生就没有，此生要积攒功德和道德、修养、品德，为自己存点东西；立功，就是能够将自己的智慧全部施展出来，成就对社会有用的事业，不枉为人一场；立言，就是为人们授业解惑，让人们习得人生的真谛。第二句“死有所归”，当人们离开这个世界的时候，做到不折磨自己、不连累他人。能做到“生有所立”“死有所归”，这个人就非常不简单；如果这个人能够以天下为己任，能够将智慧的能量传授给天下众生，那就是不得了的伟大人物。

三、创建伟大的海航事业，传承伟大的中国传统文化

1. 海航的发展历程

20年前我从北京到了海南，那时候的海南可不是现在的模样，海南当时只是个小荒岛。街上没有红绿灯，没有交警，只有一排排的椰子树。当时进海南岛，除了坐船，便是坐飞机了。坐飞机，还是和海军共用的机场，就是当时的大英山机场。交通非常不方便，岛外人进不来，岛内人出不去。我来到海南岛后，省长让我去组建航空公司，给了我们1000万元人民币。可是，想用1000万元人民币办一个航空公司，资金完全不够！一架飞机的造价大概

需要4～5个亿，1000万元能买什么呢？连飞机翅膀都买不了，因为飞机翅膀、发动机还需要400多万美元。当时我们拿着1000万元资金，开始谋划海航的明天，这些钱无异于杯水车薪，当然没有人相信我们能组建起航空公司来。但是我们凭着年轻人特有的创业激情，以智慧和勇气规划了海南航空的宏伟蓝图。我们没有条件走中国民航业的传统老路，只能自己开创新路，我们抓住中国企业改革的机遇，率先实行股份制改造，建立了现代企业制度。此后，我们又成功抓住了资本市场上的每一次机会，不断做强、做大、做精，以背水一战的决心走到了今天，创造了辉煌。

2. 海航发展的现状

海航创造了中国第一个敢吃螃蟹、第一个打开中国民航改革开放大门的企业。一晃20年快过去了，当年的丑小鸭已经变成了白天鹅。今天的海航已经变成了世界级的企业和世界级的品牌。今年，我们将稳步进入世界五百强的行列。海南航空荣获五星航空，名列全球七大五星航空之一，海航为中华民族打造了一个世界级的品牌。

今天的海航可以用三句话来概括。第一句话：海航是现代服务业综合运营商；第二句话：海航有三大支柱产业，航空旅游、现代物流和现代金融服务业；第三句话：海航旗下有六大产业集团，包括海航航空、大新华物流、海航资本、海航旅业、海航实业、海航机场。

3. 海航的文化

今天，海航文化已成为优秀企业文化的典范。同学们，在海航的学校会学习到海航的同人共勉十条。这可不是一般的赠言警语。那十条同人共勉源于隋朝的百丈禅师，他是中国寺院丛林制度的创始人，沿用至今，影响了中国一千五百多年，原来叫做丛林修行要则二十条。我们把寺院所用的制度中不合时宜的部分去掉，变成了我们同人共勉的雏形。这十条可以说在做人做事方面，基本都涉及了。同学们如果能够熟读于心、加以运用，一定能够受益一生。

中国的传统文化将是值得世界其他国家学习的文化，海航用自己的优秀文化来推动中国的文化。海航的文化涵盖以人为本的理念，今天的海航人秉承着相同的海航精神价值体系，以“造福于人类的幸福与世界的和平”为共同理想、以“天佑善人、天自我立、自我主宰”为共同信仰、以“大众认同、大众参与、大众成就、大众分享”为共同追求、以“诚信、业绩、创新”为共同理念，成为一个铸就中国文化的重要力量。

4. 海航的未来

我们有着强大的管理团队，有着深厚的文化底蕴，有着勤劳奋斗的海航人和这个时代赋予我们的机遇，今天的海航已经成为中华民族的优秀企业。未来五年，将是机遇和挑战并存的五年，我们已经制订了未来五年海航发展的计划：海航要把握时代的命脉，为世界打造一个卓越的企业，打造一个造福人类、造福和平的企业。

四、给同学们提几点希望和要求

借此机会，我给同学们提几点希望和要求：第一，应该学会做人做事的道理，把握立德、立功、立言的原则，做到“生有所立、死有所归”，做一个对社会有用的人，学会谋生的本领和做人的方法，做个有德之人，努力回报社会。第二，人需要谋生，把人生和谋生结合在一起。第三，把你们的人生贡献给这个伟大的中华民族复兴的时代，为社会的稳定与和平作出自己应有的贡献。第四，要尊师重道。老师是给你们授业解惑的人，老师为你们无私地付出了自己的知识和时间，你们应该尊重老师，这样才能体现中国传统文化美德的传承。

在这个年代，我们要学会磨炼自己，修炼自我，留下一种艺术的传承。祝愿大家在海航的学校里，学习中国文化的精髓，学习海航的优秀文化，学会做人做事的道理，学会安身立命的本领，有所收获，终生受益。

——摘自陈峰演讲录

海航同人共勉十条

团体以和睦为兴盛，精进以持恒为准则；
健康以慎食为良药，诤议以宽恕为旨要；
长幼以慈爱为进德，学问以勤习为入门；
待人以至诚为基石，处众以谦恭为有理；
凡事以预立为不劳，接物以谨慎为根本。

《同人共勉十条》是海航集团在企业文化理论建设中，通过自身的长期实践和不断提高，将企业员工行为的两个内涵“做人与做事”具体标准化为十个训条，据说是在国学大师南怀瑾先生主持下议定的，以此作为指导广大员工行为的基本准则。笔者细细品读了这十条训条，不难看出是借鉴于唐朝的百丈怀海禅师所著的《丛林要则二十条》，由此可看出，禅文化在现代企业文化的建设中，亦可挖掘出令人振奋的可借鉴处，并且推陈出新，其可喜之处，不言而喻。

所幸的是现在我们可以看到的丛林二十要则是《百丈清规》的一部分。如下所述，即为丛林要则二十条：

丛林以无事为兴盛。修行以念佛为稳当。
精进以持戒为第一。疾病以减食为汤药。
烦恼以忍辱为菩提。是非以不辩为解脱。
留众以老成为真情。执事以尽心为有功。
语言以减少为直截。长幼以慈和为进德。
学问以勤习为入门。因果以明白为无过。
老死以无常为警策。佛事以精严为切实。
待客以至诚为供养。山门以耆旧为庄严。
凡事以预立为不劳。处众以谦恭为有理。
遇险以不乱为定力。济物以慈悲为根本。

同样，海航的《同人共勉十条》不仅是指导工作、学习和生活的金玉良言，更向海航集团全体员工倡导了积极向上的人生哲学，《同人共勉十条》亦可谓人生的一剂十全大补良药，它的配方从养生、防病到对症治疗均包含其中，体现了集团领导为培养和造就一大批高素质人才的良苦用心。它是海航企业文化精髓的延伸和扩展，同时也丰富了海航企业文化的内涵，使之得到充实和升华，是一个现代企业中企业文化的重要体现。对这些富有哲理的警句格言细心品味、深刻领悟、努力践行，无疑会极大地提高个人修养，在海航实现人生的精进、事业的成功。

一、团体以和睦为兴盛

一个人独善其身，老实做人、踏实做事，只是具备了立身于世的基础，并不能在人群中形成更多的能量。因此，必须融入团队之中，才能超越自身的局限。如同一只手，一根根手指的力量显得单薄，但如果握成一个拳头，形成合力则力量倍增，这就是团结和睦的力量。“家和万事兴”，何况一个组织、一个企业、一个团体？天时、地利、人和才能成就事业，然而“天时不如地利、地利不如人和”，对于一个家庭、一个国家乃至整个世界而言，和睦是至关重要的先决条件，有和睦才可能有家庭幸福、国家兴旺和世界和平、共同进步。

究其根源，失和争斗无非是为名利得失、为个人发展。而一个有雄厚实力、坚定信心、博大胸怀的人，应树立“己欲立而立人，己欲达而达人”的原则，力求达到一种双赢的境界。它与“待人以至诚为基石”紧密相连，“君子敬而无失，与人恭而有礼，四海之内，皆兄弟也”。“人敬我一尺，我敬人一丈”“和睦相处”“和气生财”“和风细雨”“和颜悦色”——这些都是化育生机的动力源泉。古时赵国的廉颇、蔺相如为社稷安危、国家兴盛而捐弃前嫌、携手御敌、共创佳业的事迹就足以警示世人了。

海航集团要持续、健康、高速发展不仅需要每个员工出众的才华，更重要的在于全体员工应具有团结奋进的精神。现代企业制度强调团队合作精神，树立“把内部员工当作顾客一样来对待”的意识，而一切的根本在于人与人之间的相互尊重，不管职位高低，无论性别、容貌、民族、宗教信仰如何不同，能在一起就是有缘，必须珍惜这份缘分，对人要尊重、信任、体谅、宽容，但绝不是无原则、无条件、一团和气地和睦。每个员工有所长、亦有所短，“人心齐，泰山移”，作为主管人员更要成为下属的良师益友，通过努力使团队达到“人心齐”的和睦境界。只有在和谐的氛围中，大家同舟共济、团结奋斗、取长补短、同心协力，海航事业才能永远兴旺发达。

二、精进以持恒为准则

精进，是佛家的词汇，是菩萨修行“六度”法门之一，其对治的是人们久远以来形成的凡事容易“懈怠、懒惰”的习气。也就是说，每个人都有一定的惰性，这是正常的，但必须自觉地加以克服，以勇猛心去破除。惰性是最容易滋长的，如果你只是一时的冲动去对付，一旦放松了对自己的要求，它随时都会“野火烧不尽，春风吹又生”，要根治它就必须有持之以恒、滴水穿石的耐心和毅力。一时之间做好事不难，难的是一辈子做好事，说的就是这个道理。

做事贵在持之以恒、勇于进取，其实成功与失败往往就在一念之间，但效果差别很大。人在先天上或许有聪慧、愚笨之分，但持恒往往是多数人后天所缺乏的，江郎才尽和牛顿的大器晚成主要区别正是后者因持恒而术业有成。而佛家在修行中正是提倡这种精进的精神，每天“日行一善”，每天做一点有益于社会、有益于他人、有益于自己的事，虽然不是什么惊天动地的业绩，但如能坚持不懈，你自然而然会走上一条充满希望的人生之路。“不积跬步无以成千里，不积小流无以成江海”，只有重视量的积累，方可获得质的提高，不断得以精进。

作为管理人员要有所作为，不仅要有开拓精神和工作魄力，更要不断求索、时时精进，持续提高自己的学习能力、创新能力、决策能力、沟通能力和组织能力，唯有如此才能成为知识经济时代的合格管理干部，也只有持之以恒，才能精益求精、才能忠实实践海航“至诚、至善、至精、至美”的企业宗旨。

三、健康以慎食为良药

身心健康是根本，如果一个人失去健康的身体和心灵，生命将会常常处于痛苦之中。那么要想在生活之中有所作为、成就一番事业，将会难上加难，甚至使自己的亲人为你的病痛担负更多，付出更多的体力和精力。因此，你的健康不仅仅是自己的事，为了自己，也为了关心和爱护自己的亲朋好友，每个人都有让自己保持身心健康的责任。

俗话说：“病从口入”“预防是最好的治疗方法。”因此，要“防病于未病”，选择健康的食品，按规律进食，按身体所需吸收充足的营养，自然可以使自己的防疫机能保持正常的状态，那么病魔自然就会远离你。

推而广之，需要“慎食”的何止于物质粮食，作为“精神食粮”的文化产品更是一样的道理。尤其是现代社会精神文化产品日益丰富，对人们的分析、判断、选择和把握的能力提出了更高的要求，这就要求我们有明辨是非的基本能力、择善行而去恶习的清醒头脑。然而，精神愉快、心理健康要以注重道德修养为前提，知道有所为、有所不为，有良好的人格和高尚的思想品德。尤其是管理干部在理论水平、思想境界、治理策略等精神世界的丰富与提高，更需要良师益友的帮助才能得到升华。

四、诤议以宽恕为旨要

“诤”乃直言劝告之意，“宽”有宽厚、仁爱之意，“恕”即合于我心之意。“宽恕”二字不仅代表着做人的美德，也表明着做人的水准，对他人应多一些宽容、爱护和仁慈之心。孔子讲“宽则得众”，做到“宽厚”便能得到广大员工的拥护与支持，才能通过建立企业内部良好的情感关系，激发全体员工强烈的认同感、责任感，使每位员工能明大义、识大体、顾大局，从而以团结增强企业的凝聚力。

人生于世，在千丝万缕的人与人之间的关系之中，常会有一些摩擦，但要知道自己的舌头和牙齿尚且有打架的时候，何况在生活中的人和人之间。因此，和别人有些口舌之争是难免的，只要不是出于自己的一己私利，是为了大家、公司、社会的利益，就不计较一言之短长。从根本上讲，就要有“躬自厚而薄责于人”的态度，应该宽以待人、严于律己，时常反省自己。而且，对不同意见要善于倾听，要善于在诤议中汲取他人言论中有益之处，有“不以人废言，不以言废人”的气度，心里尽量设身处地为对方着想，少些先入为主的偏见。孔子曰，“益者三友，友直、友谅、友多闻”，因为人生三种良友中，敢于直言不讳的“诤友”是最难得的，过失相规、直言相劝，敢于指出自己的缺点，虽然有时“忠言逆耳”，但是这样的言论千金难买，自然会从中受益，也许更应该庆幸，而不是生气。

这一条对管理干部尤为重要，作为管理干部要想成就一番事业，必须要有宽阔的胸怀、恢宏的气度，能容天下人才能为天下人所容。作为唐太宗李世民的一面“明镜”——魏征为民众和社稷负责、一生中向唐太宗进言600多条，并且敢于直言相谏、冒死相谏，以致李世民多次扬言欲斩杀魏征，但是由于魏征所谏皆为逆耳良言，太宗最终对诤议采取宽容、采纳的态度，使初唐贤臣广进良言，君王兼听则明，不断修正治国的政策、法令，百姓安居乐业、国家长治久安，由此开创了贞观之治的太平盛世。这虽然是一种封建式的君臣关系，但也为我们现代企业中的管理干部作出了良好的榜样。

五、长幼以慈爱为进德

“慈”在佛家语汇中是“与乐”的意思，就是给予别人快乐。以“慈心”“爱心”面对芸芸众生，正是增进德行、完善品格的根本目的。倘无长幼慈爱之心，而空谈爱集体、爱国家，岂可令人信服。长者有慈爱之心，对幼者给予关爱、帮助，幼者有敬长之德，以学习长者的知识、经验为自豪，由此长幼皆有进德。

“尊老爱幼”是中华民族传统美德中最为人熟悉也是最为大家所认同

的一条，“老吾老以及人之老，幼吾幼以及人之幼”是脍炙人口的格言，也是最让人感觉到温暖如春和富有浓厚人情味的表述。中国之所以被称之为礼仪之邦，其根本点也就在这里，它表达了对长辈的孝敬，传达了对后辈子孙的关心和爱意。因为，中国人文精神中早就传达了一种信息，人不能独自存活，是父精母血孕育我们的血肉之躯，没有父母的含辛茹苦，何来我们的成长？可怜天下父母心，父母心是天下最无私的，故“百善孝为先”。中国人骨子里明白这一点，中国社会倡导的是在父母年老体弱时敬之以“孝”，回报以“反哺”之情。谁做到了，才成为完全意义上的人，而一旦背离了这一点，他也就和禽兽为伍——甚至于禽兽不如。

中华民族最讲究的就是孝道，一个人只有对亲人敬爱有加，才可能有博爱的胸怀，爱天下的人和事，珍惜自己的工作和与同事的缘分。作为海航员工，不仅要孝敬父母，更要有大孝于天下、大孝于社会、大孝于所在群体的观念。让父母安度晚年，让子女在关心中成长，这正是所谓的“天伦之乐”。以慈爱对人，这世界就是天堂，而以恶心处世，这世界就是地狱。

六、学问以勤习为入门

孔子曰：“学而时习之，不亦说乎。”《礼记·学记》说：“君子想要教化人民，移风易俗，就一定要通过学习。”“玉不琢不成器”，人不经过学习，就不会懂得道理，所以古代的王者建立国家、统治人民，都把教育放在最重要的地位。当时的贵族子弟 8 岁入小学、15 岁入大学，小学 7 年、大学 9 年或更长。小学生主要学习识字和一些规矩礼节，大学则要学习更高深的知识和从政的本领。关于大学教育，《学记》介绍说：“一年学会断句读书的能力，三年学会敬业乐群的本领，五年能博学亲师，七年能讲学论友，这叫小成。九年能触类旁通，遇事不惑，不违大道，这就叫大成。达到大成境界，然后才能化民易俗，使近者心悦诚服，使远者怀义向往，这就是大学之道。”

学问不只是读书，而是要在实际生活中懂得为人做事的道理，生活之

书时时刻刻让你常读常新，要从探求学问中获得乐趣。对于学问，孔子说："知之者不如好知者，好知者不如乐知者。""读书之乐无窍门，不在聪明只在勤"，此处强调的是"勤习"，学问之道靠的是长期勤勉的熏习、努力和感悟，不能三天打鱼两天晒网——学而时习之，要养成"勤习"的良好习惯，才能不断的长进，才算是真正的"入门"、走上正轨，此后则"修行靠个人"。学无止境、不进则退，勤习正是"精进"、持恒的一个体现。东晋大书法家王羲之的儿子为达到其父的书法境界，潜心钻研、勤习苦练，染黑了无数缸水，终于成为与父齐名的大书法家。

目前，海航已由单一的航空运输企业衍生为多元化发展的企业集团，涉及的行业与领域越来越为广泛，快速发展的海航始终要求全体员工必须以丰富的专业知识、强烈的创新意识在积极探索中前行，这就迫使全集团上下必须不断学习新知识，以"勤习"博采众长，方能为海航奠定持续、健康、高速发展的基础。"学然后知不足，教然后知困"，尤其是在知识经济时代，专业分工越来越细，一个团队中的管理干部也并非都是样样精通的"全才"，所谓"闻道有先后，术业有专攻"，作为领导不必在具体事务中处处强于部下，但在对待学问的态度上要为部下作出表率，并在提高自身能力的同时，给予部下方向性的指导；主管人员不一定精于所有业务，但要做到"以上问于下""以能问于不能"，做到集思广益，发挥大家的智慧和才华，使团队中每位专才都能最大限度地施展才华。汉高祖刘邦正是合理、有效地依靠萧和、韩信、陈平、张良各自不同的优势，才得以取得天下、成就霸业的。

七、待人以至诚为基石

"诚"与"真"相近，密切关联，但诚更富有内涵和深度，"诚"乃是发自我们内心深处的真挚情意。失去了"真诚"，"善"与"美"就无从谈起（真：合规律性；善：合目的性；美：两者的和谐统一）。人与人之间，最根本的莫过于一个"诚"字，诚是培养自己善行的土壤，如果每个人待人以至诚，自然能齐心协力，相互信赖，则事业必然会成功。否则，每个人待人都百般防范，与人为敌，则凡事要有成则难而又难，就算有“收获”，也怕是难以长久。

现在中国社会出现了信用危机，诚实守信的人成了奸商们取笑的对象，这种病态的心理成为了一种势力极大的社会现象，这也正是当前市场经济秩序极为混乱的根源。按照现代经济学的说法，诚与信已成为了“稀缺资源”，现代文明社会的标志就是规范、守信、守法，也就是民主法治社会的基础，也可以说，正是因为“诚信”已成为了“稀缺资源”，按照经济学的观点，物以稀为贵，也许谁在这“乱世”——市场规范急需重建的时代抢先拥有这种“稀缺资源”，以诚待人，形成良好的信誉，则一旦市场规范、走上正轨时，这种无形的力量胜过无数有形的资财。海航为什么将“至诚、至善、至精、至美”作为企业宗旨，并且将“至诚”作为前提和基础？正是充分认识到了这一点，将“至诚做人，至诚做事”贯穿于每项工作和事业。海航之所以取得现在的成就，也正是因为拥有了“至诚”这块事业的基石。

八、处众以谦恭为有理

《易经》称，“谦：亨，君子有终。谦谦君子，卑以自牧也。劳谦君子，万民服也。”“谦”是长养德行、增长学问最好的方式，只有以谦虚谨慎、戒骄戒躁的态度行事，才能在和众人相处的过程中以众人为师，不断充实自己。正如一只杯子，如果装满了水，要继续往里面倒水是不可能承受得住的，一定会倒多少溢出多少，而一只空杯子，才可以往里面注入并承受清水，这就是我们所熟知的“谦受益，满招损”的道理。虚心使人明白“人无完人，天外有天”，可以使自己不断去学习、去进步，骄傲则使人自满，因而失去向别人学习的机会。

谦虚方为大度，恭敬方显有礼。因此，与人相处，贵在谦和，同时要恭敬。所谓“恭则不侮”“敬人者人恒敬之”，一个人不懂得尊重别人，是难以在众人中获得同样的尊重和礼遇的。故而，应以谦逊的态度去学习、以平和礼敬的心态去处世，积极培养谦虚为人的作风，内心要诚恳、态度

要和蔼，作为君子更应“动容貌、正颜色、出辞气”。要明白“三人行，必有吾师”，“师”有正面的，也有反面的——见善则学之，见不善者则引以为戒，别人的好东西赶紧去学，别人做得不对的事情，则作为反面的例子，不去重蹈覆辙，这就是为人处世最基本的道理。

作为管理干部不仅应以谦恭和宽容的态度待人，而且要求管理者“宽以理事”，即实行有效地分权与分级管理，鼓励员工各负其责、发展个性。古人说：“泰山不让土壤，故能成其大；河海不择细流，故能就其深。”如果管理者唯我独尊，那只能是一枝独秀，造成管理的混乱与低效。

九、凡事以预立而不劳

人生于世，不外做人与做事，其实人一生下来就在做人，关键的是做什么样的人？是成为社会的健康细胞还是病毒？当然谁都想做前者，也就是要做有益于社会、他人的人，从而体现自己的价值。但是，要看一个人做人做得如何，更多的要在他做事的过程中才能体现。一个人行事，必须有章法、有分寸，知道事情的来龙去脉：所要达到的目标是什么？所希望达到的效果是什么？这些都要了然于胸。

对每个员工而言，无论服务、经营、管理都要有计划、按规律去逐步实现。因此，所谓“凡事预则立，不预则废”，事前准备是关键一环，周密的计划、详尽的部署是非常重要的。必须做好预测工作，根据已知的情况和条件来推测未知的结果。要积极了解和掌握各方面的有关信息，做好处理预案，以便在处理问题时能够做到心中有数、从容不迫、事半功倍。将需要准备的重要事项列出清晰的条目，要达成一个计划，所需投入人手多少？多少资金？多少物资？多长的时间？会有什么样的意想不到的情况？如何把握应急处理的尺度？更关键的是要有充分的思想准备，注意其中的弹性，才能如行云流水，应对自如。总之，关键是要对整体方向和具体的细节心中有数，预先准备好相应的方案，才不致在实践中劳碌却不得要领。

作为管理干部更要以全局性、前瞻性的眼光看问题，识得轻重、顾全大局，有预见性地作出决策，为下属和团队设计努力的方向。一年之计在于春，只有做好了一年的计划，才能播种耕耘、不误农时，才可能在秋天收获丰硕果实。

十、接物以谨慎为根本

“接”乃靠近、接触之意，“物”指自己以外的人或环境，亦可指众人。世界上怕只怕“认真”两字，要认得人生的真谛，认得处世的真言，认得他人的真心，总在于一丝不苟的态度。受人之托，忠人之事，总要尽心尽力，尽己所能，天大的事情也必须从点滴小事做起，必须以谨慎、认真的态度去对待，竭尽全力去奋斗，不在任何细节上出现疏漏。

待人接物中应遵循的基本原则是“非礼勿视，非礼勿听，非礼勿言，非礼勿动”。谨于言，慎于行，心中应明白事情的轻重，哪些话该说或不该说，哪些行为该做不该做，自己必须有一个明确的标准，弄清楚之后，才能在处理过程中保持清醒、冷静的头脑，也就是要做到清清楚楚、明明白白。而这一切的根本前提就是谨慎，这正是认真负责的敬业精神的体现。否则，盲目从事，反而会失去工作的准确性，最终欲速而不达，无法承担自己的职责。因此，谨慎从事，正是达成良好效果的根本，否则无法形成“敬业乐群”的企业氛围。

总之，海航《同人共勉十条》向大家提出了：对人，要有诚心和爱心，有谦恭、谨慎的态度，才能保证团体的兴盛；对事，要有毅力和恒心，要树立远大目标，才有事业成功的可能；对学问，要时时精进，持续提高自己的学习能力、创新能力、决策能力、沟通能力和组织能力，方能发挥在团队中的核心作用。

第十三章

孝道缘就和谐 五福祥纳我家

廖莎:“和谐”智慧

我开饭店不在于挣多少钱，而在于我做了些什么事，为社会做了哪些事。名与利，适当的时候要放下，放下之后才会感到轻松、快乐。

离开孝道，和谐社会及精神文明无根无力。一切的家庭矛盾，从“不孝”开始。和谐的企业犹如一棵大树，由义、信、利三部分组成，它们分别象征着树根、树干和树枝。

——北京和谐集团董事局主席 廖莎

廖莎人生经历

廖莎，1959年出生于湖南长沙市。1980年，湖南广播艺术团任独唱演员。1981年，就读于中国音乐学院，师从著名声乐教授张牧、金铁林、姜家祥。1985年，在首都舞台上脱颖而出，受到广大群众的喜爱。1986年，调入中国人民解放军海政歌舞团，任男女声对唱、重唱演员。1995年，廖莎、叶毛夫妇主动放弃了舞台上的荣誉和前程，毅然开始了充满艰辛的第二次创业。他们注册了自己的文化公司，取名"和谐"。1989年，在朝鲜举行的第十三届世界青年联欢节上，捧回了金奖。

1996年11月18日，廖莎成立金莎苑餐饮管理公司。2002年，投资1000万元开办金莎苑万寿路店。2005年，注册成立了中国和谐文化产业集团。2008年10月，开始接触中华传统文化。2009年2月1日，廖莎宣布在企业内全面停杀。2009年，廖莎在湖南省政协会议上提交了《低碳生活：周一吃素》的提案，建议湖南成为全国第一个每周吃素一天的省份。2009年，投资2000多万元创办全国首个以中国家文化为主题的"我家"连锁餐厅。2012年，廖莎以《明确文化方向是文化强省的关键》《建设五福家庭示范社区》为题，向湖南省委、省政府领导专题汇报，提出建设"五福家庭"。

佛缘佛性唱和谐

说起廖莎，就一定要提起他的丈夫叶毛先生。叶毛、廖莎同是我国著名的男女声二重唱表演艺术家，十年前他们演唱的《浏阳河》《中国的月亮》《太阳最红毛主席最亲》《刘海砍樵》《恩爱夫妻》《风雨真情》等歌曲，家喻户晓，唱红了大江南北，响彻大街小巷。

廖莎曾担任第七、第八、第九三届全国青联委员，现任第十一届湖南省政协委员，东方智慧女性促进会《中华母亲讲堂》的执行主任、中国和谐文化产业集团董事会主席、北京金莎苑餐饮公司董事长、北京我家主题餐饮连锁机构董事长。廖莎信佛，佛的教义神髓充实了廖莎的内心，构筑了廖莎的精神支柱和艺术构架。佛讲究一切随缘，廖莎就很推崇这个“缘”字，夫妻子女自是有缘，企业和员工也有缘，饭店和主顾也有缘——是一个“缘”字把世间万物联系在一起。“缘”成就因果，“因顺”则“缘随”，“缘随”则“果成”，把握现在，把握因缘，自然会有好的结果。

叶毛和廖莎的故事最是良缘，更是奇缘。他们的二重唱是从他们相继出生的那一天就开始了。大概是老天爷生就了这对金童玉女，叶毛和廖莎同年出生，相差 81 天，先后降临在同一条老街上。他们 8 岁同台演出，叶毛唱《赞歌》的那一瞬间，像一尊偶像永远定格在了廖莎的心里。后来他们天各一方，经过十年的风风雨雨，到 20 岁出头又被巧合安排到了一起，他们同窗三载，又在同一个舞台上唱着同一首歌，十年演艺生涯，夫唱妇随、形影不离。他们到山中寺庙求签，两人抽中的同是一签“正是大好春光时，一对燕子比翼飞”，他们明白了天意，对“缘”字更有了不同寻常的理解。

后来夫妻两人共同修习佛学，对宇宙、人生有了更深的感悟。在他们的歌唱事业走向辉煌之时，他们毅然离开了鲜花和掌声的簇拥，急流勇退，开始了艰辛的二次创业，一同开办了北京和谐文化艺术公司、莎莎米粉屋、莎莎苑美容美发中心、莎莎苑湘粤食府、金莎苑酒楼，演绎出一曲商海二重唱。在中国市场经济尚不成熟的阶段，禅文化在他们的经营管理中起到了意想不到的作用，使企业获得了超常的发展。

且看她公司的名字“和谐”二字，这“和谐”是颇具佛性的，也是莎莎苑的企业文化。夜幕降临时，食府的霓虹灯广告会展现出一朵渐开的荷花。荷，出淤泥而不染，取音和，意在和谐、和气生财。

“和谐的企业犹如一棵大树，由义、信、利三部分组成。”廖莎认为义、信、利分别象征着树根、树干和树枝，“义是根，对家庭、企业、员工、客户、社会负责；信是干，坚定信心、培育信任、珍惜信用、成就荣誉；利是果实，企业幸福、员工幸福、客户幸福、基业常青、天下幸福”。廖莎是在2008年的10月，经由朋友的推荐，开始接触中华传统文化的。她说，一接触传统文化，心里就感觉到自己像在突然之间找到了家。通过一年多的学习，廖莎逐渐明白，企业经营要良性发展，经营的关键在于“种因”，也就是在每件事情开始前，我们的起心动念是善还是恶，是利他还是利己。

传统文化的精髓，莫过于儒家的仁、义、礼、智、信，其中尤以“仁”最为重要。廖莎认为，作为儒家核心思想的“仁”，包含两层意思：第一是克制自己，正所谓“克己复礼为仁”，“克己”就是战胜自己的私欲，“复礼”就是遵守秩序、尊重规律；第二层是待人如己，正所谓“己所不欲，勿施于人”，《论语》和《弟子规》中所倡导的“泛爱众”，也是“仁”的表现。

叶毛、廖莎离开了辉煌的舞台，明星的光彩不见了，但和谐的二重唱，却伴着锅碗瓢盆仍在继续。做餐饮，叶毛、廖莎是外行，但如果把餐饮当作是一门艺术来追求，他们就是内行。忠实的顾客朋友发现叶毛、廖莎并没有离开艺术，而是在用歌唱家的激情与灵感，创造另一种企业艺术和餐饮艺术。

廖莎说：“我开饭店不在于挣多少钱，而在于我做了些什么事，为社会做了哪些事。名与利，适当的时候要放下，放下之后才会感到轻松、快乐。”“莎”的本意是一种草，生长在水边，不畏环境艰苦，顽强地生长。

廖莎之所以取这个字，是想用它来表达一种乐观向上、生生不息的强大生命力，它既是廖莎和叶毛个人的生命力，也是金莎苑企业的生命力。

在餐饮业首创《色形意和谐餐饮新标准》

1995 年，廖莎、叶毛夫妇主动放弃了舞台上的荣誉和前程，毅然开始了充满艰辛的第二次创业。他们注册了自己的文化公司，取名“和谐”。他们的第一桩生意就是利用自己的优势资源——成双成对的夫妻艺术照片，印刷了一批挂历。这套民族风味的夫妻幸福图给他们带来了生意场上的“第一桶金”。

久居繁华京城，廖莎非常怀念小时候外婆烹制的各种美味，可是京城总是吃不到正宗的家乡风味。一个偶然的机会，他们租到了一处合适的房子，不如拼一次，于是，一个正宗湖南口味的“莎莎米粉屋”开业了。“莎莎米粉屋”做了两年，拼掉了许多竞争对手。几经扩大装修，最终发展为更具规模的莎莎苑湘粤食府。这家酒楼无疑是被顾客认可的，所以，又有了 2002 年的大制作——投资 1000 万元的金莎苑万寿路店，依然是做湘粤菜，更增添了泰国菜。

在金莎苑万寿路店的舞台上，叶毛和廖莎营造了一种和谐、充满美感的餐饮环境，强调的是绿色、生态、空气、阳光、温度、湿度及氧流量。金莎苑更是一座空中花园，一座观景楼阁，一座阳光生态的玻璃园林。从透明的落地窗望出去，霓虹闪烁的长安街景尽收眼底。室内的陈设别具匠心，都是按照中西合璧的要求去做的。方柱的上部是古色古香的马车图案，下半部却是不锈钢的装饰台座。一排排图案精美的华表，下面的圆柱竟是金属质感的。很多地方都用了亦真亦幻的玻璃，甚至通往洗手间的墙壁也用青色的厚玻璃装饰。桌椅中也有玻璃和铁艺的，每一台餐桌上都摆放着一个玲珑的、造型别致的玻璃鱼缸，里面一株碧草、两尾红鱼……这环境如此和谐美妙，不等到点菜，已经秀色可餐了。

提倡新餐饮品味食文化，叶毛和廖莎把餐饮中原本讲究的“色、香、味”发展为“色、形、意”。从此，饮食也被他们赋予了美感和生命。

“色、形、意”是三字真经，每个字里别有奥妙。“色”包括一香，香指的是闻着香，看着香，吃在嘴里更香，比如一道竹香桂鱼，能让竹香味和鱼香味相得益彰。二味，意思是食味佳，百味调和，不可胜极；物味，芝兰之室，大雅之堂；还要吃出人情味，心心相印，四海一家。三养，养身、养心、养品性。

第二个字是“形”。形的第一重含义是器，包括食器，美食雕琢，美器玲珑；物器，美食之器，置于妙处；电器，科技文明，人工开物。第二重含义指的是序，包括座序，礼仪之邦，次序分明；食序，前后有序，科学得体；秩序，服务井井有条，一丝不苟。第三重含义是声，人声、菜声、境声，讲究音声相和，动静相宜，不鸣则已，一鸣惊人。

最后一个字是“意”。“意”下面几个要素更为重要，一是“境”，讲究的是用餐的环境、心境、意境；二是“趣”，包括情趣、乐趣、兴趣，触景生情，兴趣盎然，回味无穷。例如，油炸臭豆腐以绿色竹排来盛，墨鱼炖肉用青色小水桶来装，别有意趣；三是“名”，中华传统文化讲的是名不正则言不顺，餐饮场所要注意菜名、场所名称和服务名气，久而久之则深入人心。

文化大发展要从“细节”做起

2012年1月10日上午，湖南省人民会堂，湖南省政协十届五次会议委员发言现场。短发、一袭红色唐装，双手腹前相扣，鞠躬。

“鞠个躬，太自然了。”廖莎说，不仅是家人见面、道别时的习惯，在她经营的企业，这种“鞠躬”，每一个员工都觉得是很正常的事情。“这不是繁文缛节”。

与《民主与法制时报》记者聊起“鞠躬”之后的反响，廖莎认为，这就是看得见、摸得着的“文化”。

一直以来，廖莎都在反思各类社会现象和潜心中华传统文化研究，用自己的行动和能力积极发展和传承中华传统文化的精髓。

在湖南两会期间，廖莎关注到了某些“细节”，令其“如鲠在喉”。

“举个小例子吧。就在这次两会期间，大会会场休息十几分钟，（委员、代表们）在会堂走道里抽烟、嚼槟榔且不说，抽完烟、嚼完槟榔后，满地的烟头、槟榔渣，简直不堪入目。”廖莎提高了声调，“可我们都是政协委员、人大代表啊！很多代表、委员在两会上，什么文化要发展、文化要振兴，口号喊得震天响，还不如把我们传统的中华文化、基本的文化礼仪学习好，先让自己做一个真正有素质、有文化的人。”

“先把这些烟头、槟榔渣问题解决掉，才配谈文化。”廖莎对某些委员、代表的“文化素养”“市民素质”很是怀疑。

此次政协会议上，廖莎专门以《明确文化方向是文化强省的关键》《建设五福家庭示范社区》为题，分别向大会提交提案，向湖南省委、省政府领导专题汇报。相关文章中，廖莎从世界文化发展的趋势，中华传统文化发展的历史、优势，再从目前普遍存在的不良社会风气出发，分析了加强中华传统文化教育、弘扬中华传统文化的必要性。

与《民主与法制时报》记者交谈之时，廖莎说起了一个月前接触的小故事。她接触到一名 17 岁的高中学生，“在孩子班上，四十几名同学，三十几个家庭都是离异家庭。你说，这么多孩子都是在这种环境下成长，能健康吗?”廖莎显现出一种担心，在每个家庭都应该加强中华传统文化的传承和建设。

“离开孝道，和谐社会及精神文明无根无力。”廖莎认为，一切的家庭矛盾，从“不孝”开始。

“如果一个家庭都不和谐，谈什么社区、社会的和谐？一个基本文化礼仪都不懂的家庭，谈什么文化强省、文化强国?”廖莎根据自己多年来对中华传统文化的研究，对所触目的社会现状颇有感触。

廖莎主张“长寿、富贵、康宁、好德、善终”这“五福”，她提出了建设“五福”家庭。这五福概括了生命品质的五个维度，是人生至高的福报。打个比方，如果说“五福”是花果，那大孝就是树根。其根越深，其叶越茂，这是中华文化一直所倡导的做人的基本要求——当然，“人人也能做到，家家户户也应该要做到”。

素食文化的倡导推广者

“全球每天都要吃掉14亿只动物，在养殖过程中使用了大量的激素，将对人类身体造成极大伤害，而且运输、加工等环节都将消耗大量能源和排放大量废气。”廖莎在接受记者采访时道。

2009年，廖莎就在湖南省政协会议上提交了一份《低碳生活：周一吃素》的提案，建议湖南成为全国第一个每周吃素一天的省份。这一提案迅速成为网上热门话题，多家媒体报道后，在湖南省内引起热烈反响。一时间，吃素成为人们街头巷尾、茶余饭后讨论的热门话题。正值十一届全国人大三次会议、全国政协十一届三次会议隆重召开之际，廖莎在京城的金莎苑推出了精心打造的私房养生素宴，向全国两会献礼。

金莎苑主要经营精品湘菜，多年以来，金莎苑员工一直坚持着每月吃素两天的传统。自2009年下半年，董事长廖莎提出经营私房养生素宴的战略，围绕素食能否拥有市场引起了管理团队的激烈讨论，怎样吃好，吃得健康、环保、时尚，对得住身体，也对得住地球。廖莎认为如果将素食与养生完美结合，烹饪与艺术完美结合，一定能创造出餐饮业的奇迹。十三年的金莎苑之所以备受欢迎，是因为环境、产品、服务、文化的魅力，如果用心创造素食的环境、产品、服务、文化的魅力，照样可以取得成功。管理团队最终达成一致：金莎苑要为食客的健康提交满意答卷，还要为餐饮行业提交一种素食的成功赢利模式。为了打造高端素宴，廖莎、叶毛亲自带队走遍了北京的素食店，并前往广东、广西、湖北等地的知名素食企业考察，又邀请各地素菜名师来北京交流心得、指导技艺。一些专家认为，作为京城颇有名气的连锁酒楼，金莎苑提出的全新素食理念与经营重心的转变，在新的时代将引领健康饮食的新潮流，是对支持节能减排、倡导低碳生活、承担社会责任、促进人类生活方式转变的自觉选择。现在，人们走进金莎苑，就能充分体会到吃素是一种品位、是一种潮流，更是一种时尚。素食原料丰富多彩，素宴工艺色彩缤纷，用素心做出的素宴更是好吃、好看，彰显深厚的文化底蕴。人们称赞金莎苑的素食可与国宴媲美。

廖莎这几年一直在研究探讨这个问题，近来已经推出了一系列素食菜肴，并受到好多家媒体记者和许多业内人士的好评。特别是凌孜委员还成了他们的“宣传员”。李玉玲委员讲，在这次政协会上，她准备提案：在全国推行素食文化。她还希望在两会期间吃上一次素食餐，也为今后推行素食文化做些推广。她们也希望媒体多来关注素食文化。

廖莎认为推广素食，传播健康素食是一项神圣而伟大的事业，在这项事业中，她只问耕耘，不问收获。“我愿将自己的一生奉献给这个事业——为天下人的健康而努力工作，传播餐桌上的家道，培植饭桌上的福气。”

回顾自己的人生路，廖莎一连用了几个“没想到”来做概括。“一是没有想到自己会做餐饮业；二是没有想到拯救地球需从人们饮食习惯的改变开始；三是没有想到所创建的和谐企业，从事十三年的餐饮所积累的能力是为今天的光荣使命准备的。”廖莎说，“十三年后还继续做餐饮，但又要从头开始走一条新路，尽管这条路是坎坷、漫长的，但是它是正确的。不用担心因果，不会再造恶业，前途无限光明。”

“我家文化”的家道

廖莎在 2008 年 10 月开始接触中华传统文化。2009 年，其公司投资 2000 多万元创办全国首个以中国家文化为主题的素食“我家”连锁餐厅，大力传播传统素食文化，推广“我家文化”的家道，由此因缘，廖莎作为主讲嘉宾受邀参加“第二届中国商亦载道·精神启示论坛”的演讲，现将演讲内容摘录如下，望各位读者看过之后，能对中国优秀的传统文化生起信心，如能信、愿、行、解，必能智慧大开。在这里，笔者特别想说的，如有做餐饮的企业家看到这本书，读到这篇文章的时候，能否也能生起一个念头，不是要你也像廖莎一样开一个素食餐厅，当然，如能效仿就更好。因开素食餐厅需要因缘才行，有一定的难度，需要一个过程，但是，如果在你现在的餐厅多推出一两道素菜，向食客多多推荐，我想，这个是很容易做到的，你能有如此心意，也是善事一件，随喜你的功德。

尊敬的各位老总、各位老师：

大家晚上好！

很高兴这次来参加商亦载道的论坛，其实也是放弃了北京非常重要的活动过来的，也是被这样的一种精神感召过来的。

我想我还是先做一个自我介绍，我叫廖莎，在20世纪80年代和20世纪90年代和我的搭档，也是我的先生叶毛活跃在荧屏和舞台上，我们演唱的歌曲有《浏阳河》《中国的月亮》《太阳最红毛主席最亲》，还有一些湖南风味的歌曲等。在1995年的时候，我们在鲜花和掌声中急流勇退了，我想讲一下，可能很多的朋友会关注，为什么如日中天的时候你会离开舞台呢？实际上这就是在“道”中间作的一个选择。其实我觉得人生也好，企业也好，家庭也好，都无时无刻地在义与利之间要进行抉择，这一次离开文艺舞台也是一次抉择。我们是1984年、1985年进入的海政歌舞团，进入海政歌舞团以后，当时整个北京舞台那种男女声对唱二重唱还是比较少的，像我们这样一对载歌载舞的对唱形式就为大家所喜闻乐见，很受欢迎。我们非常热爱这样的一个事业，因为我和我的爱人7岁就同台演出，我们俩人是同一个地方的人、同一条街、同一个学校、同年出生，就差81天。他也有一副好嗓子，所以我们来到海政歌舞团以后，非常敬业。我记得第一次上中央电视台的春节文娱晚会等，那时候都是半夜三更，中央电视台的导演到家里来敲门，敲门把我们敲醒了之后说，看看有一台晚会，需要什么样的曲目，把你们的歌带全部拿出来挑。

后来经过改革开放，市场经济开始以后，文艺界的游戏规则也就变了，就有很多的潜规则了，这些潜规则就会引导人做一些跟艺术无关的努力和付出。我和我爱人从小很纯洁，就觉得艺术是一种用心灵去创造的事业，它是一种感动人、打动人、教育人的东西，是因为用言语表达不了，才能用歌、用舞来表达的东西。那如果要我们去做那些潜规则，我们就觉

得好像无法去创造一种很高境界的纯洁的艺术了。与其这样的话，我们就觉得还不如选择另外一条路，趁着我们年轻。所以，当时就大胆地选择了离开海政歌舞团。当时很多人都不理解，觉得我们又是一级演员，又是台里的柱子，怎么会放掉这个金饭碗呢？但是我们还是走了，我记得我和叶毛彻夜谈这个问题。叶毛说："离开海政歌舞团，意味着每一分钱都要自己来挣，你病了，遇到困难了，是没有人来管我们的。"但是我说："不要紧的，我觉得人只有被逼到悬崖边上的时候，才会把自己的潜能真正地发挥出来。"那对我们来说意味着什么呢？把自己的金饭碗砸了，我们的金饭碗是靠已经成名的两条金嗓子，可以说只要顺应这种潮流，源源不断的利和名就会来啊，很现成的啊。但是，我们还是选择了离开，等于是把自己靠金嗓子致富的这条路给堵了，然后把自己逼到了悬崖边上，再重新开辟一条路。至于前途是怎么样，反正我没有担忧，我觉得肯定没问题，就这么走了。

走了以后，我们就去注册了一家公司。当时去注册的时候，工商局要求我们登记五个名称，当时我们想出了四个名称，最后一个就想不出来，后来我忽然一想，我说："叶毛，那就叫和谐吧。"叶毛就说："只听说过协和医院，没有听说过什么和协公司。"我说："咱们二重唱最高境界是和谐，家里也是家和万事兴啊。"他说："也对，那你就写上吧。"结果到 1996 年 1 月 18 日我们取营业执照的时候，其他的四个名称都有重名，唯独"和谐"被留下了。然后，在餐饮行业，我们是湖南人，就到湖南扛了一个"磨子"回来，因为我们特别喜欢吃家乡的米粉，就开了一家 200 平米的米粉屋，但是十几年下来，这个米粉屋就从这个磨子里头一生二、二生三、三生万物，就磨出了一个和谐集团公司。那么现在有一家和谐文化艺术公司，下属企业还有一个种植基地，还有一家金莎苑餐饮管理公司，现在又开办了一家"我家，家文化"主题餐厅。

这十多年下来也赚了一些钱，但是也生了病，我就告诉大家，我也得了高血压，也得了糖尿病。后来学习了中国的传统文化以后，我知道了这是因果，因为杀生太厉害了。有一天，一个传统文化的老师就跟我很郑重其事地在谈到这个事情，他说道："咱们著名的电影演员陈晓旭，40 多岁就走了，那么其中可能也有杀过生的缘故。”他说：“陈晓旭杀过12条蛇，你有没有算过账，你杀过多少呢?”后来他就拿了一个计算器：“来，廖莎、叶毛，我们来算一算，看看你这14年杀了多少生命啊。”我后来一算把我吓坏了，如果是那种小河虾一斤，那就是多少条生命啊，那再加上鱼，那么多的胖头鱼、蛇、龟、狗、羊，天哪！随便算了一下，上千万条生命。杀了上千万条生命，才让你得了两个病，这够便宜你的了。其实动物也有家啊，也有母爱啊，也有兄弟姊妹啊。

有这样一个故事，就是说一个外国的解剖医生，他有一天解剖100只白鼠，解剖到最后一只的时候他打开一看，里面有六只小白鼠。然后这个解剖医生把它的脐带割断了以后，拿到手术台旁边六米远的笼子里面，正准备做这只老鼠整个的处理的时候，突然外面有人叫他，说有急事，他就放下手中的事出去了。因为事情比较麻烦，去了好几个小时（他是锁了门出去的，别人进不了他的手术室），等他回来以后，他发现那个母老鼠不见了，他满房间地找，后来发现手术台上的血迹是朝笼子里头跑的，然后他就找到那个笼子里头，一看那只母老鼠躺在小老鼠边上，已经停止了呼吸。但是那几只小老鼠睡得非常香，然后它就把那个笼子拿了过来，他就产生了一个想法，他要把它们解剖开看看，结果他解剖开一看，其中一只小老鼠的胃里面有奶，他就忽然觉得很震惊，但他又不相信，“那几只呢?”他又逐一拿过来解剖，每一只小老鼠肚子里面都有奶。那就说明这只母老鼠是拖着流出来的肠子，在非常痛苦的状态下，在临死之前爬到那个笼子里，哺乳了那六只小老鼠，然后才死了。这个故事深深感动了这个外科解剖医生，后来他把这个事情在当地的报纸和网站上进行了发表。从这里面我们可以看出来，所有的动物都是有爱的，所有的生命都是有家的。仁字是一个单人旁两横，那是什么呢？那就是说：所有众生都是一体的，当我们想到自己的时候，一定要想到对方。所以，我意识到杀生的严重性以后，我发现餐饮行业是一个因果教育的行业。

刚开始得了病后很沮丧，我怎么从那么好的鲜花掌声中来到这个餐饮行业，早知道就不过来了。后来我发现是一个因果教育的行业，一下子让我悟到了因果。其实，人一旦懂得了因果，他的智慧就开了，可以说今后的命运就会改变，就不会再去做那些不知道、不懂，但是会有因果的恶业了。所以，当时我懂得了这个道理以后，我就决定要来忏悔自己的业力，要来断恶修善，要来开办素食，特别是当我知道了目前地球的环境暖化，主要是与畜牧业的饲养、与杀生有关系的时候，我更下定了决心。因为，大家知道据联合国粮农组织报道，人类现在每天因为满足自己的口欲杀掉的动物有13亿只。一年下来是多少？太可怕了。动物在被杀害的过程中，它会因为恐惧分泌一种毒素，人吃下去以后就会患病，所以现在很多的病都查不出原因。像我们的客户当中，我也发现一个问题，很多很有消费能力的客户，很多都得了病，三高那就别说了，甚至有的得了绝症。其中有一个客人是非洲一个国家大使馆的大使，他临走之前和他爱人还到了我们餐馆。在非洲，他们吃了很多野牛之类的野生动物。所以，像这种情况下，我们觉得特别是现在的动物，大家知道现在的鸡21天就长到三斤多，鸭子42天就长到四斤多，那些猪、牛就更别说了，都是采用大量的激素催熟，包括抗生素、化学添加剂，人吃了对人的健康是不利的。我作为一个做了十几年餐饮的老板，我还能够忍心去提供这样的不健康的食品给客人吃吗？如果你去提供，你赚这份钱，你有何仁德、仁义？我有一个朋友在畜牧部门，他告诉我，他们都是不吃的，他们是自己额外在养。后来我们就决定开办一家“我家，家文化”主题素食餐厅。那么我家的家道就是二十四个字：以祖为根，以亲为本，以食为先，以义为利，以和为贵，以家为乐。这个餐厅从开业以后没有决心是不是全部做素食，就用了半荤半素方式，生意开着越来越好了，吃饭还要排队，但是我自己认识到不行，这样还是不行，一定要坚决地断掉它，要坚决地来提供健康饮食，我就把它停掉了，停掉了又经过半年的时间，带着团队到全国各地去考察素食，来研究这样一个养生素食的文化。于2009年的8月份又全部做好了，重新开业了。那么现在这家店应该说对开业以后来的客人都还是有一种全新的体验。研究素食的时候我们也去调研了很多客人，就问他们：“为什么你们不愿天天吃素食呢？”他们就问我们：“第一，素食美味吗？第二，素食营养吗？第三，用素食请客体面吗？”那么这三个问题就成了我们的课题，围绕这三个问题进行研发，现在研发出两百多道全新的素食，现在客人来了感觉很美味，有很多客人不知道是素食，吃完之后买单的时候告诉他是素食，他还不相信。而且我们很注意素食的营养搭配，注意二十四节气，注意养生之道，也是非常养生的。而且我们有十几年的经验，高档宴会的素食流程都用在这种素食之中，所以现在也推出了素食的寿宴、生日宴，非常受客人的欢迎。所以，素食给你美味、给你营养、给你体面、给你健康。

在我们这个家里面，我是家长，所以我也跟大家同吃同住，住在一起。我们的员工就住在我们的营业区，我们劈出一半做员工宿舍，大家知道北京的房租是非常贵的，但是员工就是家人，所以要善待他们，客人到了我们那里可以参观员工宿舍，也可以参观整个的家文化，也可以体验这种素食，大家感觉到在用餐之外有一番新的感动、震撼和体验。

我觉得，今天说商亦载道，我们企业一进门有三棵树，有一棵是公司和谐树、一棵家庭和谐树，还有一棵民族和谐树。公司和谐树的根就是义，它的干就是信，它的枝叶瓜果就是利。所以我觉得义、信、利分别是因、缘、果，你种下了义因，必然成就信，结出的果必然是利。所以，我觉得老子有一句话：道生之，德畜之，物形之，势成之，这几句话实际上就是载道。载道是要承担，是要付出，是要牺牲很多的。现在我的家文化主题餐厅，告诉大家目前还没有钱赚，是亏本的，但是我非常有信心，我觉得这个“赚”字的一边是“贝”字，那么“赔”的一边也是个“贝”字，在义这个树上你是要先赔的，先付出的。我觉得只要把义根真正扎住了，把信干长好了，它一定会结出丰硕的果实来。我觉得一个企业有了义气就会有人气，有了人气就会有福气，最后也会有财气。我愿意在这条义的道路上、商道的道路上跟大家一起共同来探索一个企业家应该做的事情。耽误大家的时间了，谢谢大家！

《心经》成为艺术巅峰之作

2011年，廖莎为电视连续剧《新西游记》配唱了主题曲《般若波罗蜜多心经》。笔者以为，作为一个歌唱家能够接触到佛法，精研佛经，并且又能用自己的歌喉演绎佛曲，那真是非常有福报的一件事。

廖莎已潜心修习《心经》多年，每天背诵心经多遍。此次录制《心经》是应作曲家徐镜清至诚邀请。她接受使命后，在认真准备过程中发现前面演唱者录制的那一版伴奏带漏掉了“究竟涅槃”这一句，廖莎及时告知作曲家予以弥补，令徐镜清感激不已。

在此次进棚录制《心经》前，廖莎先诵读心经49遍，在录制过程中，廖莎仿佛站在云海中与芸芸众生演说《心经》，一曲天籁一气呵成，廖莎与录音师泪水夺眶而出，沉浸在从未有过的大悲心境与无比感动之中……事后，廖莎听到这首心经总感觉不是自己唱的，奇妙的是，人们听了这首《心经》感觉心能很快地清静下来，感觉有加持力，身心被摄持。

说到《心经》，宣化上人曾有开示，《般若波罗蜜多心经》可以破除三障。三障是什么呢？第一就是报障，第二就是业障，第三就是烦恼障。《般若波罗蜜多心经》简称《心经》，它是袪魔第一经。《心经》字数少，便于持诵。另外，经后有咒语，即般若佛母心咒（汉传）：揭谛揭谛、波罗揭谛、波罗僧揭谛、菩提萨婆诃。故说，《心经》是经咒一体的如意宝。受持《心经》法门，不得不提及他们。

一是唐朝的玄奘法师，玄奘去印度的路上，依靠《心经》的威力遣除了一切违缘。无论是自然环境，还是人妖魔，都是依这部《心经》而化解的。据说，最神奇的是，有次是因为马上被杀的那一瞬，他持《心经》而化解。

再有一位大德，是近代的佛教协会赵朴初会长，他也是一生持《心经》，他在北京八大处（灵光寺）的山墙上书写的《心经》，堪称书法经典。据说，他出差在火车上，一天就持诵《心经》500遍。

用泪与血写就的忏悔书

我们每个人都想自己的人生走得平坦，生活过得顺利，包括想让生意顺利，想让孩子成长得顺利等。其实，拥有顺利的人生，有一个很重要的法宝值得我们珍视，如能按照这个法宝去做，你的生命就一定顺利！这个法宝，就是忏悔。

何谓忏悔？《六祖坛经》上说："云何名忏？云何名悔？忏者忏其前衍；从前所有恶业、愚迷、憍诳、嫉妒等罪，悉皆尽忏，永不复起，是名为忏。悔者悔其后过；从今以后，所有恶业、愚迷、憍诳、嫉妒等罪，今已觉悟，悉皆永断，更不复作，是名为悔，故称忏悔。"说得直白一点，忏悔就是发誓：知错后永不再犯，断恶修善，忏悔就是自己洗干净自己。我们人为什么年纪越小活得越快乐，越大活得越痛苦？因为越长大，生命的染污越多，而又没有清洗，所以越痛苦。

如果我们一个月不洗脸甚至十年没有洗脸，我们会是什么感觉？别人看到我们是什么感觉？我们一定会觉得很难受，不敢出门，别人看我们也很恶心。这是说我们的外在。现在回到内在——我们的心。好多人一辈子都没有清洗过这颗心，心中充满垃圾，丑恶不堪，所以绝对是痛苦和灾难的。

比如说我们今天和爸爸妈妈吵架，吵完架心就被染污了，可是我们没有去清洗过；明天和同事又闹翻了，心又被染污，又没有清洗；后天去买菜和商贩发生矛盾，心继续被染污，不去清洗；大后天趁这个商贩不注意，偷拿一个苹果，再以后再偷拿点公司的东西，或背后中伤同事，或批评国家，或不满社会……我们这颗心就在不断地被染污，从来没有得到清洗。所以，年纪越大，染污越深。虽然我们的脸天天会脏，但是我们可以把脸洗干净，甚至像下煤井的工人的脸，虽然像非洲人一样漆黑，但是只要他会清洗，再黑也能洗干净。

曾经有这么一个人，有人问他，"你犯过错吗？"他说："我从来没犯过错！"如是这样，请问，他还是人吗?！只要是凡人，就一定会犯错，没犯过错的人就不是人了！但是，尽管我们犯过错犯过罪，这都不重要，只要我们学会清洗！清洗心灵世界的方法就是忏悔。

我们经常说，为人要厚道，做人要孝道，确实也是如此。纵观中国五千年的文化，不论哪门哪派，都离不开"孝"的文化，诸事不顺，皆因孝呀，所以说只有孝敬父母，尊重祖先，才能让你的生活事事顺利，爱的流动才能通畅。一个人性格的缺陷、事业的失败、家庭的不幸，都是由于缺乏孝道文化的智慧，迷失本性而造成的。有一句话是这样说的，禅是我们中国人灵性家族智慧传承的根，而孝道文化是我们中国人血脉家族遗传传承的根。那么今天廖莎用血和泪写就的忏悔书，可以说就是一篇提倡孝道文化的倡议书、告诫世人的劝孝书，如能领悟此理，必能使我们播撒下福报的种子。廖莎在她的忏悔书中这样写道：

2008年7月6日，接到娘写给我的一封信，信中说："廖莎，你14岁参军至今已有39年了，而我们相叙的时间最多不过六年，实在是太少太少，加上你有病不吃药，让娘非常非常牵挂你，经常对着北方天空呼喊'佗伢子，娘好想你，你听见没有''廖莎，娘好想你，你听见没有'……一连喊了49天，你还是没听见，娘已经是近80岁的老人了，感到身体一天天衰老，生命越来越短暂，在我有生之年能和你一起度过，会感到无比的欣慰和幸福，望你能了解娘的心愿。"娘在信中诉说了她对我无尽的思念，读了这封信，我们于2008年8月2日奥运前夕，将娘从长沙接到了北京，但娘强烈的思念我并没有完全理解。

现在才发现，娘这次来京，把所有的衣服用品都带足了，娘就没有打算再回去。她人生最大的愿望就是把所有的剩余时间用来陪伴女儿。因为在娘内心深处总有一种深深的自责，总唠叨让我离家太早，没有尽到母亲的义务……

我现在才明白，娘这次来是带着使命来的，是来成就我来的。

在我2岁时，也是家里最困难的时候，是娘把我送进了一所市级幼儿园，自己吃糠咽苦菜，却省下钱让我从小获得优良教育；记得我2岁进幼儿园是全托，娘每两周才接一次，每次送我去幼儿园我总不让娘走，这是生命之根不能分割的表现，因为父母是树干，儿女是树枝，枝与干脱节则必枯萎。

7岁，娘将我寄放在外婆家，这是娘在让我与祖宗连根，养我的命根啊！外公去世后，是娘擎起了祖宗德风之明灯，成为传家的火炬手。这五十多年，是祖上的德根深深滋养了我，不论从艺还是从商，儿女立身行道，显的都是廖家祖风。从小，娘给予我的艰苦教育让我刻骨铭心，不生享受的奢望，至今斗志不衰。从小到大，是娘始终在训练我对待吃苦、吃亏如饮甘露，身处逆境、险境从容自在的圣贤心智，娘以苦为师、有容乃大的教育，教给我的全都是向内求的积福之道。

在我14岁时，娘又大胆地送我参军。当时，娘的心有千个不舍，娘却割舍了心头肉，坚决地把我从温室送进了大风大浪的人生旅途中，成就了我的梦想。但是娘却总是和我天各一方。从14岁我参军离开故乡，直到现在。小时候是娘忙，扔下我，现在我长大了，又是我忙，扔下娘；小时候我总是眼巴巴地盼望娘来接，现在娘又总是望眼欲穿地盼着我回，一晃眼，娘80多岁了，我也50多岁了，这辈子母女俩总是离多聚少，总有千山万水把我们隔开。

娘来了北京，安排她住在家里，但她住不安，因为我在基地，而基地的住宿条件比较艰苦，没有暖气，我们哄着娘住在家里，说到时再接她过来。三个月不到，娘死活要来基地，说再艰苦的条件都要与我在一起，娘毅然决定搬到了基地。娘要天天看着我，要陪伴在女儿身边来弥补这一生中太多的分离。

2008年12月26日，是我长这么大第一次过了一个最幸福的生日，懂得女儿的生日既是娘的受难日，也是自己的母亲节，也是我第一次给娘下跪磕头，那次我感觉自己生命的根又与娘连上了。刚刚度过我生日的幸福时光，不幸又降临。2009年1月5日晚10点，我正在开会，会议中忽然嘴唇和牙疼痛难忍，我站起来在会议室走着，顺便问了一声身边的王姐是否有止疼药，她说外婆那里可能有。一会她不见人了，也就在10分钟之内，忽然接到了她惊恐的电话，说她去给我取药，进门后见娘躺在地上，口吐白沫，奄奄一息。我们迅速赶到，将娘送进了医院。我的嘴巴疼，分明是冥冥之中的善神在提醒我赶紧救母，这说明我与娘命根紧紧相连啊！

娘煤气中毒，脑神经损伤非常严重，请几位师傅看了都说性命难保，但唯有女儿的愿力可以救她，我在佛前发愿一定要救娘，我每天诵《地藏经》一遍，将功德回向给娘，并到寺庙给娘立消灾延寿的牌位，娘奇迹般地从死亡线上活过来了。但娘的记忆、神志再也难以恢复到以往的状态

了，以往的娘是个最精明的人，母女之间一言一行都能心领神会，现在娘虽在身边，但心灵的交流沟通却发生了障碍，人与人虽然身子在一起，而心灵与情感不能完全沟通，那等于还是没在一起，比隔着千山万水还无奈啊！有时候与娘问话她没有反应或答非所问时，我才知道过去与娘在一起的时光，无论是骂也好，打也好都是多么幸福啊！

经过一年的治疗调养，娘的神志、记忆逐渐在恢复，到了2010年元月五日，不多不少整整一年的那一天，娘不幸又摔了一下，忙于工作的我，竟然以为不碍大事，只是用了些外用药处理了一下而没有送娘去医院检查，后来叶毛送母亲去304医院拍片子确诊是左髋骨粉碎性骨折，看到片子粉碎的程度很严重，我的心揪了起来，粉碎性骨折的疼痛是难以忍受的，而娘在我们面前竟很少叫疼，娘是怎么熬过来的呀，粗心的我竟让娘在家里整整耽误了两周，为此我内心深深地自责自己简直不是个人，我痛恨自己哪有半点孝道。

就这样娘又上了一次手术台，本来就衰弱的身体又遭受了一次重重的创伤，娘能挺得过来吗？师傅告诉我娘有大坎，除非你的愿力大感动了老天，否则恐怕难以回天，我听了没有害怕，我相信《地藏经》的法力不可思议，因此改一天念一遍为两遍，同时参加水陆法会为娘祈福，如此，娘又奇迹般恢复了。

2010年10月，正当我埋头“我家”工作时，阿姨告诉不好的消息，讲娘常说左乳疼痛，用手一摸，娘左乳长了一个鸡蛋大的肿块，手触碰时又硬又疼，到医院检查确诊为乳腺癌。那天我急匆匆赶回家中，在佛前诵大悲咒108遍，然后为娘祈请大悲水和佛灵油。想到我是喝娘的奶长大，而娘此处却无比痛苦，边诵边流着眼泪……当晚给娘外敷并喝下大悲水，我松了一口气，第二天早上吃饭时，我用手摸了一下娘的左乳，简直不敢相信，又再摸了摸，我惊叫起来，硬硬的肿块几乎都软了，里面只剩了葡萄那么大的小结了……我发现佛法不可思议，孝心和真诚心比什么药都灵。

娘以顽强的生命力活了下来，一次又一次突破了生命的极限，有两个原因，一则是为了多和家人在一起，但我却没有理解娘的心，整天仍然埋头于工作，虽然阿姨照顾得无微不至，但娘的内心还是孤寂的，何况卧病在床，娘多希望我在她身边啊，最想看到的人就是女儿啊！所以娘以顽强的生命力活着；二则娘知道我的孝德尚未圆满，故不断地推迟离期，给我机会来圆满孝德。一个又一个的劫难，显现在我眼前，分明是娘在用自己的痛苦肉体帮助我觉醒，履行孝道，成就我出世间的道心啊！

娘在完成一个重要的使命，而做女儿的我却没有感知，不知自己的孝道还没有圆满。娘病重期间，我没有为她换过屎尿，没有陪她睡过一晚，没有为她洗澡、搓背，没有为她按摩、梳头，没有为她穿衣、洗脸，比起王希海大孝子，放弃出国的工作，用手为父亲接大便，伺候老父亲 26 年，我这女儿真的是太差劲了，“不敬其亲而敬他人者，谓之悖理，不爱其亲而爱他人者，谓之悖德”。娘一次次的病倒，是在给我出试卷题啊，是我的孝心未开啊，做人的基础考题都交不了卷，连孝德都没有积上，谈何其他德行？天天忙“我家”，家文化在哪里？天天讲弟子规，却不去做，把重病的母亲放在一边，岂有此理，伤天害理啊！

因此我决心用全部的爱心和孝心来帮助娘。从上海出差回来，我在佛前至诚写下了发愿文，佛弟子廖莎，今在佛前以致诚心发愿，从今天开始做到：

1. 把照顾娘放在第一位，敦伦尽分，履行儿女责任，做到至孝。

2. 发愿代娘受难，愿将娘的乳腺癌转移到自己身上，为娘消除痛苦，我愿折自己的寿命，为娘延寿，让娘恢复健康。

3. 每天念大悲咒一百零八遍，请大悲水为娘化疗。

4. 报名上《原始点松筋法》按摩班，学完为娘做按摩，通经活络。

5. 为母亲做功德：以娘的名义爱心捐款、出资印经，为娘增长智慧，用至诚爱心帮助娘恢复神志到煤气中毒前的状态。

6. 代娘放生，到水库放生泥鳅、鳝鱼、甲鱼、回头鱼数千斤，为娘做功德。

7. 代娘忏悔往昔的宿业，每天诵地藏经一遍，大悲咒一百零八遍，观世音菩萨普门品一遍，忏悔文二遍，把功德回向给娘。

8. 到廊坊白净寺为娘皈依，并为娘做佛七，超度娘累生累世的冤亲债主；到白塔寺参加水陆法会，做功德主；超度廖氏门宗、代氏门宗列祖列宗。

9. 与娘沟通，至诚劝娘相信因果佛理，求往生西方极乐净土。

以上九条，绝无戏言，若做不到，愿接受天地鬼神的任何惩罚。以上九条我都一一做到了，本来诊断是恶性肿瘤，后来竟奇迹般地变成了良性，娘又一次转危为安。孝悌之至，通于神明，光于四海，无所不通。孝心一开，百慧皆开，把孝德尽到了，我家会好，家里会和，五福必临啊！

想到娘这辈子生我、养我、育我，倒还觉得这一生欠我，现在还不放弃使命，用一次又一次的病痛在给我机会度化我，圆满我的孝德，为成就我的大愿做最大的牺牲和付出，我感恩的泪水似涌泉般流淌，娘这辈子全都是为我们，哪有为自己半点啊，娘只求付出不求回报，娘不就是大慈大悲的大菩萨吗？

亲爱的娘，您给我的岂止是一个母亲的母爱，您以温暖的腹腔让我着落、投胎做人，来感受生与死，然后用这个人身寻求永恒的生命，得无量寿命与自在身心，这是您一生成就的巨大价值。您的功比天高、恩比海深，您就是大慈大悲的观世音！

娘，现在我终于明白了您这次来北京的真正目的和全部意义，娘终于让我悟道了。我一定要用至诚孝心，代娘承受所有的病痛，我一定要让娘功德圆满，先成就娘。现在娘住进了松堂医院，娘进来后，持续不退的高烧就降下来了，各种病症都奇迹般地全部好转，这都证明了松堂是一个福地。更重要的是，这里是通往西方极乐世界的中转站，阿弥陀佛已经在松堂接引了一万多名老人往生西方净土，这是真实不虚的事实啊！娘有这样的福缘是娘修来的。我这辈子最大的善愿、孝心就是让娘往生西方净土，获得无量寿福，也是我对娘最大的回报，我坚信自己的心愿一定能实现，一定会实现！

您心爱的女儿：廖莎　敬书

2011 年 4 月 30 日

第十四章

思及员工铸企业魂 模范东方圆百年梦

何思模：14亿元身家全捐的慈善人生

转型中的企业，创新或许是找死，但不创新肯定是等死。

中国的文化很深，企业的“企”上面一个“人”，下面一个“止”，就是没有上面的人字，你的企业就会停止，所以企业需要人才。

——易事特公司董事长　何思模

何思模人生经历

何思模，1965 年 2 月出生于安徽省安庆市。

1989 年开始创业。

2000 年，在东莞塘下镇投资设立了自己生产基地。

2008 年进入胡润富豪榜。

2008 年，在汶川大地震抗震救灾工作中，何思模教授作为发起人之一成立的“中华思源工程扶贫基金会”受到“中共中央、国务院、中央军委”联合表彰，授予“全国抗震救灾英雄集体”的荣誉称号。

2009 年 5 月，何思模教授所领导的广东易事特电源股份有限公司投资 1200 万元设立了广东省首个企业冠名的慈善基金——“广东易事特慈善基金”。

2010 年胡润中国富豪排行榜上，何思模的财富达到 14 亿元。

20年不间断电源

易事特的商标“EAST”是何思模在办公室“乱画”得来的，“东方集团，代表朝阳，所以以红色为主色调，很简洁”，“A”字代表快速发展，到达一个高峰，“易事特做的是不间断的电源，所以商标的笔画也不间断”。

“易事特”三个中文字，“易”出自《易经》，代表做容易的事情，建立良好的沟通渠道；“事”，做实事，办实事；“特”，做特色企业。“我就是简单地把‘东方’的英文音译过来，没有很深奥的文学寓意。”

这四个不间断的英文字母代表着何思模20多年不间断的梦想——“20年，我们就做一件事，做不间断电源”。

艰难时刻更需要创业精神，而创业精神往往隐含在创业家的创业史当中。1989年何思模在老家江苏扬州创业，此时他身无分文，需要从银行借贷3000元作启动资金，但贷款需公司具备正规营业执照。

一家濒临破产的企业老板对他说，只要帮这位老板偿还银行贷款18万元，就可以拿走营业执照，何思模答应五年内还清。营业执照有了，信用社向何思模贷出3000元钱。钱到手，他马上成立东方电源设备厂。但三个月后就要还贷，他只凑到2600元，还有400元缺口。何思模咬咬牙，卖血得到400元还债。

由于贷款守信，银行给他的第二次贷款金额增至8万元。连续10年银行授信他的企业为“AAA”，并授予他几亿元的信贷额度。

何思模目前控股深圳市东方电源设备有限公司、扬州东方集团有限公司、易事特电力系统技术有限公司三家子公司。但单单是东方集团，2008年营业额达25亿元人民币，利润更高达2.8亿元。同行如科思达，同年只有5个亿元的销售。同年的易事特UPS业务便有6个亿元的销售，利润是1.2亿元。

“为什么利润这么高？因为我掌握了核心技术。我的产品，与APC相比，质量一样，但便宜30%。但正因为质量达到国际水平，所以我的货比国内品牌要贵两三成。”何思模按捺不住内心的自豪感，“APC有时候来不及生产，直接在我这里拿货，然后贴上他们的牌——他们对易事特的质量很放心”。

虽然能源供应日趋紧张，UPS（不间断电源）的应用越来越多，但何思模并不觉得UPS生产的路越走越宽。这是因为主要原材料成本翻倍而UPS产品价格未涨甚至拉低。

规模化可以减轻成本压力。从产品系列来说，易事特的UPS产品在国内厂商中最丰富、型号最多。“像做UPS的机箱，本身就是易事特自己控制的工厂，另外像变压器、电池都是易事特自己生产的，因此易事特可以把成本控制在很低的范围内。”何思模说，在今后UPS的厂商销售规模一年不能超过亿元的话，生存都会是非常困难的事情，而最后能在这一市场活下去的，也许不过3~5家厂商。

有规模也许不会被淘汰，但这远远不够。何思模说，国产厂商要壮大，根本还是要走技术研发的路子。易事特有着自己庞大的研发队伍，在UPS行业拥有着多项的技术成果，其中不少获得了国家专利。

“创业之初，产品没人家好，以地板价卖给别人”，何思模感叹，十年前在欧洲开展会的时候，易事特的产品拿不出手。“人家一看就是乡巴佬做的产品，逼着我们去搞技术。”何思模大量购买国外的产品，送到高校的研发队伍里解剖，“日日夜夜研究人家是怎么弄出来的”。

易事特东莞总部有860人，但研发队伍就有500多人。何思模把生产环节外包给外面的工厂，易事特只做核心的模板。

这一系列尝试却让他把大多数中国“同行”抛在了后面。何思模说，易事特很快可以引导全球UPS行业技术的发展，“APC－MGE、伊顿和艾默生等的技术积累可能比我多，但从最新技术的产品上，我和他们是站在同一起跑线上，甚至略优于他们。更何况我们的成长速度比他们快多了”。

何思模的20年，中国人还走在脱贫路上，珠三角的创业故事很多是生存型而非规划型的；创业之后又有太多的市场机会和太多的非商业泥潭，创业家要同时驾驭市场、政策环境的不确定性，创业史往往是他们的辛酸

史、血泪史。

2009年，20岁的易事特踏上“百年东方”之旅。何思模再三强调，今天的易事特是被现实压迫出来的，“20世纪五六十年代的人，很多人没有一口饱饭吃，他们的潜力在半饥的状态中爆发了，于是诞生了很多明星企业。创业初期的我们就是半饥状态，我也希望易事特今后也成为明星企业”。

延续的杯中温情——百年东方不是梦

据透露，何思模已经拿出个人80%的股权，作为公司的百年发展基金。这部分股权永远属于公司，让易事特实现百年梦想。另外20%的股权作为员工激励资金。

“有一种文化我是提倡的。公司把谁排在第一？客户？不是，是员工。‘员工第一’才能创造‘客户第一’。只有员工满意才能全心全意地服务于客户。”

何思模经常组织公司研发队伍在大会议里学禅学。“要心静，我常常叮嘱他们：每天拼命地工作是错误的”，他要求他的员工每天要用半个小时去静思。

何思模还先后在许多高校设立“易事特电力电子奖学基金”达1200万元，每年都会花一定时间在国内各大高校做巡回演讲，培训目标人才。

这套吸引人才的绝妙方法，或是何思模每天静思的杰作。

“我每年都对获得易事特奖学金学生说，我只允许你们当中30%的人毕业后来易事特工作，其他70%往世界五百强的企业去，工作三五年后我会分批把你们收回来”，何思模要让世界五百强免费帮他培养人才。

他还鼓励这批学生进公务员队伍、进国家中科院，“以后这帮人收得回来就是我的参谋，收不回来起码是我的客户。饮水思源，他们在本科、研究生时期受过易事特的恩，有报恩之心的自然会回来，就算没有这个心的，起码也会关注我这个企业，那就是我的潜在客户”。

何思模每周都要给员工上一堂课，在讲课过程中经常会进行现场提问，比如，课堂上放映有关海尔的资料片，他问道："海尔的核心理念是什么?"有员工回答："日清日毕，日清日高。"这时就会有人走到答题者的面前，把50元钱放在他手上，作为对他正确答题的奖励。想想看，听这样的课是不是很刺激？不过，课堂上的奖金可不是那么好拿的，课下若不花时间读书、下工夫学习，恐怕就只有看着别人拿奖金了。

窥斑见豹，一堂课就把重学习、尊人才、讲诚信的特点显示出来，不得不佩服他的智慧，由此喜欢"讲课给人钱"的公司老总何思模，以其独特的企业管理模式成为胡润富豪榜富豪中比较亮眼的传奇人物。

何思模是舍得花钱动真格的，他说："我做的第一件事，就是把财务报表、公司的利润全部公布给大家，并且拿出20%的股权分给员工。"几年来，易事特的员工每半年都会拿一次红利，而从2009年9月起，红利改为按月发放了。

这就是所谓的"带体温的钱"。而这种"体温"还延伸给员工家属，并可续暖至未来。

何思模在易事特20周岁时，给优秀员工做了一个杯子，杯子底下有员工自己的名字，随杯附了一封信。

这封信是写给2089年（易事特一百年）董事长的，信中说，2009年易事特员工的子孙凭这个杯子和这封信，可以从董事长你那里拿到一百万元。

"为什么？因为拥有这些杯子的员工，都是曾经与我在易事特的第一个二十年里艰苦创业的，一个老臣子，功臣，不值一百万元吗?"

这种杯子一共发出一千多个，每人一百万元，十几个亿的资金。为了不添加将来董事长的负担，何思模个人拿出了二千万元做这项"投资式的基金"。

企业务必明确使命

企业要健康发展，要持续发展，需要明确自己的使命，唯有如此，企业才具备真正发展的原动力。

创业时间长了，笔者开始思考一个问题：企业发展最需要的是什么？有人会说资本，离开资本，整个企业将会举步维艰，运营困难；有人会说人才，没有人才，一切都无从谈起。这两项因素确实非常重要，从企业的本质属性来讲，企业是需要追求资本和拥有资本的，否则这样的企业至少是一个不合格的企业；同样，人才也很重要，没有人才，蓝图大略实现不了，宏伟目标只能是空中楼阁。所以，这两项因素非常重要，但是否是企业发展最需要的呢？其实不然，在企业发展中，企业还有一项最需要的因素：企业的使命。企业的使命，回答了企业存在的价值、发展的根本目标，是企业一切资源为之聚集的方向。

试问，一个企业不能回答自己存在的价值及发展的根本目标，它又如何能明确明天向何方发展，手中的资源应该如何聚集呢？在媒体的报道中，我们经常看到这样的案例，一个企业主白手起家，勤奋努力，兢兢业业，经过十几年打拼，企业发展壮大了，初具规模了，但是企业的发展速度却迅速降低了，若干年之后企业消失了。为什么会出现这样的情况？原因就在于企业发展缺乏一种使命。在创业之初，他们渴求资本，因此对资本展开了艰苦卓绝的追求，但是企业一旦形成了规模之后，他对资本的渴求度也降低了，这时候他应该渴求什么呢？企业应该如何朝一个更明晰的方向发展呢？没有答案，因为他自己也不知道自己渴求什么，不知道企业的未来到底需要朝哪个方向发展。最后只能在混沌中度过，在混沌中消失，也就是情理之中的事情。

纵观世界，但凡比较杰出的企业，无不是有着明确的企业使命做支撑。以日本松下公司为例，松下公司创立于1918年3月7日，但是松下创始人松下幸之助老先生却把公司创业纪念日确定为1932年5月5日。原因无他，因为这一天他提出了“自来水哲学”，明确松下的使命是消除世界贫困，使人类走向繁荣。在松下幸之助老先生看来，企业的形体远没有企业的使命、企业的精神重要。尽管从1918年算起，松下公司已经正常运行了几十年，但是，在没有一种根本使命能够从本质上回答企业存在的理由和价值之前，这样一个企业既是一个与其他企业别无他二的企业，也是一个不健全和完整的企业。所以，直至1932年5月5日，松下幸之助老先生明白了松下公司的使命，解释了松下存在的理由和价值之后，这天才是松下真正创业的开始。再以微软为例，微软创立之初就确定了“致力于提供使工作、学习、生活更加方便、丰富的个人电脑软件”的企业使命，如今，我们不仅看到了比尔·盖茨连续多年雄踞全球富豪榜首位，更看到了今天世界上绝大多数电脑都在使用微软的产品。

作为一个健全发展的企业，离开了企业使命将从根本上迷失方向。同样，一个企业有了使命，那接下来的道路也会越来越开阔，企业发展的方向也将越来越明确，企业存在的理由和价值也越来越充分。享誉世界的管理大师德鲁克曾对管理下过一个经典定义：“管理就是界定企业的使命，并激励和组织人力资源去实现这个使命。界定使命是企业家的任务，而激励与组织人力资源是领导力的范畴，二者的结合就是管理。”所以，企业要健康发展，要持续发展，需要明确自己的使命。

企业文化不是忽悠

企业文字文化不能转变成为行动文化，则会变成一种忽悠文化，以人为本也就只能是纸上谈兵。

“以人为本”已成为企业文字文化的一种普遍现象。如果在企业文化中找不到“以人为本”的字样，这家企业反倒成为了一个另类企业。

为何这里要强调文字文化呢？文字文化与实际操作其实在许多企业中有着天然之别。我们时常会听到这样的说法：“走了的都是人才，留下的都是奴才；领导一句话，累死一头牛……”仔细翻阅这些企业的员工手

册、企业简介，一定都可以找到以人为本的影子，但是何以员工依然发出如此感叹呢？答案其实也不难理解，文字文化与行动文化在本质上有根本区别。

文字文化是企业字面文化、宣传文化、形象文化，行动文化是企业执行力、行为习惯、管理精髓、企业风气、对员工态度等实现操作方式、方法、流程、制度。从三鹿奶粉事件可以看出，三鹿在利益面前全然不顾人民身心健康，但是看看三鹿企业的简介、听听三鹿的宣传又会发现，关注婴儿的成长、重视顾客的健康、关爱社会，这些是三鹿对社会的责任。这种文字文化与行动文化的差距，实际体现出企业的生命力。所以，企业对文化的经营上，不仅仅体现在“写”的层面上，最关键的是应该体现在“耕”的层面上。同样，对人才的重视也不能以简单的“以人为本”来表达尊重。

耕耘企业文化，真正体现“以人为本”的内在含义，是每位企业家、管理者都必须直面的问题。而企业文化是指企业在实践中逐步形成的为全体员工所认同、遵守、带有本企业特色的价值观念，是经营准则、经营作风、企业精神、道德规范与发展目标的总和。故此，企业文化是软竞争力，是无形的，但它无处不在、无时不有。

耕耘文化就是要坚持以人为本，在人格上尊重人，在政治上关怀人，在文化上关注人，在生活上关爱人，在发展中培育人。帮助员工树立结果导向、客户价值的工作观念；树立适应变化、直面挑战的观念；树立重视过程、注重细节的观念；树立精益求精、精耕细作的观念；树立以厂为家、爱司如家的观念；树立及时激励、以“文”化人的观念。

当企业以一种文字形式向外宣传“以人为本”的企业文化时，实现上就是在向员工承诺，企业不是把员工当作完成任务的工具，而是要把任务当作员工成长的平台。只有坚持做到这一点，才能凝集员工的向心力，调动员工的积极性和主动性，最大限度地发挥员工的主观能动性。正如松下幸之助所言：松下电器是制造人才的地方，兼而制造电器设备。

“企”无“人”则“止”。企业所追求的“科学发展”取决于技术创新、市场开拓、文化管理，但这一切的基础皆源于全体员工工作的能动性。“以人为本”的管理思想体现在行动上，就是要理解人、关心人、尊重人，最大限度地满足人的合理需求，充分挖掘人的内在潜力，使员工在工作中有成就感、价值感，体现出很重要的职位角色。这样的企业文化才是真正的以人为本，才能留住人才、培养人才，成为人才的积聚地。

老板需要有职业规划的人才

受金融危机影响，广东已经连续三个季度市场劳动力需求持续下降，许多往年出现在校园招聘现场的中小企业，甚至大企业，已经明确表示取消或压缩招聘计划。但是求职人数的不断上扬，2009年，全国高校毕业生达610万人。尽管大学生知识结构存在一些老生常谈的自身缺陷，但他们又是一群充满活力的职场新人，可塑性强，没有职场老手的“老油条”劣性。作为企业掌舵人，何思模对新入社会的职场人士有一些看法，即你是否为我需要的新人。

15岁在澳大利亚的一家麦当劳打扫厕所，19岁成为澳大利亚最年轻的麦当劳店面经理，27岁成为麦当劳澳大利亚的副总裁，29岁成为麦当劳澳大利亚公司董事会成员，43岁被提升为首席运营官，成为麦当劳历史上最年轻的全球掌门人。他就是麦当劳历史上的传奇人物——查理·贝尔。贝尔在庆祝他就任CEO的新闻发布会上说：“我从15岁起就在澳大利亚的餐厅兼职打工，19岁成为澳大利亚最年轻的餐厅经理，我能做到，你们也能做到，明天的总裁就在今天的这些平凡员工中间产生。”

查理·贝尔的成功给职场新人们一个启示，选择自己喜欢的行业，端正心态，“眼光向下”，把握机会，甘愿从最基层开始锻炼，摒弃浮躁，扎根基层，夯实基础，稳步提升，同样可以成就职业生涯的辉煌。调查显示，70%的用人单位不赞成员工频繁跳槽，80%的企业能接受员工3年跳一次槽。一个人如果抱着先就业后择业的思想，抱着骑驴找马的态度，总是望着那山比这山高去工作，他将始终处于“找工作”的状态之中。当把搓足工、擦鞋、养猪、扫厕所只是当作一种跳板，一种生存方式时，那他

只会在漂泊中迷失自己，成为一个职业“跳蚤”而非职业经理人。

职业生涯规划是人生战略规划的起点。成功的人生需要正确规划，一个人成功与否，取决于能不能管理好自己的人生规划。一个人现在站在哪里并不重要，但是下一步迈向哪里却非常关键。不管你是从事洗澡堂搓足工、在街上替人擦鞋，还是回农村养猪、扫厕所，只要这些职业和自己的职业生涯规划有关，或者说自己将立足在这个行业上发展，这就是你职业生涯的开始。一个人只有清楚自己要成为什么样的人，从事什么样的职业，并为实现这样的人生目标而努力提高自己、完善自己、超越自己，就业大门才会在你的规划中打开，成功的道路才会在你的职业生涯中延伸。

所有的职场新人们，寒冬里蕴涵着春天的希望，危机中潜伏着机遇的种子，只要明确自己能做什么、会做什么、要做什么，只要把心态放平、客观定位、坚定信心，哪怕经济形势、就业形势是如何严峻，依然能化“危”为“机”，踏上理想的职业化道路。

从服务生到总裁，再到美国商务部部长，美国商务部前部长古铁雷斯的传奇人生再次充分地说明：成功源自不懈的努力与坚持，一步一步在平凡的岗位作出不平凡业绩的积累。

转型中企业，不创新则等死

“转型中的企业，创新或许是找死，但不创新肯定是等死。”这句话几乎成为何思模的名言，被很多媒体广为引用。从举债到模仿到吸收到自主研发，何思模对民营企业的创新之路颇有感触。在一次电台节目中，他曾举例说东莞企业自主创新能力太弱，组装一台电脑的利润，只能买 9 个苹果，还不够买 10 个。

目睹了周边工厂的低利润境遇，更激发了何思模的自主创新激情。他说，易事特的经验是放开包袱，大胆走到创新的前列去。

走出去创新，有一个经典案例在易事特被奉为美谈。印度石油在 2005 年年底向全球电源厂家公开招标，诸多国际品牌参与，易事特以“EAST”

牌投标。

“企业创新不能单纯地坐在实验室里面创新，要走入市场这个大的载体，才能创新成功。”何思模带上工程师到印度，拿着产品到用户那试用并改进。结果花了18天时间，最终得到印度官方、企业、技术人员认可，一举中标，拿下四五千万元的大单。当时正值农历春节，大伙在工地现场就着印度烧饼算是过了大年三十。

何思模说，东莞有很多外资企业，这些企业的文化、技术都是走在国内民营企业前列，我们有这么好的资源，东莞的企业家为什么不好好地利用和运用呢?

“所以我认为创新不单纯是产学研，因为现在有了政府、有了官方的推动，我认为是官产学研融为一体，这种自主创新肯定能成功。”何思模对产学研有了新的理解。在他的战略中，易事特三年内有望进入全球行业前三甲。

2007年，易事特公司总部由塘厦搬迁至松山湖，用他的话说，这是公司认同东莞的发展，并希望进一步提升发展的表现。因为，松山湖是东莞的未来特色。

产业结构调整升级是东莞当前落实科学发展观最核心的任务，发展高新技术产业是东莞梦寐以求的事情。

易事特早已打好了算盘，对于未来战略布局，易事特又瞄准了太阳能和风能。“已经用了六年时间在研发，部分产品已推出来了。易事特全力进军新能源领域，将再一次抓住产业发展的方向，赢得企业发展新机遇。”

与高校合作的太阳能电池项目技术在国际上达到了顶尖水平，目前研发已经投入了5000多万元，两年后有望产业化，未来的产值将达到几十亿元。风能发电处于研发试用阶段，预计明年可以量化生产。

经历了“创新+技术+市场+品牌”的裂变，如今何思模心中又多了一个期盼——筹备上市。2005年，易事特已进入了上市辅导期，2008年又被列为东莞首批上市后备企业。

“易事特上市的目的是为了提升员工价值和企业品牌、规范企业管理制度。”何思模说。或许正因为此，公司员工的稳定率极高，当年12位创

业元老中，仍有八九人还在易事特和他同甘共苦。

慈善的不是钱，是心

笔者一直在进行着关于企业和个人如何做公益与慈善的研究，公益和慈善是组成社会生活的一部分，也是对社会财富进行的第三次分配的形式，一直为大家所津津乐道或成为茶余饭后的谈资，时至今日，社会上各种对公益和慈善所持的观点，声音非常多，可谓仁者见仁，智者见智。

什么是公益？我们为什么要做公益？笔者以为，公就是公众、众生，做对国家、对社会、对众生有益的事情，就是公益。我们同住在地球村，大家都是一体的，同呼吸共命运，为人就是为己，为己就必须利人。所以我非常赞同一种说法，全民公益，让公益成为一种习惯。当下国民都非常关注亲子教育，非常想拥有一个和乐家庭，可有一点我们就糊涂了，养儿育女好像是我们自己一个家庭的事情，总把孩子当成自己的私有财产。其实我们要明白，孩子一出生，他就是社会的了，不再是属于自己的了，所以，如果你是站在这个角度和高度来进行管理与教育子女的话，当你拥有这种“舍”的品质和付出的精神的时候，于己是有益的，于公是无害的，公益讲求的就是一种奉献的精神，尊重他人献爱心，你就是一个“合格”的公民。

说到慈善，很多人都觉得是富人的事情，与自己无关。但不知他是否想过，富人又是怎样富起来的呢？很多富人们为什么在乐此不疲地做着大量的乐捐、布施行为呢？难道说慈善就只能是富人的专利？要想知其真相，我们还得弄清楚什么是“慈善”？“慈”是慈悲，“善”就是“善的念头”，兹心非心，名为慈悲。慈悲之心即是是禅心、佛心、觉悟之心、博爱之心。慈悲心，就是当下这颗心，无念无住的心，此时此地此人的这颗心，活在当下的心。因为无私，所以慈悲。所以说，慈善的是什么？慈善的是心呀！慈善是心更是行，自他不二即和谐。心的慈善即是物质慈善向文化慈善发展的一种精神慈善新模式，是慈善新思维、新形式的突破，心好了，人就好了，人好了，世界就好了。经济的发展使一个国家变得强大，而文化的发展使一个国家变得伟大。物质慈善使人们生活变好，而文化慈善却使人们的心灵得以超脱。

一个人的命运跟他的心灵世界有非常密切的关系。有美好的思想，就会做出美好的事；有伟大的思想，就会做出伟大的事；有无私的思想，就会做出无私的事。

我在做“禅心问孝”青少年传统文化培训的课堂上，就曾问过一些同学，不少的同学说他们的梦想是想当世界级的慈善家，我想不管他们的梦想是否真的实现，但只要他们心中有爱，他们生活一定会无比美好的。由此，我也时常给他们讲一则关于慈善与金钱的故事。

2007 年 2 月 16 日，刚刚卸任的联合国秘书长安南，在得克萨斯州的一个庄园里举行了一场慈善晚宴，应邀参加晚宴的都是富商和社会名流。当一个叫露西的小女孩儿捧着她的全部储蓄来到庄园，要求进去参加慈善晚宴的时候，遭到了保安的阻止。小露西说：“叔叔，慈善的不是钱，是心，对吗?”她的话让保安愣住了。这句话打动了正要进去的沃伦·巴菲特先生，他带小露西进了庄园。当天慈善晚宴的主角不是倡议者的安南，不是捐出 300 万美元的巴菲特，而是仅仅捐出 30 美元零 25 美分的小露西。而晚宴的主题标语也变成了这样一句话：“慈善的不是钱，是心。”

多么纯真善良的童心！在小露西的心灵里，爱心是不分钱多钱少的。30 美元零 25 美分相对于 300 万美元来说，不值一提，然而，这却是小露西的全部所有，她奉献出了全部的爱心，毫无保留！保安是以地位来看待来客的，而小露西却能在保安面前不卑不亢，那是因为她认为自己是来奉献爱心的。爱心不分贫富，爱心是不以金钱的数量来衡量的。奉献爱心，只要是尽自己所能，就是义举。善良的心是不分高低贵贱的。只要怀有真诚的慈善，你的心灵就是高贵的。

金钱并不能丈量心灵的高度。拥有纯洁的心灵，我们没有必要低下高贵的头；拥有纯洁的心灵，我们没有必要佝偻着脊背做人。高尚的心灵，高尚的品性，是任何物质条件不能比拟的。只要心怀圣洁，就可以理直气壮地抬起头，挺直脊背，因为我们的心灵拥有应有的高度，我们问心无

愧。是心灵的高贵感让我们挺起胸膛做人。

承诺去世后捐出14亿元身家

在本书前面的章节有写到“中国首善”陈光标，他是中国第一个“裸捐”做慈善的人，而何思模先生则是积极响应标哥成为中国第二个“裸捐”的人。为什么要“裸捐”？正如标哥所说的，“我捐的不是钱，而是一种理念，我捐20亿元、30亿元跟一般人捐1元钱、2元钱是一样的，我想通过这种理念来唤醒人们的灵魂与良知，并且是在呼唤这个社会的公平与正义。”

笔者在编著此书的时候发现，禅商们的思维模式甚至生活中的一些人生经历都惊人的相似，还是稻盛和夫先生总结得好，人生成功方程式（人生的结果）=思维方式×勤奋（付出不亚于常人数倍的努力）×能力。稻盛和夫先生对这个公式分析得非常精辟。稻盛和夫说他小时候不太爱学习，头脑不太聪明，能力并不出众，只是普通的水平。如果能力从0~100分打分的话，他认为他的能力也就60分而已。那能力平凡的人怎样才能在人生中取得不平凡的成功呢？于是稻盛和夫说他就用热情、用拼命努力来弥补，无论身处何种环境，都做出加倍于常人的努力，他认为只要满怀热情，拼命努力，就能弥补能力的不足。他说，虽然他的能力只有60分左右，很一般，但他认为人可以通过自己的意志、努力，把热情提高到80分、90分，别人睡觉时你还在努力工作，热情倍于常人，因为是两者相乘，这个分数就会变得很高。同时，人们持有的理念、价值观也可称为思维方式或哲学，是从负100分到正100分，比如某人想通过当盗贼来取得成功，不停地干坏事，他的理念价值观就是负数，如果他也很聪明，也在努力干，但因为他干的是偷盗，人格理念是负数，三个要数相乘，结果却是一个很大的负数。所以稻盛和夫认为做人一定要有正确的价值观、理念，要认真、要诚实。能力虽然不强，但努力热情加倍于常人，同时要求自己一直要追求正确的价值观，因为人生的结果是三者的乘积，所以即使能力稍差些也能够成功。

对照这个公式，我们来看何思模的成长与成功，你就会觉得他的成功与这个方程式的表述是一样的，其实，我们任何人要想取得成功都离不开这个公式所揭示的人生定律。如果说思维方式是因的话，人生的成功就是果，因果相连，就是人生的一个圆，人生来也空，去也空，何思模的“裸捐”就是想给自己的人生画一个很好的圆。他是这样说的，也是这样做的。下面是《东莞时报》记者对他的一个专访，你完全可以走进他的内心世界跟他对话。

记者：为什么要提出裸捐？

何思模：我创业的时候非常艰难，有几次濒临破产。当时我就想，如果有人帮我，或者我事业成功了，有朝一日我有钱了，我一定要回报这个社会。

记者：感恩的心？

何思模：创业20多年，社会、员工给我的关爱、认同，才有我的现在。我回馈社会是理所当然，也不是有多崇高。

我没其他的爱好，一生都投入到这个企业里来。再大的困难、再大的挫折，都要坚守下去。坚守到现在，还是那句话，感恩。

我每天跟我的员工相处，感受到一种很好的氛围。但在社会上，你会发现很多无助的人。所以我们每年捐助300个学生读书，这些人有博士、硕士、本科。同时，还捐建一些希望小学，救助一些先天性心脏病的婴幼儿。

我也收到过一些信，是来自受捐助者，说我现在大学毕业了，也拿工资了，也在捐款帮助别人了。

记者：你怎么理解裸捐这个“裸”字？

何思模：（向记者出示手腕上的佛珠手链）我是个佛教徒。佛说，来也空空，去也空空。既然如此，那就不带走任何一份东西。所以，这个准确讲叫全部奉献。一个圆嘛。在佛教来说，叫圆寂。我是给自己人生画一个很好的圆。

记者：你怎么走完你人生这个漂亮的圆？

何思模：我创造的所有的财富，在我走的时候，就是属于公众的了。全部捐给百年东方基金。

记者：你现在有多少财产？

何思模：胡润富豪榜排了我十来个亿元，但因为我没有资本化嘛。资本化以后，可能有很多更大的数字出来，它还需要一个资产评估。

记者：你之前提到，陈光标在南京郊游时，给你开了个玩笑，说他刚开始做慈善时，开出一辆拖拉机，回来一辆奔驰。你得出一个结论，做慈善，社会尊重你，你创造的效益更多，财富到了一定程度是社会的。何总裸捐是否也受了陈光标影响？

何思模：陈光标的思想，我是非常认同的。不过裸捐的想法，其实在很早之前就有了，就是要画一个圆。而且，说要把财富全部捐出去是2009年。在易事特成立20周年时，我给所有员工一封信，上面说，我有生之年创造的财富，都要捐献给慈善事业。

一、监管：善款交给百年东方基金增值

记者：百年东方基金怎么运作慈善基金？

何思模：百年东方基金每年投入企业发展的收益用来做慈善。这个母基金，它不由任何人来享有它，而是一直在滚动增值。

记者：市慈善会基金的母基金是交给市信托公司增值。百年东方的母基金是用在易事特公司的生产上产生利润？

何思模：我这个风险可控。

记者：你相信自己的企业？

何思模：我相信自己的企业，相信自己的员工。

记者：百年东方基金主要是从事哪个方向的慈善事业？

何思模：主要是助学。另外，给东莞引智，引进拿了我们基金的优秀高校毕业生，还有请一些顶尖级的人才，像海外的、像两院院士，动员他们来参与东莞的建设和发展。

记者：百年东方基金是怎样的一个管理机制？

何思模：我在的时候就是我在管理。我不在了，就由公众来管理。成立一个百年东方基金管理委员会，由公众来监督，就像上市公司的独立董事。

二、家规：子女 18 岁后用钱都要打借条

记者：在中国这个社会，子承父业是传统。你裸捐后，你的儿孙怎么办？

何思模：我跟孩子讲得很明白。你们有能力，是不要财产的，你们没有能力，给你财产也没用。

我大儿子何家在北京，易事特公司的北京分公司工作。他靠自己能力创造财富。他从基层做起，从一名最普通营销人员做起，现在是北京公司的项目经理。孩子们有能力，可以在本公司工作，也可以在外面自己创业。

记者：你跟他说过家产一分不留给他，而是捐去做慈善吗？

何思模：谈过。我很坦诚。何家也说，我的财富是我的，他的财富是他的。我想得很简单，我希望以后我们父子在北京走的时候，人家会指着我说，他是何家的爸爸。

记者：其他子女呢？

何思模：我还有一个孩子在加拿大读书。我是白手起家，我希望，他们超过我。家里有个规矩，孩子 18 岁之后跟我用的每一分钱都要打借条。

记者：以后要还给你？

何思模：以后都要偿还。因为这个钱就不是我的了，都是这个百年东方基金会的钱。

记者：何家跟你借的钱还完了吗？

何思模：早就还完了。他现在一年能做到近一千万元的销售额。

三、家庭：七旬老母亲还在农村种地

记者：你父母怎么看你的决定呢?

何思模：我17岁时父亲就去世了。我母亲现在快70多岁的人。她在我这儿住不习惯，回安徽老家种田去了。她今年的棉花，收益可以拿到一万元钱。她养鸡、养鸭、种地种菜。如果吃不完，就拿去卖或送给人家。

我母亲就是一个很典型的、非常勤俭的农村老太太。她闲下来就坐不惯。她在农村里有朋友。逢年过节，就在父亲坟前坐一坐，感觉挺好的。

我们所有人都在外面工作。接过来，她反而不习惯。住在我这里时，每天吃买的菜，好心疼的。总说，家里好多菜都吃不掉，这里还要花钱去买。

记者：所以你有裸捐的想法，也是受家庭的影响?

何思模：是的。

记者：能否谈谈你的成长经历?

何思模：我出生在安徽一个农村。很穷。我出生的时候，我姊妹兄弟七个。后来夭折两个，现在还有五个。我读书时得靠自己。放假时，拾猪粪、摘桑叶。读书以后，就靠奖学金来支撑。读书的孩子难，我小时候，三分钱一支的铅笔，都要费很多劲（挣钱买到）。

记者：所以你现在做慈善的主要方向就是助学?

何思模：就是助学。农村的孩子，只能靠读书改变现状。

记者：我们小时候常说，知识改变命运。你读书读到什么时候?

何思模：我16岁，高中时出来当兵。在部队有幸去了军校。在部队就是国家养，还拿津贴。第一年一个月6元，第二年一个月7元，第三年一个月8元。那时候我们拿一月钱还捐一元钱出来。随时随地准备哪个战友家里困难，好支持一下。

记者：但你们家当时其实也挺艰难的。

何思模：是，我们家是很穷。我到现在，长这么大，最高兴的一件事就是我能帮助他人。这是真话，没有一点高调的东西在里面，包括我孩子受环境影响，也是老老实实的。上次我们一个员工家里出事了，公司号召大家捐款。何家说，我把这个月工资捐了。那是他工作后的第一个月工资，所有加起来，3200元钱。在北京3200元钱你想能做什么？

记者：在北京这点钱很难过的。

何思模：是的，在北京很难过。但他全部捐了。我跟孩子讲，你有能力捐赠，那是你能力的体现。

四、心境：虔诚信佛非常开心做慈善

记者：我想到东莞慈善日晚会，王锦辉看到那些来看望他的受资助者，说个个好乖，个个用心读书，我好开心。主持人撒贝宁总结，王锦辉做慈善是为了开心。现在，我觉得你做慈善，也是因为这样做很开心。

何思模：就是这样，非常开心。

记者：很多时候，公益捐赠税前扣除也没到位，你不会介意吗？

何思模：你捐了出去，还图那些干什么！社会怎么回报？你捐款的目的不是为了回报。

记者：何总信佛是个什么缘起？

何思模：从小我在农村，奶奶是个典型的佛教徒。每个月初一、十五都要烧香磕头。晚上还要点窝灯，用香油敬灶王爷。每天都敬。我们说话，奶奶就说，你不要讲话，快磕头。人家有什么事情，她就说，哎呀，我们要帮帮他们。这是很自然的耳濡目染。佛教徒说，慈悲为怀，普度众生。一生有能力，能帮助人家，那该多好啊。

记者：现在比小时候虔诚了？

何思模：非常虔诚。我路过哪个地方，要是有庙，我有空余时间就要去拜。

记者：逢庙必拜？

何思模：对，但不是一种刻意的。你有这个时间就做。慈善日的晚会，我很开心，坐在下面，就不自觉地拿这个（佛珠），慢慢地拨弄。心里在念经，但不是为了念经而念经。

记者：很多信佛的人，家里都会单独设佛堂。

何思模：我家里反而没有，只有一尊观音。

五、担当：反对作秀但认同以善促善

记者：易事特针对员工有些什么保障措施？

何思模：有易事特公益基金，专门针对员工。（拿起一个矿泉水瓶）这些瓶子以及工厂内其他废品卖的钱，都投入到公益基金里。然后我们定期捐赠，自发的。员工哪个家庭有困难，基金都会给钱。两千元、三千元、五千元，多的给几万元。现在整个基金有几十万元了。

记者：什么时候开始有的？

何思模：十几年前，从在江苏扬州时就开始有。我们一个员工，质检科长，得了肺癌。易事特公益基金就拿了七八万元，把他家里所有事情打理好。他太太原来没有工作，又没有文凭，出事后公司把她请来，安排了门卫的职位。

对员工是种很自然的关爱，不是很刻意的。讲一个小细节。我在公司食堂里吃饭，开始米不好，发现后，食堂的大米专门从常平粮油市场里批发，两元多钱一斤，一次买几千斤，要在外面，那价格就是三元多一斤的米了。

记者：做慈善，如果对员工都做不好，却跑去外面大张旗鼓做慈善，你怎么看？

何思模：那就是作秀。

记者：你反对慈善作秀吗？

何思模：我非常反对。

记者：北师大壹基金公益研究院王振耀院长说了一个观点，以善促善。有一部分人抱着作秀的心理做慈善，但只要是做了事，哪怕是作秀，也应该鼓励。

何思模：这个观点我认同。从佛家来说，我做好自己，不要非议他人，佛祖会看得见的。

六、理念：热衷做慈善只为图个坦然

记者：你是不是一个对自己要求严格，不会过分苛责别人的人？

何思模：我自己工作生活是非常清贫的一个人。易事特所有以公司做出的捐赠，捐的都不是公司的钱。公司还有些小股东。捐赠的，是我的股份产生的分红。不会动大家一块奶酪。大家自己愿意捐多少钱，是大家自觉的事。

记者：这次你捐给市慈善会1000万元作专项慈善基金，是谁的钱？

何思模：是我个人的。但我不会以自己的名字去捐赠或冠名，而是以公司的名义。

记者：刚才你提到一个词，清贫。一个胡润富豪榜上，有着十多亿元身价的富豪，我该如何理解你所说的清贫？

何思模：我现在住两室一厅。一般的中产阶级都可能超过我。我没有房子，我的房子都是公司的公寓，房产证上都是公司的名字。我所有的房子，都是公司的。

记者：刚才你还提及一个细节，你是在食堂吃饭。

何思模：不是经常，而是天天都在食堂吃饭。我有个小圆桌，和家里人一起就坐那儿吃。20多年都这样。

记者：这样坚持了20多年，如果是创业初期还能理解，现在功成名就还这样就非常难得了。

何思模：我觉得这样挺好的。每天跟员工在一起，看他们情绪如何，看菜好不好吃，感觉很好。

记者：那我得问，这一生中，你最大的那些快乐来自于哪些地方？

何思模：第一，公司的发展，这是我最看重的。第二，我的技术创新。从神舟一号到神舟七号、嫦娥号，亚运会，都有我的产品。第三，这么多中央领导，都来过易事特，这就是对我的肯定。第四，我的员工，这么多年，从十二个人发展到几千人，很多也发财了，你说开不开心？到现在，我主婚的都一百多对了。看着这些员工当初从一个学生过来，到现在

成家立业养孩子了。不少员工儿女大学毕业，又回到易事特工作了，这也是我最开心的事。第五，做慈善，每年我给几百个大学生发奖学金。他们会告诉我，他们成绩怎么样，又发奖学金了，还有奖状给我看，我就很开心。我每天都很忙，但很充实。

记者：能不能系统地讲讲你的慈善理念？

何思模：每年我们计划是捐建一所学校，每年花一百万元到一个大学设奖学金，每年捐助300个学生。持之以恒。

记者：十大慈善人物，是你主动不竞选的吧？

何思模：当时也有人来问我（要不要参选东莞首届十大慈善人物），我就说，做慈善不是为了得一个奖，你不要选我。在跟刘志庚书记座谈时，我也跟他讲，书记，我做这些，不是为了拿这个慈善人物，是我发自内心的事。

记者：不图什么？

何思模：图个心静、心平、坦然、睡觉不做噩梦。

我出门基本上都是我自己开车。为什么，我很坦然。我坐飞机，从来都是坐普通舱，你可以查到，我没有坐过一次头等舱。一般都是订早晚打折扣最多的机票。到广州，我自己开车到常平，然后坐动车。这是最经济最环保最简单的出行方式了。

朋友又问我，你到广州坐飞机，为什么不要车子送你？我说，难得一次机会，我坐大巴车，车上有四五十个人，我能听到别人谈什么，这是我接触社会的一个机会。我乘飞机坐普通舱也是一样的道理。你想想，才一两个小时的飞机，坐头等舱机票就要多花两三倍的钱，你要干什么？

记者：你坚持环保的理念？

何思模：是。所以我的车排量3.0。我觉得，这已经够奢侈，够豪华了。

记者：听说你出门从不带秘书？

何思模：从来不带。我到大学去讲课，就是把文件放到笔记本电脑，电脑用背包一装就走。很多人还问，“你这种身家的人，出去时为什么没有配保镖？”我说，“他们为什么要抓你？”他们很奇怪，“他们为什么不抓你?”

七、规划：60岁后不管公司专做慈善

记者：世界上有几种做慈善的方式，一是民众出钱，民众做慈善，这是美国式的；二是政府出钱，民众做慈善，这是香港义工；三是政府出钱，政府做慈善，这是北欧高福利国家；四是民众出钱，政府做慈善，这是中国式的。你对这几种慈善方式怎么看?

何思模：这些没有哪种方式不好，只要是真心做慈善，都应该欢迎。

当然，自己捐给受赠对象，这种更好。但我不反对，捐给国家，由慈善会在阳光下做点事情。就是有些人一时糊涂，有贪心，但老天爷会惩罚他，善有善报，恶有恶报。我们政府很有钱，政府也要多关爱一下这些贫困底线下的人。社会上没有关注到的，政府一定要关注到。不能让社会上有些孩子因为贫穷不能上学，不要有那些不应该有的现象。

记者：前段时间巴菲特、比尔·盖茨到中国搞慈善晚宴劝捐，你怎么看?

何思模：比尔·盖茨和巴菲特是世界顶级富豪，他们把自己的财富都捐了出去。有这个境界，我很佩服。但我觉得中国人没必要跟着他们哗众取宠，我们自己完全可以做得很好。

记者：有没有想过再过二十年、三十年后，就放下工作一心做慈善?

何思模：我是这样想的。我是想60岁以后，就基本上退了，基本不问公司经营的事务。专职做一些慈善，到大学里给孩子们讲讲课，把我一生中这些心得，与大家一起分享。

第十五章

长期熏修重在专 乐醉佛道和为贵

刘长乐：用传统智慧驾驭凤凰卫视

媒体人要有视力，就是要看得见。但光有视力还不够，更要有眼力。只有看得见、看得远、看得深，才能呈现出大气象、大格局。只有当一个国家的文化与价值观在国际社会广为流行并得到普遍认同，这个国家的软实力才算是真正提升了，而目前来说佛文化还是一种弱势文化，或者说是正在复兴中的文化。文化复兴应该是每个中国人自觉的责任，媒体尤其要承担这种责任。

——凤凰卫视董事局主席　刘长乐

刘长乐人生经历

刘长乐，1951 年出生于上海。1970 年，中学毕业去了兰州制药厂，半年后参军，在辽宁锦州第四十集团军当兵。1980 年，毕业于北京广播学院。1980 年，进入中央人民广播电台，先后任记者、编辑、新闻评论员、高级管理人员。1988 年，移居海外，在中国本土及海外的投资项目包括石油、道路建设、房地产、贸易及文化事业等。

1996 年 3 月 31 日，创立凤凰卫视有限公司。2000 年 6 月 30 日，公司成功在香港联交所创业板上市，易名为凤凰卫视控股有限公司，出任董事局主席兼行政总裁。2008 年，刘长乐先生与台湾佛光山星云大师的对话录《包容的智慧》一书一经出版，得到了各方面的高度评价。2009 年 5 月 21 日，现任全国政协教科文卫体委员会副主任的刘长乐受聘武汉大学客座教授。

2010 年 5 月 20 日，刘长乐受聘为同济大学第一届董事会董事。2010 年 7 月，刘先生获"香港特区政府颁授的银紫荆星章"；10 月，刘先生担任第 16 届亚运会亚运火炬手，参加亚运圣火火炬传递；11 月，获颁"华人世界媒体经营杰出奖"。2011 年，刘长乐获评"2001—2010 中国传媒贡献人物"；获中华爱国工程联合会颁发"中华爱国华表奖"。

儒家：知其不可为而为之

儒家经典著作《论语》中记载了这样一则故事：“子路宿于石门。晨门曰：‘奚自?’子路曰：‘自孔氏。’曰：‘是知其不可为而为之者与?’”

“知其不可为而为之”是儒家最重要的精神之一，而刘长乐便是这样一位“知其不可为而为之者”。凤凰卫视诞生地香港，占绝对优势的电视台是能免费收看的亚洲电视和无线电视，凤凰的进入面临重重压力。而对于一个来自香港的卫星电视台，在当时想进入中国内地开辟市场几乎是一件“不可能完成的任务”，但刘长乐选择了另辟蹊径和拾遗补阙。

作为凤凰卫视的另外一位合作方，美国新闻集团的传媒大亨默多克给出的节目定位是娱乐娱乐再娱乐。但刘长乐却坚持要走更高风险的政治新闻路线。经过市场调查，刘长乐发现了一个值得惊喜的观众群体：大学生、商人、学者、政府官员以及关注时事的市民。这是一个拥有部分权力、金钱和知识资源的中产阶层，他们对政治有着超乎寻常的热情。而在当时的国内，国际新闻和台湾新闻的报道一直是浅尝辄止，无法满足这些人的需求。刘长乐于是选择此卖点作为凤凰卫视的突破点。1997 年 9 月对黛安娜葬礼的直播，2001 年 9 月对“911”事件的迅速持续的报道，2003 年对伊拉克战争的直播，2004 年 3 月对台湾“大选”的深入报道，让凤凰卫视在内地及港台名声鹊起。

在创业时间短、资源不多、人员匮乏、政策严控的情况下，刘长乐率领的凤凰卫视却常常“知其不可为而为之”。很多重大采访困难重重，一般的媒体可能早早就放弃了努力，而凤凰却往往坚持到最后，从而作出了精彩独家的报道。刘长乐认为，明知不可为而为之，结果为之以后才发现可以大有作为。

刘长乐更深刻领悟和贯彻了儒家的中庸思想，掌握了高超的平衡术。在狭窄的空间内，凤凰卫视舞出了精彩，却又不触及政府的底线，既说出了大陆很多媒体不能说的话、做了大陆媒体不能做的事，给了观众更多更深更广的事实和真相，却又让大陆的政府和观众觉得凤凰卫视是站在我们一边的。

在凤凰卫视的节目中，有一个节目叫《和》，受到很多人的欢迎。“和”是儒家文化中一种非常重要的思想，刘长乐很喜欢别人称他为“和商”。刘长乐说：“如何把全球华人的共同东西提炼出来，然后张扬开来，让全世界的华人在这个旗帜下团结起来，这是我们凤凰人的使命，我的这个使命感现在是越来越强烈了。”

道家：顺势而为

当然，如果刘长乐一味恪守儒家那种温和及中庸，则未免显得有些“迂远而阔于事情”了。所以，在实际操作中，他显露了更多道家智慧。

首先，在古文中，凤为阳、凰为阴，“凤凰”二字便是道家“阴阳结合”思想的典型呈现，讲究追寻天道、顺势而为、是道则进、非道则退；其次，对某些具体的事情和难题，刘长乐更有正一派道士那种画符念咒、驱鬼降妖的神奇道术。

刘长乐对中国传媒总结过四句话：办传媒不是技术而是艺术；媒体竞争不像赛跑更像舞蹈；媒体管理团队不是交响乐而是爵士乐；媒体经理人不仅是企业家，而且更像是政治家。刘长乐觉得，凤凰卫视遇到的最大困难还是相对封闭的市场和观众知情权之间的对抗或者矛盾。凤凰不仅要制作高质量的节目赢得内地观众，而且还要谨慎处理新闻报道的内容与方式，尤其是敏感的政治新闻。这是一个非常复杂的问题，需要高超的智慧和道术。在刘长乐看来，不可逾越的困难，如果和它正面搏击，那无异于以卵击石了。刘长乐总结出了自己独特的政治文化内涵，为凤凰制订了智慧游戏十六字令：你无我有，你少我多，你慢我快，你板我活。

基于此种认识，凤凰卫视在高层公关方面做了不少工作。相比于其他华语媒体，凤凰的合法性和权威性在相当程度上得到了大陆官方的认可，所以对其在内地的一些采访采取默许甚至支持的态度。

佛教：悲悯宽容

最让刘长乐醉心的，还是博大精深的佛教。佛教以和为贵的理念，尤其令刘长乐折服：“中国佛教没有排他性，讲的是包容，在当今世界上很值得好好地弘扬。”

刘长乐较早与佛结缘，是在 1991 年创办“乐天公司”（凤凰卫视的前身）时。公司命名为“乐天”，含有乐观、达观、豁达、远离政治、超凡脱俗之意。创立初期，刘长乐与已故中国佛教协会会长赵朴初合作，创办“中国佛教文化数据库”，用现代电子数码技术储存佛教资料，将古老、抽象的理念形象化，图片达数万张，现在全部转入“凤凰网”。

凤凰卫视启播 8 年以来，先后直播了多次重要佛教活动，例如灵山大佛、天坛大佛和志莲净院的开光以及佛指舍利到中国台湾、佛牙舍利来港等。2004 年佛诞，全港佛教界恭迎释迦牟尼佛真身指骨舍利以及 20 件享誉国际的法门寺一级国宝公开展出，凤凰卫视是协办单位。刘长乐认为此举意义重大：“香港近年风雨很多，经济政治情况都很复杂。佛指舍利来港，对安定民心、教化民心很有帮助。佛是讲弃恶从善的，是讲以和为贵的；佛是讲温暖人间的，讲慈悲为怀的。这是我对佛教的基本理念。”刘长乐把弘扬佛教当作实践和平的重要工具，因为它超越了商品文化的狭义主导，又能够把深厚的文化理念包装为观赏性的节目。

2008 年年初，刘长乐又推出了《包容的智慧》一书。在书中，刘长乐与人间佛教的开创者星云大师就社会现状、人生态度、企业管理等话题进行交流，古老的东方哲学与现代的都市人生呈现出完美的交融。

每年的春节，只要刘长乐在北京，大年初一这一天他都会去雍和宫拜佛。另外，他每年都会挤出时间去一次五台山。刘长乐认为佛是讲弃恶从善、慈悲为怀的，即使在最苦难的人间，佛陀所代表的觉悟和慈悯，仍能平等无碍地安抚着人最深的伤痛、触发着人最深的希望。

喜欢战国时代开放开明的思想

“当下”这个词是佛教的一个常用语，刘长乐觉得当下在佛教的角度讲，当下是好多的高僧大德所历练的一门非常重要的必修课、修身的课，所以这个非常的常用。另外，图格涅夫有一句话说幸福没有昨天，也没有明天，幸福就在现在。所以，人们要去穿越。刘长乐个人比较喜欢春秋战国时代，具体说是战国时代，因为春秋和战国的断代目前不是特别清楚，从战国来讲一般的定位是公元前的403年开始，那个时代有什么东西吸引你了呢？什么东西使你有一些非常好的眷恋或者欣赏？他觉得是思想，那时候开放的思想、开明的思想，那时候诞生了像儒家、孔家、孟家，那时候也诞生了韩非子的法家和墨子的墨家等。这样的一个诸子百家、百花齐放、百家争鸣的态势是最辉煌的一页。无独有偶，一个德国人跟马克思是一个姓，马克思走的那一年他诞生，1883年，他有一本书叫《历史的起源》，其中讲到轴系时代，就是北纬30度线左右的地球状态中间所发生的，在公元前600—前200年，跟刘长乐刚才说的时代基本上差不多，这个时代发生了地球上的那些非常有趣的思想变化。其中古希腊和古印度，还有古犹太人和古中国，都是思想高度的活跃、高度奔放的一个年代。像亚里士多德、柏拉图都是那个时代诞生的，当然印度也是一样，出现了释迦牟尼这样的人。所以他觉得在这样一个时代里，有一个非常重要的问题就是用理智的方法，用非常清醒的一种文明的方式突破了原始文化的束缚。在百家争鸣的思想中间才带来了以后各种各样科技、文化、哲学等方面的辉煌。

所以如果大家去畅想，不是说现在的时代就没有思想的奔放，但是大家都知道弗兰格也是德国的一个哲学家，他写了一个关于中国历史的解读，其中他非常清晰地说出了从12世纪以后朱熹关于国家权力本身的言论对个性化的泯灭所带来的17世纪以后中国在思想方面出现的僵化，对所有人来说也应该是一个非常好的、非常重要的警示。虽然不能完全赞同他的

观点，但是现在出现思想上的一些需要开放的空间和可能的需求，实际上不是现在这个时代刚开始的，是17世纪，再往前追溯到12世纪以后，中国就出现了这种僵化的趋势。所以刘长乐觉得有必要让我们回顾一下在春秋战国时代的思想奔放、开放、开明。

解决道德滑坡的路径在哪里

2011年10月在衡阳国际道教论坛的发言中，人们愤声谴责了因为18个冷漠的路人面对一个被车轮碾过的女童而无动于衷的严重事件。当这一切言犹在耳的时候，近期规模化的生产地沟油、毒胶囊事件又震惊了世界。如果说我们的媒体和网民的批评如芒在背难以接受，那么这次事件直接涉及某些官员和企业已经不仅仅是缺德，他们与自己信奉的理想和主义决裂地如此彻底，已经到了听任骨子里的贪婪为所欲为的程度。

社会到底怎么了？解决的路径究竟在哪里？温家宝总理在最近的讲话中指出：不改革中国就死路一条。同理，精神层面的改革和反思同样重要，没有道德伦理、没有精神救赎，所有的改革成就及其成果都有可能崩塌。尽管物质极大丰富，然而精神世界不能活在一片沙漠之中。越来越多的人为了所谓的成功，疯狂地索取一切，而对生命的意义和真相却茫然无知，肆无忌惮地为自己的眼前利益所毒害，摧残着一切生命的幸福。毒牛奶、毒胶囊、地沟油这些污垢发展下去甚至有可能从物质、精神双层面上摧毁一个国家乃至一个民族，这绝不是危言耸听。

道德危机其实就是文化危机、信仰危机，而深层次的危机则是人们没有深层文化的共识，因此从民族深层心理和传统精神文化的方向上探索解决之道是我们的方法之一。从人类历史上看，信仰的产生是一种进步，宗教信仰之所以会出现，是因为人们的天性中一些天生的弱点。弗洛伊德称宗教是人类心灵的拐杖。事实证明人类是需要这个拐杖的。据联合国2000年统计，现在全球人口62亿人中，宗教信仰的人数为48亿，占人口总数的百分之七十八。曾几何时，中国的宗教文明将“仁民爱物、道不远人、因果报应、己所不欲勿施于人”等这些基本的价值理念灌输于民族文化之中，成为我们民族最深沉的印记、最普遍的共识。

佛教在世界几大宗教中有着特殊的教导，其没有偶像崇拜甚至可以说是无神论者。有学者指出，佛教似宗教又非宗教，类哲学又非哲学，通科学又非科学。西方现代精神文明和工业文明的大发展和两次残酷的世界大战之后，于20世纪六七十年代开始了一股心灵探索的风潮，在这股风潮中，佛教对西方的影响日隆，许多科学家、社会学家、政治人物都对佛法所倡导的智慧产生了兴趣并且身体力行。誓言改变世界的苹果的创始人乔布斯就是一个代表，他是西方最尖端科学的代表，同时也是一个佛教徒。出于佛教的理念，他的许多奇妙的想法都是来自于他的信仰。将佛教放在全球化、道德危机的背景之下来思考，就会看明佛教的包容、慈悲与超脱的精神，对于人心向背有促进作用，对中华民族品格完善有促进作用。

鸦片战争以来的一百多年间，许多屈辱使中国人引进了西方“物竞天择、弱肉强食”的所谓人类生存法理。它曾经唤醒了沉沦麻木的民族奋起抗争，但是回头来看，这种价值观确实带来了不少负面的影响。现在是向中华传统文化回归的时候了，如果我们承认佛教是中华传统文化的重要组成部分，承认佛教在融入中国的过程中其实已经跟我们这个民族的传统文化和心灵融为一体的话，那么我们就需要理解和善用佛教的价值观、人生观、生死观和谐观。

从历史上看，佛教从来没有过和中央政权太多的对立，相反，中国历史上的盛世都是佛教大发展的时候；从现实看，佛教与我们国家的价值观并不冲突。文明可以有多种形态，都是合理合法，都是共通共赢的。一切的文明发展其实最终指向的都是心灵的觉醒，无论从历史的纵深来看还是从世界横向的版图来看，21世纪都将是人类心灵觉醒的世纪。我们面临的道德危机也许是一个契机，会将我们的文化、我们的文明、我们的社会带向新的觉醒。

慈悲善意是媒体更高的责任

我们不得不正视的一个现实是，佛教在一些人看来是古老、封建和非民主的，甚至被视为迷信。这是一种先入为主的误解。事实上，佛教文化是构成中华文化的支柱之一，佛陀的智慧从它诞生到现在，一直在滋养着人类，其所提供的超越常识的智慧，已经和正在为我们带来长远的利益，尤其是为中华文化注入了勃勃生机，恩泽了芸芸众生。早在百年之前，中国的一代文化大师梁启超就向国人说明了佛教的要义：佛教的信仰是智信而非迷信；佛教的信仰是兼善而非独善；佛教的信仰是入世而非厌世；佛教的信仰是无量而非有限。佛教的世界观、生死观和善恶观，告诫人们死后仍有无穷的苦乐，就不会因此生暂时的苦乐而生贪着厌离之想；知晓天堂地狱森列于心目中，就不敢欺世盗名放纵自己，时时告诫自己行善爱仁；明白身为不死之物，就敢于成仁取义，面对苦难也不改初衷。梁启超的这些思想，基本上概括了佛教之真义，也给予我们生命与生活一种豁然开朗般的顿悟。

作为一名学习者，刘长乐觉得，佛法对他的指导有以下几点。

一、精进，完善自我

有一次，刘长乐与星云大师聊天，问大师："男儿要用什么态度去做事?"星云大师脱口而出："要冒险。菩萨第一义就是大勇敢、大慈悲、大智慧，如果这三样东西，你缺少一样，怎么能当菩萨呢?"星云大师的话，让他体会到佛教能给予世人的精神营养。精进，是佛教一种重要的精神，修行人修持菩萨六波罗蜜当中的一项。意思是对于善之事坚决修行，对于恶之事勇敢断弃，以勇健强悍之心，疗愈自身的懈怠，从而实现自我完善。可贵的是，佛教高僧们为了到达理论的高度，更以行动诠释"精进"的真意。从小我们就知道，唐僧西天取经，要经历九九八十一难。在世界早期著名的文化探险道路上，留下了许多中国高僧的脚印。中国的第一个西行求法的留学生叫朱世行。他是第一位史籍有传的西行佛僧，也是古代中国人摆脱传统世俗偏见，不畏路途险恶，矢志向外界和自己的毗邻虚心学习的先驱。

朱世行西行求法的时间是公元260年，比法显和尚前往印度早了140年，比更著名的玄奘和尚早了380多年，他虽然只走到了昆仑山脚下的于阗，但却修建了一座冒死求学的精神桥头堡，成为后来者的指路明灯，他是中国第一位能用外语写作的语言学家和翻译家。他用佉卢（qūlú）文和于阗文写下的60余万言的佛教理论大书，像羌笛那么悠长、委婉，召唤着那些认为信仰比生命还重要的壮士。

蚕在吐丝的时候，没想到会吐出一条丝绸之路。这些精进的高僧们西行求法的那一刻，无意中让我们古老的民族、古老的国度年轻而更具活力，他们共同用智慧和学识滋养了整个华夏民族。

当然，不是世间所有努力都能称为精进，但是，从佛陀把精进的神韵传递到人间的那一刻起，断恶行善的努力已经贯穿在所有有识之士的行动和理念之中。

二、观照，另类镜像

我们在镜子里会看见一个与自己相同的“我”，镜子里的我们可能是成功的，衣着光鲜的，志得意满或有钱有势的，好像好日子一眼望不到头。但是佛教生活观却是一面观照我们内心和灵魂的镜子，我们能看到另一个自己。在佛教的另类镜像里，我们看到的自己可能是自私的、焦虑的、易怒的，总是不断地追求成功，又总是不停地恐惧失意，既缺乏安全感，也缺乏幸福感。我们所享受的是这个信息时代带来的便捷与舒适，但如果持续地缺乏内省和观照，信息就是一种灾难，人的头脑会被各种各样的娱乐、刺激、暴力、物质主义的影像所充斥，我们失去了与大自然的联结，失去了与其他生命的联结，失去了深思死亡本质的能力，看起来生活似乎更丰富了，实际上心灵却是更为贫乏。正如宗萨仁波切所说，现代的

人们甚至认为思考心灵层面的问题是浪费时间，“我们花了无数的努力，却只获得了只能今生享用的物质回报。这种生活方式难道不让人觉得不可思议吗?”

好在有佛教为我们提供另类的镜像，指出了一条摆脱平庸与烦恼的路径，提供了一种去伪存真、拨云见雾的方法，这是一种完全不同于凡俗世界的境界。

对于做媒体的人来说，这种内省与观照显得尤其重要。媒体要生存，节目就要赚钱，但是偏偏有些文化价值高的节目叫好不叫座，赔钱的事情是经常发生的。如果说，在诚信守信的基础上，赢利是企业唯一责任的话，那么我们尽可以挑那些赚钱的节目去操作，赚取利润，创造就业机会，上缴更多税收。但是如果用佛法观照自己，我们就会发现慈悲和善意是媒体更高的责任，因赚钱而生的苦恼，是被世俗的观念迷惑了，被世俗的知识误导了。

所以说，如实观照，我们就发现什么是苦，什么是苦的因，什么是解脱苦，什么是解脱苦的方法，求得圆满诸法实相的知识。我们内在的问题处理好了，就不容易被外在的东西困扰，般若之心就会生发出力量，帮助我们反思已经建构的知识，思考生命的终极意义，人生的大境界也将随之展开。

三、无为，看破本质

托尔斯泰曾经讲过一段大有深意的故事。

有一位国王，一心想得到三个问题的答案，因为他认为，只要解决了这三个难题，天底下没有什么难得倒自己。这三个问题是：

什么时间是做事的最佳时刻？

什么人是世界上最好的工作伙伴？

什么事情是最重要的？

所有的回答都不能让国王满意，他只好扮成平民去访问深山里的智者。经过平静而又惊险的一天，虽然智者没有正式回答他，但国王终于悟出了问题的答案："当下是唯一我们能掌握的时刻；最重要的人物就是当下和你在一起的人、在你跟前的人，因为谁也不晓得你将来会和什么人有关联；最重要的事就是让你身边的人，也就是在你跟前的人感到快乐，因为生命追求的莫过于快乐。"

托尔斯泰的这则故事，禅意斐然，以至于一行禅师认为它"很像佛经里的故事，不逊色于任何经文"，因为生命在意义就在当下。

无为而为，要为身边的人而活。每个生命都是伟大而庄严的，佛法告诉我们，看透一切并不是生命的本质与目的，无为也不是什么也不做，而是信任那个更大的力量。那个更大的力量，就是当下的力量，我们皆出自于此。生命是具体的，生活是细节的，你的社会是由你身边的人组成的，留意自己的言行举止，要体贴、周到和谦卑，保持与自然万事万物的和谐，特别是与周遭人物的和谐，让他们感到快乐，而不要因为不留意而伤害到他们。

无为而为，要放手让一切自由生长。要理解"无"的境界，英国人约翰.D. 巴洛写了一本《无之书》，他提到，"无"是人类思想中一个玄妙深奥、难以捉摸而又不可或缺的重要概念，并因此引用了许多科学、艺术大师的言论，读上几段，会觉得一种妙不可言的联想翩然而至，却又只有意会与意外留在心中盘桓不去。英国数学家巴洛说："当我上楼梯时，我遇见一个不在那里的人。"海王星的发现者之一、天文学家亚当斯说，"无"比我们这个平凡的时代对它的偏见更接近于至上的平凡。披头士乐队说，无即真实。这里的"无"与佛教里面的"无"如此的异曲同工，说明对于智慧的头脑来说，他们想到的问题是一样的，深度也是一样的，只是进入的角度不同。无就是有，当我们舍弃了有悖于自然、有悖于人本身的事情，你就会遇到那只看不见的手，发现事物的内在规律，发现真理。无相、无我、无住、无得、无限、无量、无边、无上，人住在"无"里，就会有智慧、有力量，通过无为而达到有为。

无为而为，宽容与容忍非常重要。有人问佛陀，为什么有人听你论道听了几十年，却依然是一个凡胎俗子呢？佛说，我能做的就是告诉他，路在那儿，真正要走却是他自己，没人能代替他走。要鼓励他们走，纵然只

向前走了一步，也是向目标接近的一步。不能总想背着、抱着别人走，那样是走不远的。

无为而为，要与自己和谐相处。凡事要走中道，不疾不徐，不疏不密，不偏不倚，不迎不拒、不取不舍，用这样的态度与自己相处，我们就会跟自己的内在在一起，就会听到自己的生命召唤，进入灵性的层面，头脑不再攀援，心灵不再摆荡，焦虑和恐惧、批判和苛责、愤怒与悲伤都化为一缕青烟，袅袅飘散。你好像一道细流，在经历了沙漠和荒丘的跋涉，突然找到入海口一样，一切都变得清晰、安详、和平、自在、圆满。你会发现，你自己既是源头，也是归宿；既是来处，也是去处，这世界没有多一分，也没有减一分，那些日日夜夜紧追不放的苦恼、焦虑，一刹那间消失了。

我们的疯是在情绪上和斗志上

刘长乐在他的博文中写道：

有人说凤凰是一帮疯子，并说是从我开始疯起的。我想，所谓“疯子”，不是指精神有病那种“疯”，而是理智的“疯”，这种疯指的是专业主义激情。

在专业精神上，凤凰有四个“独”：立场独立、资源独家、风格独特、观点独到。

没有事业追求的人，别到凤凰来。抱着“得过且过，何必玩命”念头的人别到凤凰来。满脑子都是“混饭吃”的“打工仔”想法的人，别到凤凰来。要热爱你所从事的工作，理解你所从事的职业的价值，才能激发出潜能。凤凰的员工必须把工作当成事业干，能够全身心投入，激情付出。

决定一个人潜力大小的往往不是他的知识有多渊博，专业技能有多高，或者经验有多丰富，而是一个人的性格与素养。凤凰偏爱那些具有热情、执著个性的员工。

对于凤凰精神，我们可以把凤凰（PHOENIX）每个字母的含义解读一下。

P：Passion of professionalism 专业主义激情；

H：Honesty 诚信；

O：Open 开放；

E：Excellence 卓越；

N：New 创新；

I：Inclusive 包容；

X：无限可能。

X 代表的是未知，还代表了我们所有的凤凰人在做好了任何一件事情之后，都要重新归零，重新从零开始，从零起步。这些都是凤凰精神的关键词。

我们的“疯”主要是疯在情绪上和斗志上，在时势把握、经济运营的把握方面，我们是非常理智的，体现的是智慧的光芒。

我们有三个词儿：积极、善意、建设性。与之相反是消极、恶意、破坏性。你的立场和态度很重要，语态也很重要，这就是原则。我常常讲，记者不能兜里老是揣着一把小刀，瞅着个空子就扎别人一下；还是要善意。我们有时候会有批判性报道，比如说批评一些腐败现象，但我们的立场是好的、善意的，是代表华人向世界发声，而不是作为旁观者或者敌对者去嘲讽和辱骂，那样的结果往往适得其反。

后 记

本书在编辑过程中，编者查阅、参考了大量的资料，由于资料来源广泛，再加上大多已几经转载，所以，书中未及一一标明出处，恳求谅解，特留下编者信箱：hugen888@126.com，以随时聆听方家指正。

在此，感谢所有参考资料的提供者！感谢书中所有的禅商！感谢出版社编辑们的支持以及所有成就了本书的人士！因为有了他们，才有了我们今天相互交流的机会，才有了这本书与广大读者见面的机会。我们感恩所生活的时代！感谢父母的养育之恩！感谢老师的辛勤教导！感谢家人、同事、同学和朋友们的关心帮助！感谢农夫辛勤劳作！我们今天所有的一切都来自于天地之恩赐，愿我们在“禅”的智慧之光的滋养下，生活得更加美好！愿国家繁荣富强，社会进步和谐！

胡淦波

2013 年 3 月